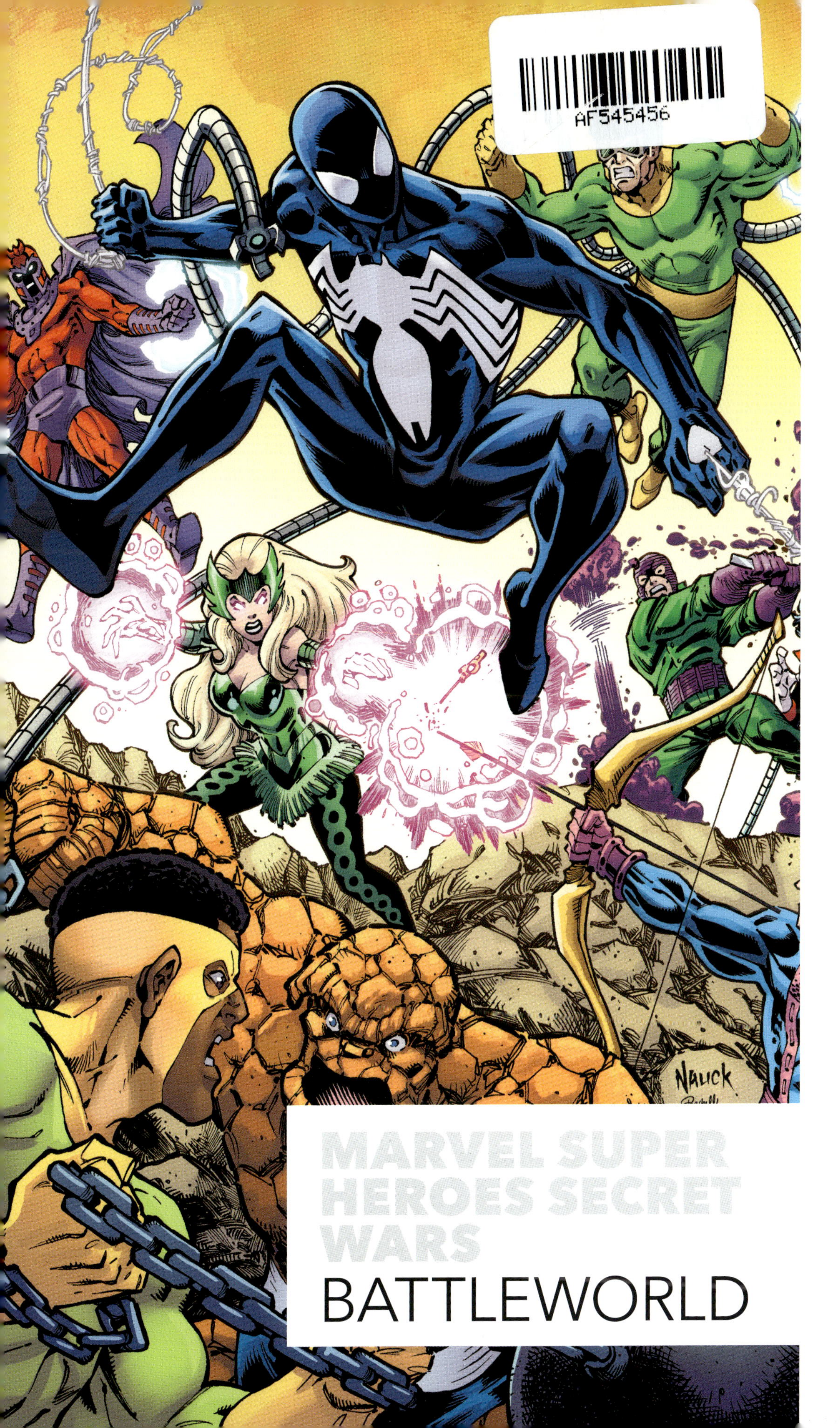

MARVEL SUPER HEROES SECRET WARS
BATTLEWORLD

MARVEL SUPER HEROES SECRET WARS

EIN VÖLLIG NEUER KRIEG!

A Whole New War!
Marvel Super Heroes Secret Wars: Battleworld (2024) 1
Januar 2024

WIDERSACHER, SAMMELN!

Antagonists Assemble!
Marvel Super Heroes Secret Wars: Battleworld (2024) 2
Februar 2024

SIEG ODER TOD!

Victory or Death!
Marvel Super Heroes Secret Wars: Battleworld (2024) 3
März 2024

SELBST HELDEN KÖNNEN STERBEN!

Even Heroes Can Die!
Marvel Super Heroes Secret Wars: Battleworld (2024) 4
April 2024

TOM DeFALCO
STORY

PAT OLLIFFE
ZEICHNUNGEN & TUSCHE

JOHN KALISZ
FARBEN

CLAUDIA SARTORETTI
LETTERING

BERND KRONSBEIN
ÜBERSETZUNG

MARK BASSO
DREW BAUMGARTNER
JORDAN D. WHITE
REDAKTION USA

C. B. CEBULSKI
CHEFREDAKTEUR USA

MARVEL SUPER HEROES SECRET WARS: BATTLEWORLD erscheint bei **PANINI COMICS**, Schloßstraße 76, D-70176 Stuttgart. Druck: Centro Poligrafico Milano S.p.A., Casarile (MI). Pressevertrieb: Stella Distribution GmbH, D-22297 Hamburg. Direkt-Abos auf **www.paninicomics.de**. Geschäftsführer **Hermann Paul**, Publishing Director Europe **Marco M. Lupoi**, Finanzen/Logistik **Felix Bauer**, Marketing Director **Holger Wiest**, Marketing **Fabio Cunetto**, Vertrieb **Alexander Bubenheimer**, PR/Presse **Steffen Volkmer**, Publishing Manager **Lisa Pancaldi**, Redaktion **Frieder Falk**, **Harald Gantzberg**, **Marco Rizzo**, **Anja Seiffert**, **Nicola Soressi**, **Kristina Starschinski**, **Daniela Uhlmann**, Übersetzung **Bernd Kronsbein**, Proofreading **Marion Bergmann**, Lettering **Claudia Sartoretti**, grafische Gestaltung **Marco Paroli** (coordinator), **Cinzia Morando**, Art Director **Alessandro Gucciardo**, Redaktion Panini Comics **Annalisa Califano**, **Beatrice Doti**, Prepress **Cristina Bedini**, **Daniela Guidetti**, **Andrea Lusoli**, Repro/Packager **Alessandro Nalli** (coordinator), **Anna Boselli**, **Mario Da Rin Zanco**, **Valentina Esposito**, **Luca Ficarelli**, **Linda Leporati**. Deutsche Edition bei Panini Verlags-GmbH unter Lizenz von Marvel Characters B.V. Cover von **Giuseppe Camuncoli**, *Marvel Super Heroes Secret Wars: Battleworld* (2024) 1; Variant-Cover von **Salvador Larroca**, *Marvel Super Heroes Secret Wars: Battleworld* (2024) 4 Variant-Cover-Edition.

Digitale Ausgaben:
ISBN 978-3-7569-1058-8 (.pdf) / ISBN 978-3-7569-1059-5 (.epub) /
ISBN 978-3-7569-1060-1 (.mobi)

Bibliografische Information der Deutschen Nationalbibliothek
Die Deutsche Nationalbibliothek verzeichnet diese Publikation in der Deutschen Nationalbibliografie; detaillierte bibliografische Daten sind im Internet über dnb.d-nb.de abrufbar.

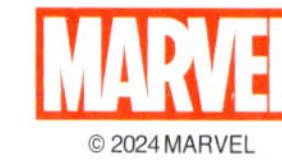

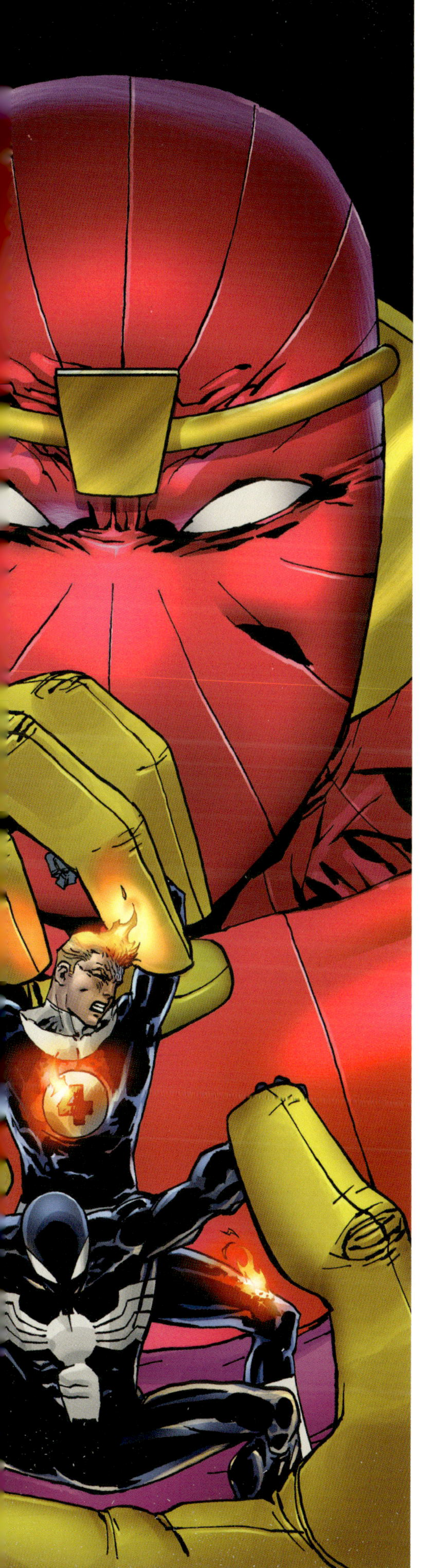

Die großen Superhelden-Crossovers, so wie wir sie heute kennen, die Comic-Events, die verschiedene Serien für einen bestimmten Zeitraum inhaltlich miteinander verknüpfen, gehen zurück auf das Jahr 1984: Da erschien in den USA die aus zwölf Einzelheften bestehende Serie *Marvel Super Heroes Secret Wars* – das allererste Superhelden-Comic-Crossover überhaupt! Es erwies sich als eines der einflussreichsten Comic-Ereignisse aller Zeiten, bis heute folgten nach seinem Muster zig weitere solcher Crossovers, und das keineswegs nur im Hause Marvel, sondern im Programm aller Superhelden-Verlage.

Das Erfolgsrezept veränderte sich im Kern über die Jahre nur wenig, im Fall von *Marvel Super Heroes Secret Wars* lautete es seinerzeit ganz einfach: Man nehme Marvels größte Helden und Schurken, platziere sie auf einem fremden Planeten und lasse sie im ultimativen Kampf gegeneinander antreten! Drahtzieher war der kosmische **Beyonder**, der fasziniert war von den Fähigkeiten der irdischen Helden und sehen wollte, wie sie sich in einem Krieg schlagen würden. Also teleportierte er **Spider-Man**, **Iron Man**, **Captain America**, die **X-Men**, **Dr. Doom**, **Kang**, **Ultron** und viele andere Superhelden und Schurken auf den eigens erschaffenen Planeten Battleworld, der vor außerirdischen Waffen und Technologien nur so strotzte, und hetzte sie dort aufeinander. Im Verlauf der Auseinandersetzungen veränderten sich die Teams, zerbrachen Beziehungen, entstanden neue Feindseligkeiten ...

Und inmitten von diesem Chaos setzt nun der vorliegende Band *Marvel Super Heroes Secret Wars: Battleworld* ein! Die Helden erholen sich gerade von ihrem Kampf gegen den plötzlich gottgleich erstarkten Dr. Doom, als Spider-Man auf der Suche nach einem Snack unversehens, zusammen mit **Johnny Storm** von den **Fantastic Four**, in einen anderen Teil von Battleworld versetzt wird. Und dort geht es um keinen Deut friedlicher zu – ganz im Gegenteil! Spidey und die **Fackel** treffen auf zahlreiche Gefahren, und am Ende ... ach, das müsst ihr unbedingt selber lesen!

Frieder Falk

EIN VÖLLIG NEUER KRIEG!

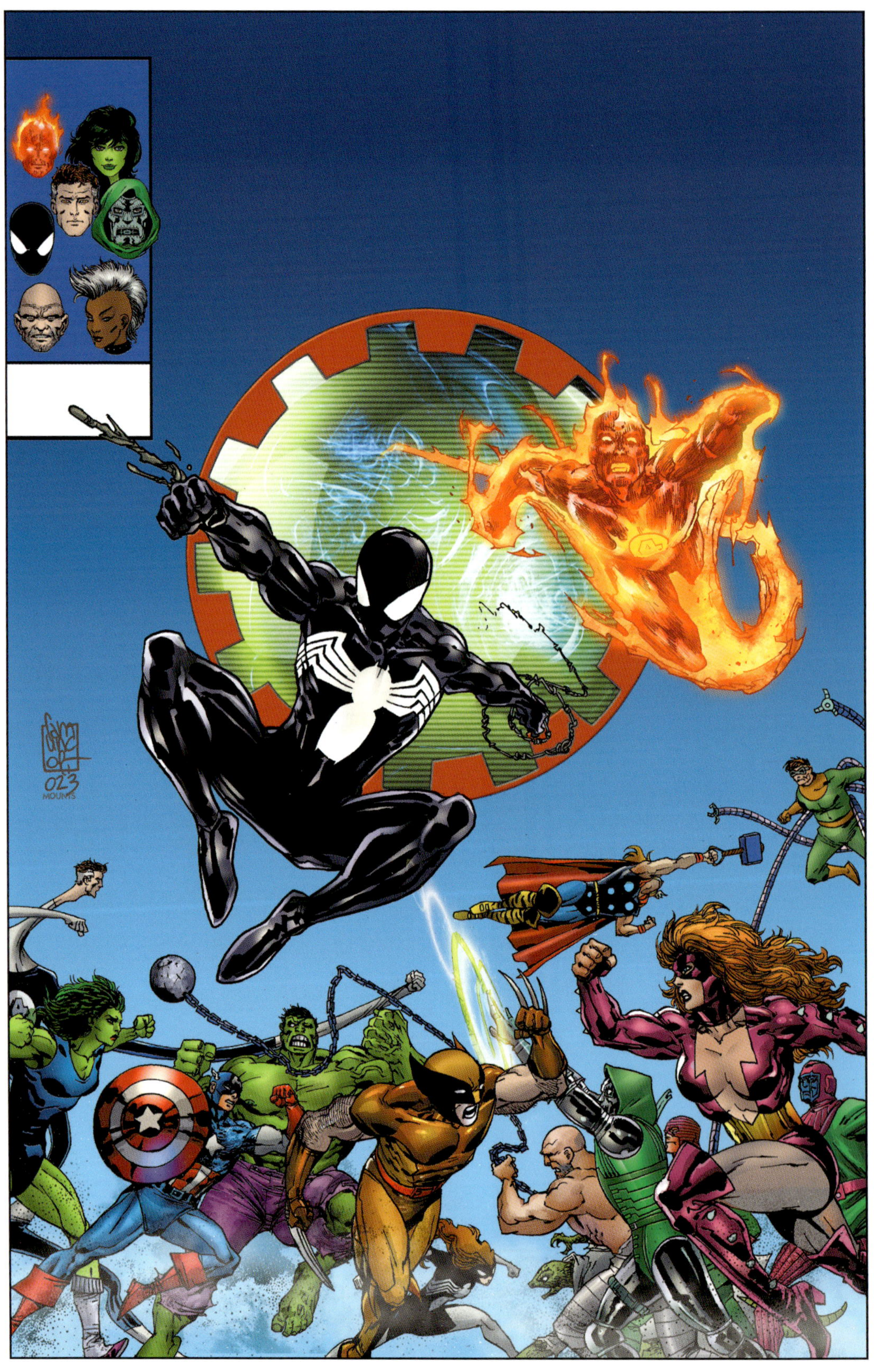

Marvel Super Heroes Secret Wars: Battleworld (2024) 1
Cover von **GIUSEPPE CAMUNCOLI**

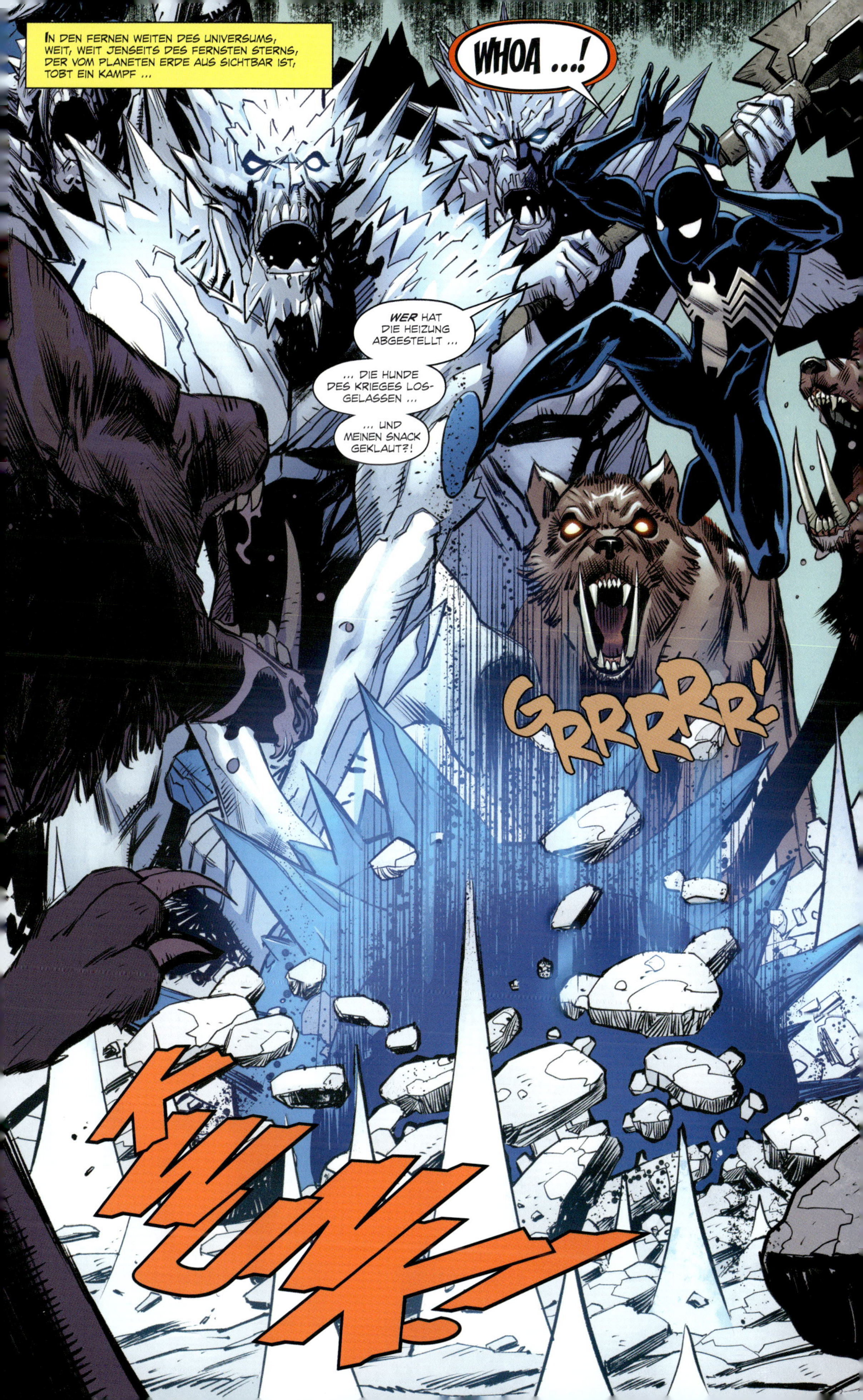
IN DEN FERNEN WEITEN DES UNIVERSUMS, WEIT, WEIT JENSEITS DES FERNSTEN STERNS, DER VOM PLANETEN ERDE AUS SICHTBAR IST, TOBT EIN KAMPF ...
WHOA ...!
WER HAT DIE HEIZUNG ABGESTELLT ...
... DIE HUNDE DES KRIEGES LOS-GELASSEN ...
... UND MEINEN SNACK GEKLAUT?!
GRRRRR!
KWUNK!

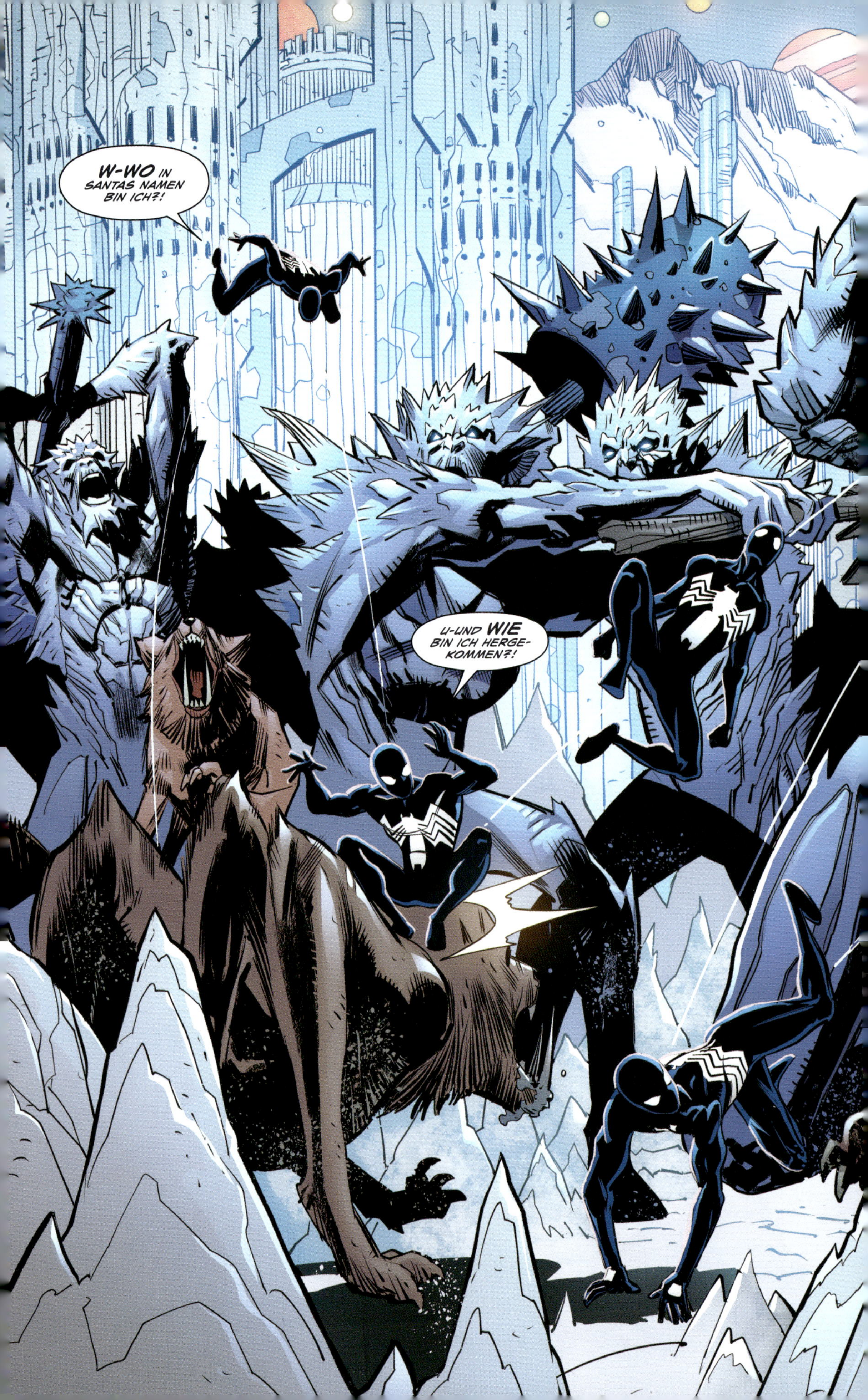
W-WO IN SANTAS NAMEN BIN ICH?!
U-UND WIE BIN ICH HERGE-KOMMEN?!

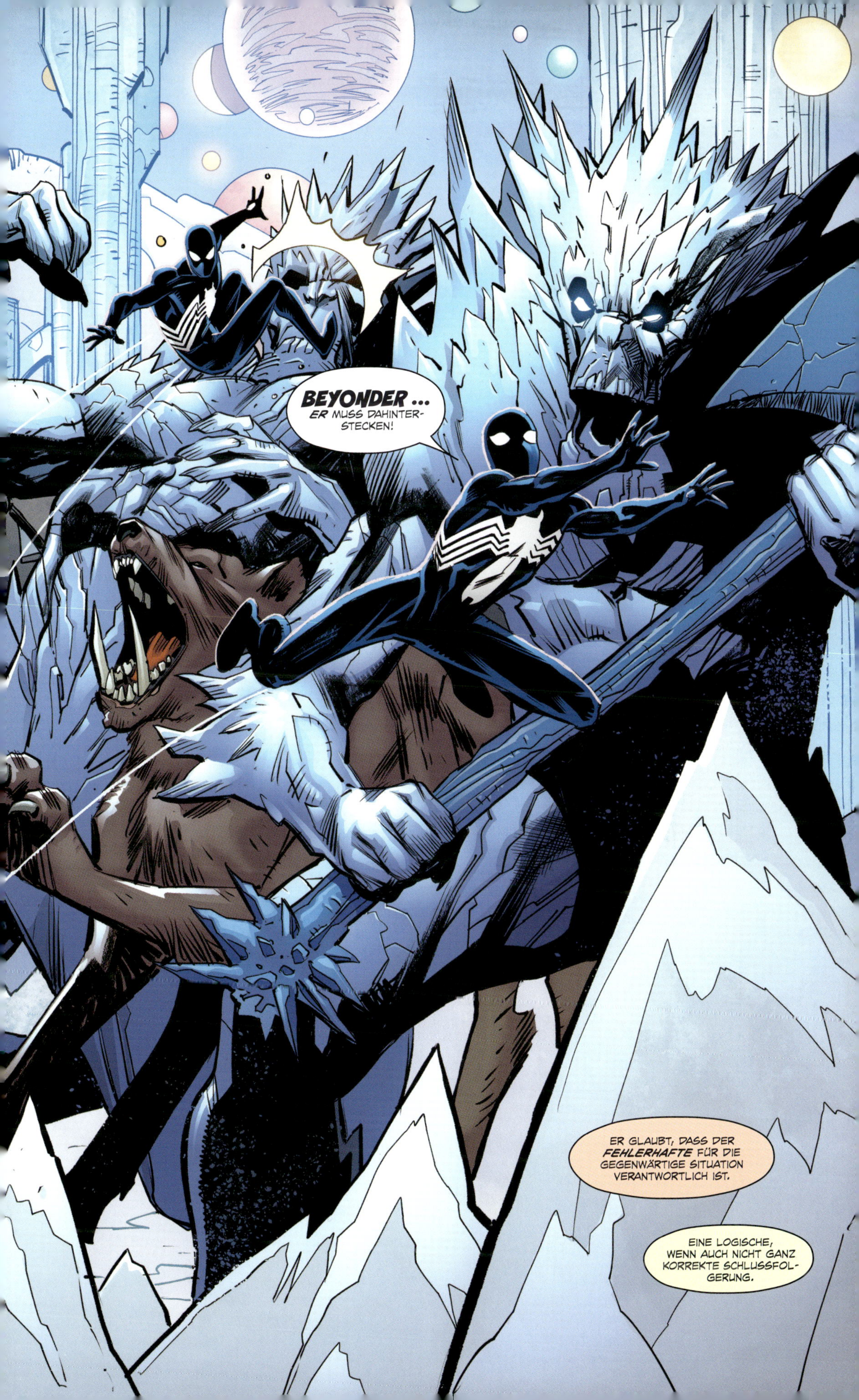
BEYONDER ... ER MUSS DAHINTER-STECKEN!
ER GLAUBT, DASS DER FEHLERHAFTE FÜR DIE GEGENWÄRTIGE SITUATION VERANTWORTLICH IST.
EINE LOGISCHE, WENN AUCH NICHT GANZ KORREKTE SCHLUSSFOL-GERUNG.

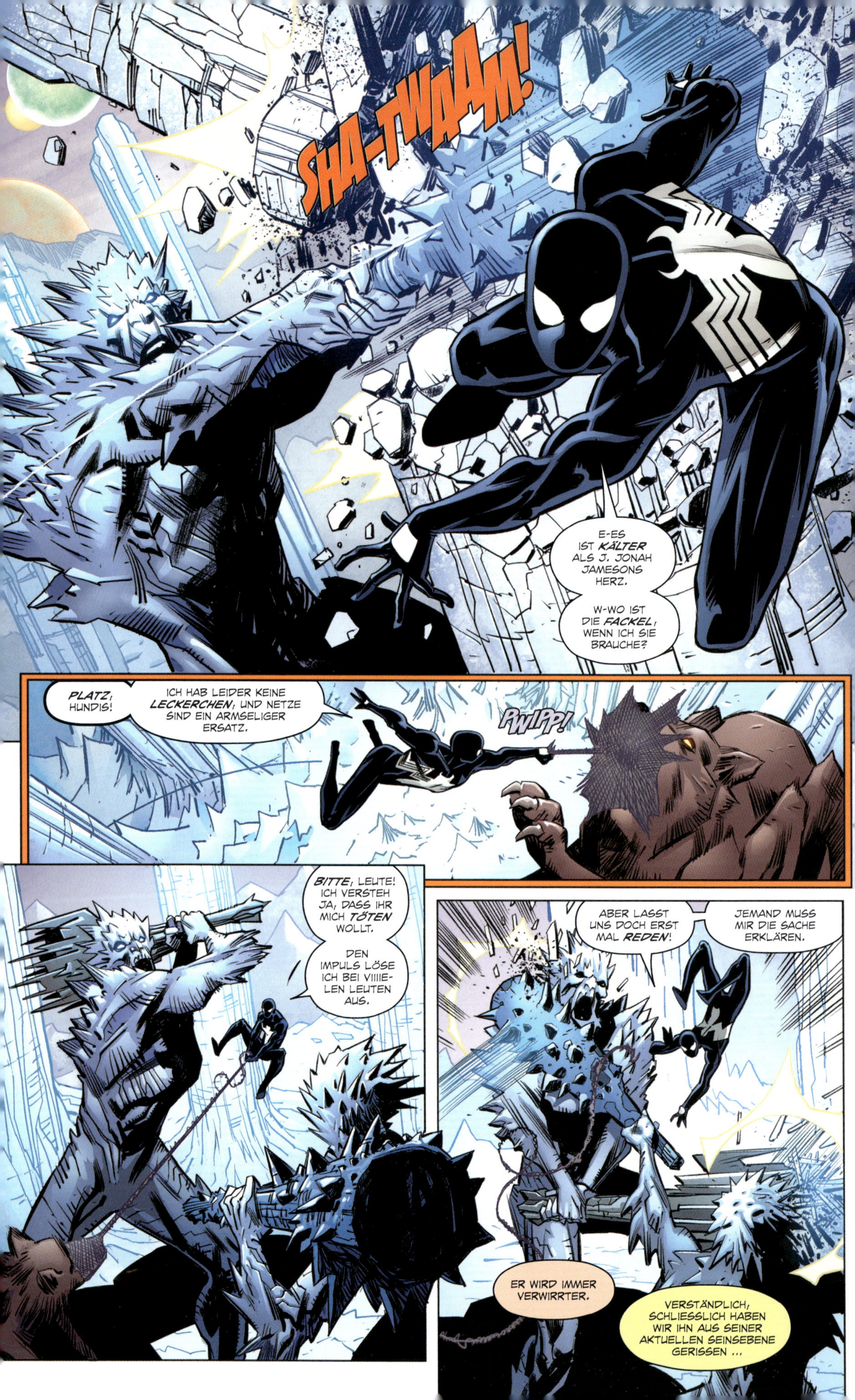
SHA-TWAAM!
E-ES IST KÄLTER ALS J. JONAH JAMESONS HERZ.
W-WO IST DIE FACKEL, WENN ICH SIE BRAUCHE?
PLATZ, HUNDIS!
ICH HAB LEIDER KEINE LECKERCHEN, UND NETZE SIND EIN ARMSELIGER ERSATZ.
PWIPP!
BITTE, LEUTE! ICH VERSTEH JA, DASS IHR MICH TÖTEN WOLLT.
DEN IMPULS LÖSE ICH BEI VIIIIE-LEN LEUTEN AUS.
ABER LASST UNS DOCH ERST MAL REDEN!
JEMAND MUSS MIR DIE SACHE ERKLÄREN.
ER WIRD IMMER VERWIRRTER.
VERSTÄNDLICH, SCHLIESSLICH HABEN WIR IHN AUS SEINER AKTUELLEN SEINSEBENE GERISSEN ...

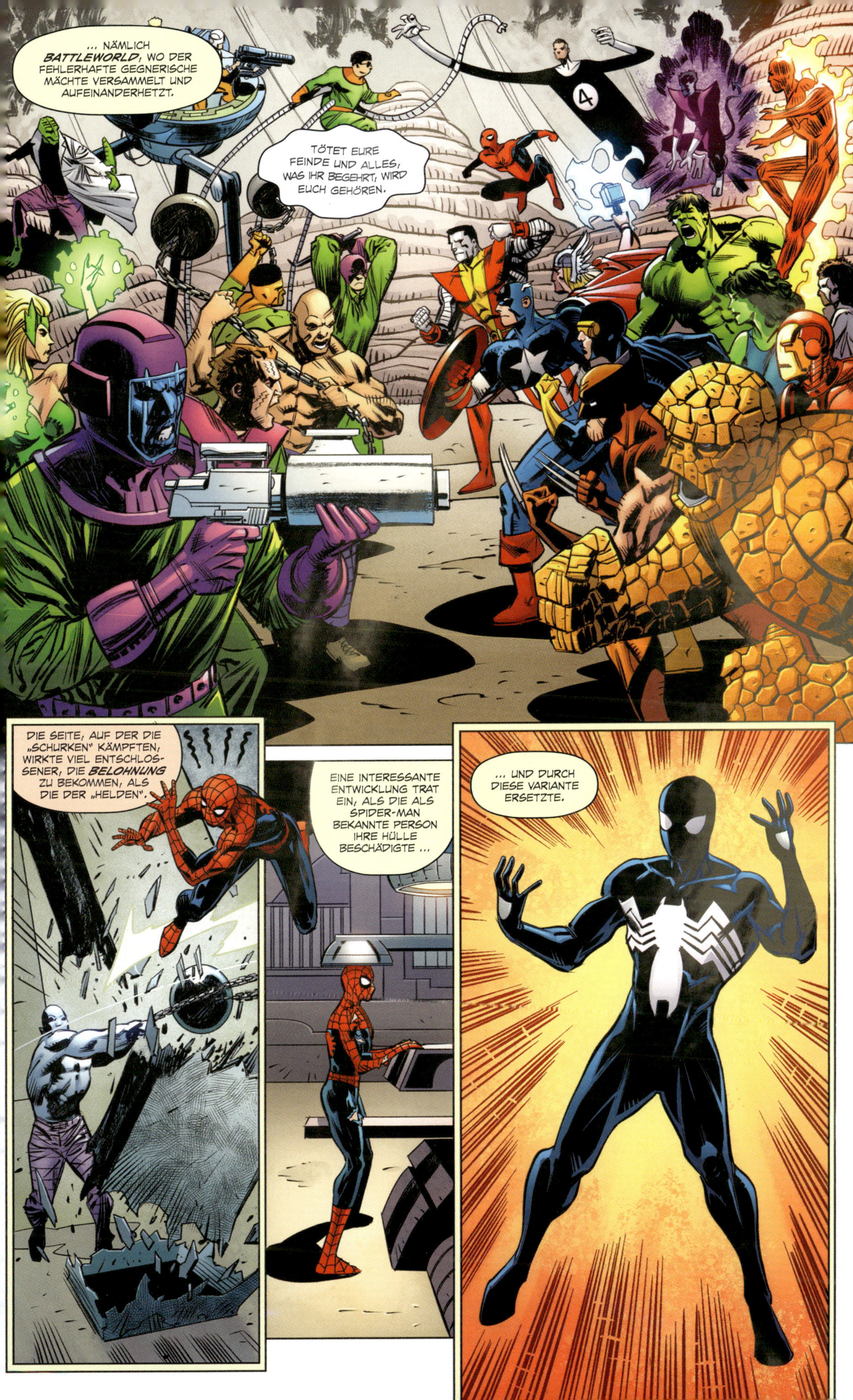
... NÄMLICH BATTLEWORLD, WO DER FEHLERHAFTE GEGNERISCHE MÄCHTE VERSAMMELT UND AUFEINANDERHETZT.
TÖTET EURE FEINDE UND ALLES, WAS IHR BEGEHRT, WIRD EUCH GEHÖREN.
DIE SEITE, AUF DER DIE „SCHURKEN" KÄMPFTEN, WIRKTE VIEL ENTSCHLOSSENER, DIE BELOHNUNG ZU BEKOMMEN, ALS DIE DER „HELDEN".
EINE INTERESSANTE ENTWICKLUNG TRAT EIN, ALS DIE ALS SPIDER-MAN BEKANNTE PERSON IHRE HÜLLE BESCHÄDIGTE ...
... UND DURCH DIESE VARIANTE ERSETZTE.

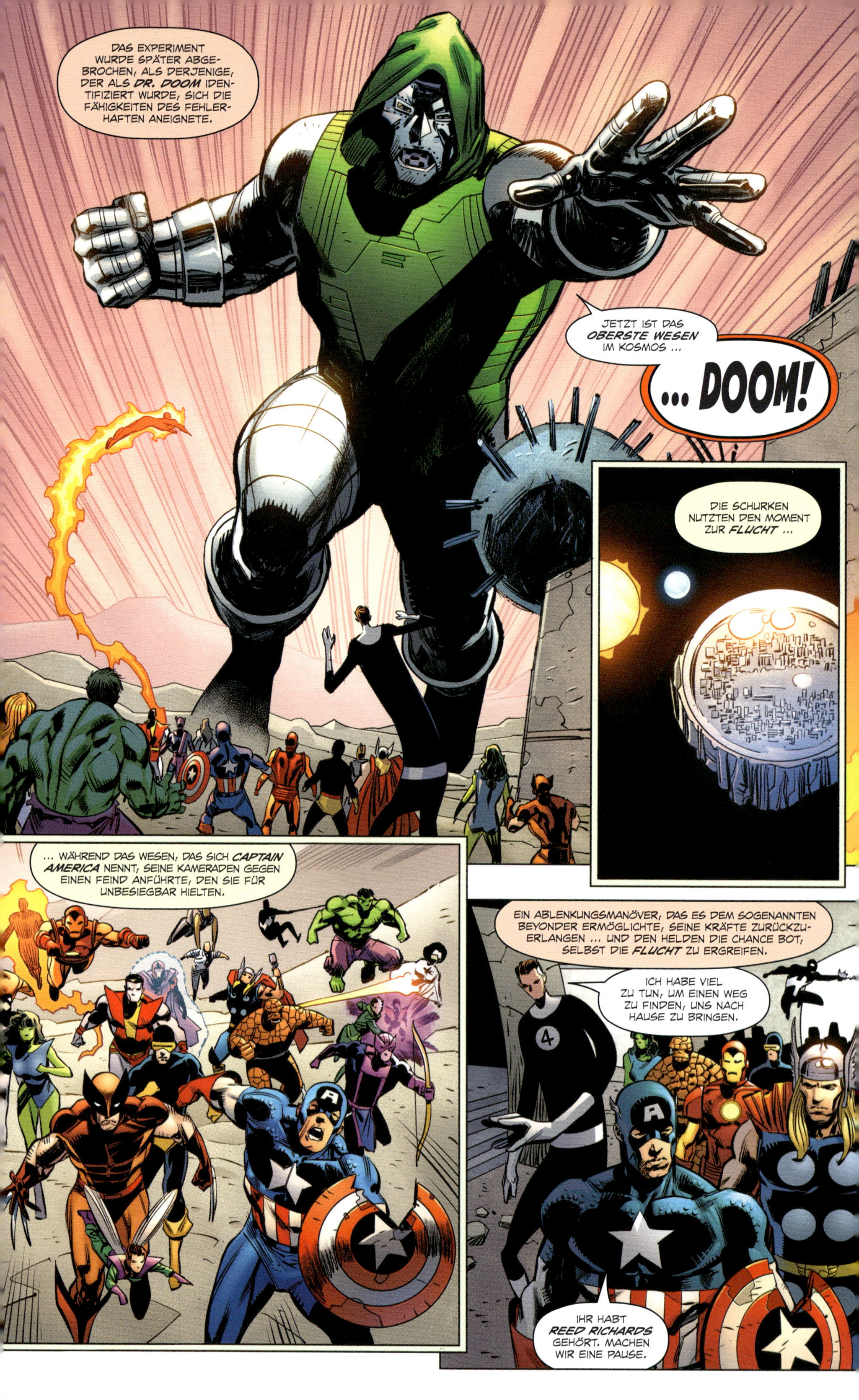
DAS EXPERIMENT WURDE SPÄTER ABGEBROCHEN, ALS DERJENIGE, DER ALS DR. DOOM IDENTIFIZIERT WURDE, SICH DIE FÄHIGKEITEN DES FEHLERHAFTEN ANEIGNETE.
JETZT IST DAS OBERSTE WESEN IM KOSMOS ...
... DOOM!
DIE SCHURKEN NUTZTEN DEN MOMENT ZUR FLUCHT ...
... WÄHREND DAS WESEN, DAS SICH CAPTAIN AMERICA NENNT, SEINE KAMERADEN GEGEN EINEN FEIND ANFÜHRTE, DEN SIE FÜR UNBESIEGBAR HIELTEN.
EIN ABLENKUNGSMANÖVER, DAS ES DEM SOGENANNTEN BEYONDER ERMÖGLICHTE, SEINE KRÄFTE ZURÜCKZUERLANGEN ... UND DEN HELDEN DIE CHANCE BOT, SELBST DIE FLUCHT ZU ERGREIFEN.
ICH HABE VIEL ZU TUN, UM EINEN WEG ZU FINDEN, UNS NACH HAUSE ZU BRINGEN.
IHR HABT REED RICHARDS GEHÖRT. MACHEN WIR EINE PAUSE.

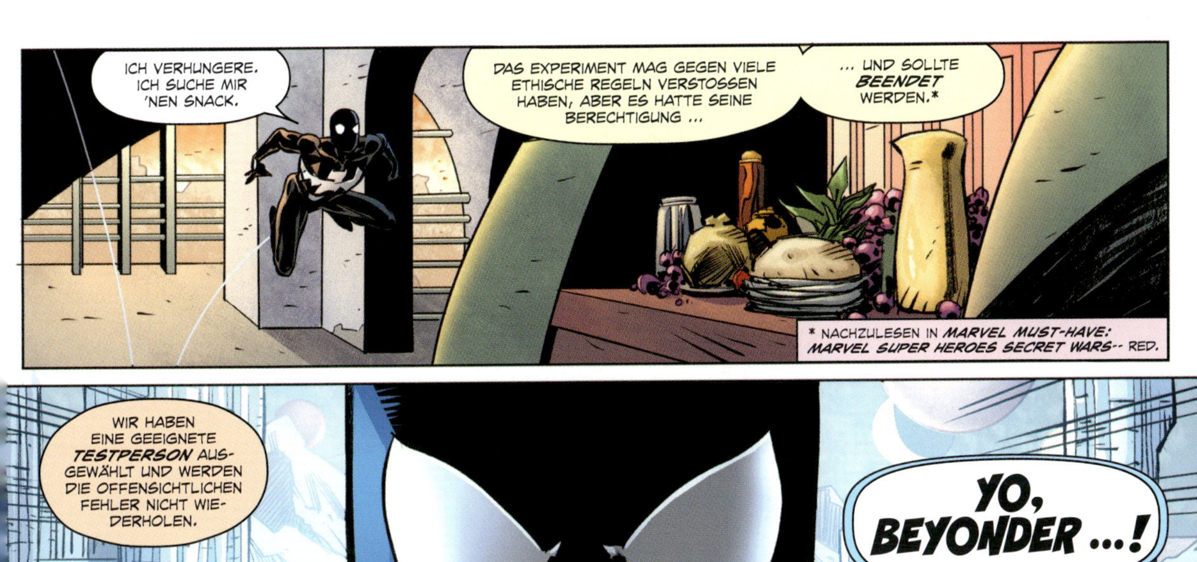
ICH VERHUNGERE. ICH SUCHE MIR 'NEN SNACK.
DAS EXPERIMENT MAG GEGEN VIELE ETHISCHE REGELN VERSTOSSEN HABEN, ABER ES HATTE SEINE BERECHTIGUNG ...
... UND SOLLTE *BEENDET* WERDEN.*
* NACHZULESEN IN *MARVEL MUST-HAVE: MARVEL SUPER HEROES SECRET WARS*-- RED.

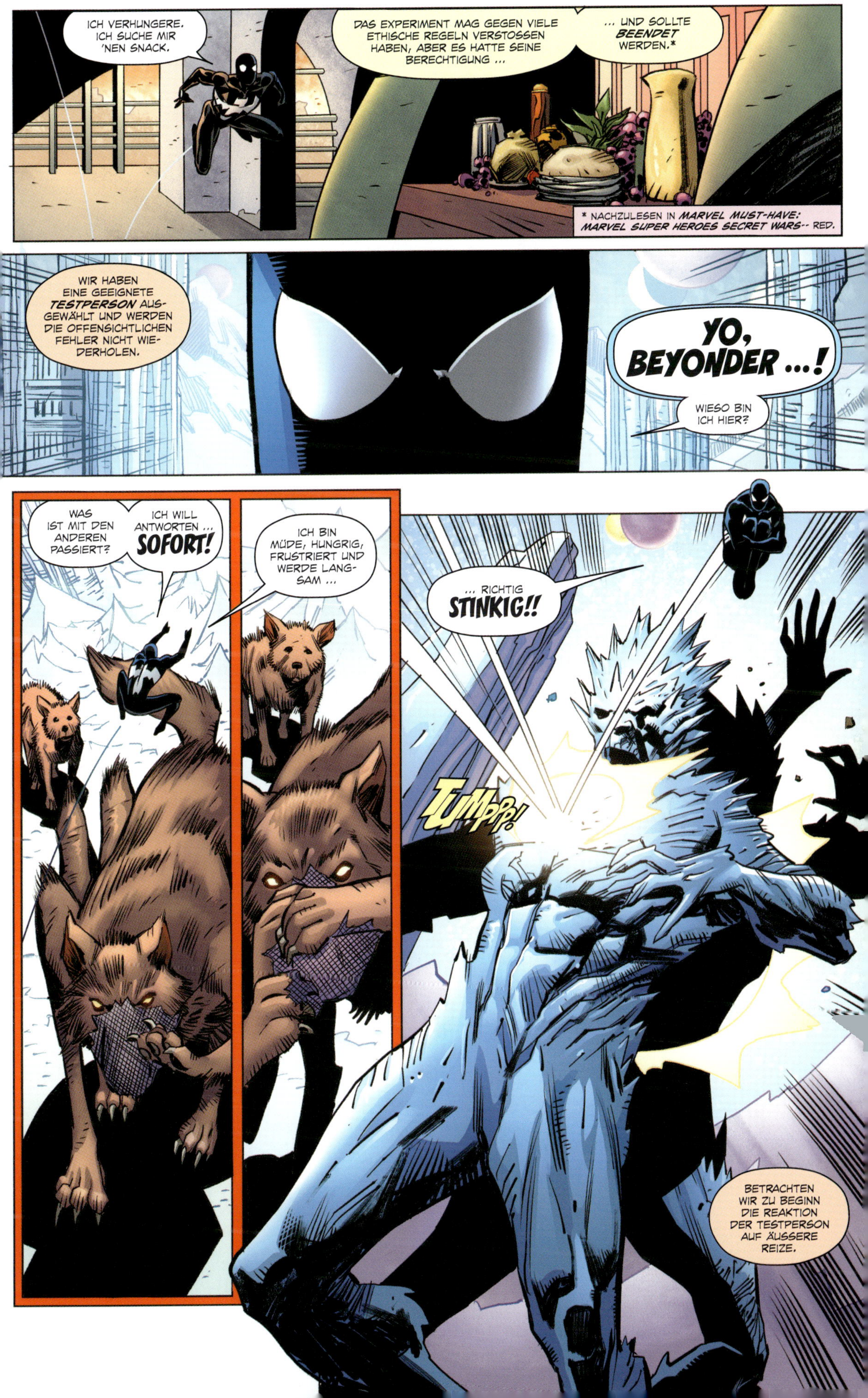

WIR HABEN EINE GEEIGNETE *TESTPERSON* AUSGEWÄHLT UND WERDEN DIE OFFENSICHTLICHEN FEHLER NICHT WIEDERHOLEN.
YO, BEYONDER ...!
WIESO BIN ICH HIER?
WAS IST MIT DEN ANDEREN PASSIERT?
ICH WILL ANTWORTEN ... SOFORT!
ICH BIN MÜDE, HUNGRIG, FRUSTRIERT UND WERDE LANGSAM ...
... RICHTIG STINKIG!!
TUMPPP!
BETRACHTEN WIR ZU BEGINN DIE REAKTION DER TESTPERSON AUF ÄUSSERE REIZE.

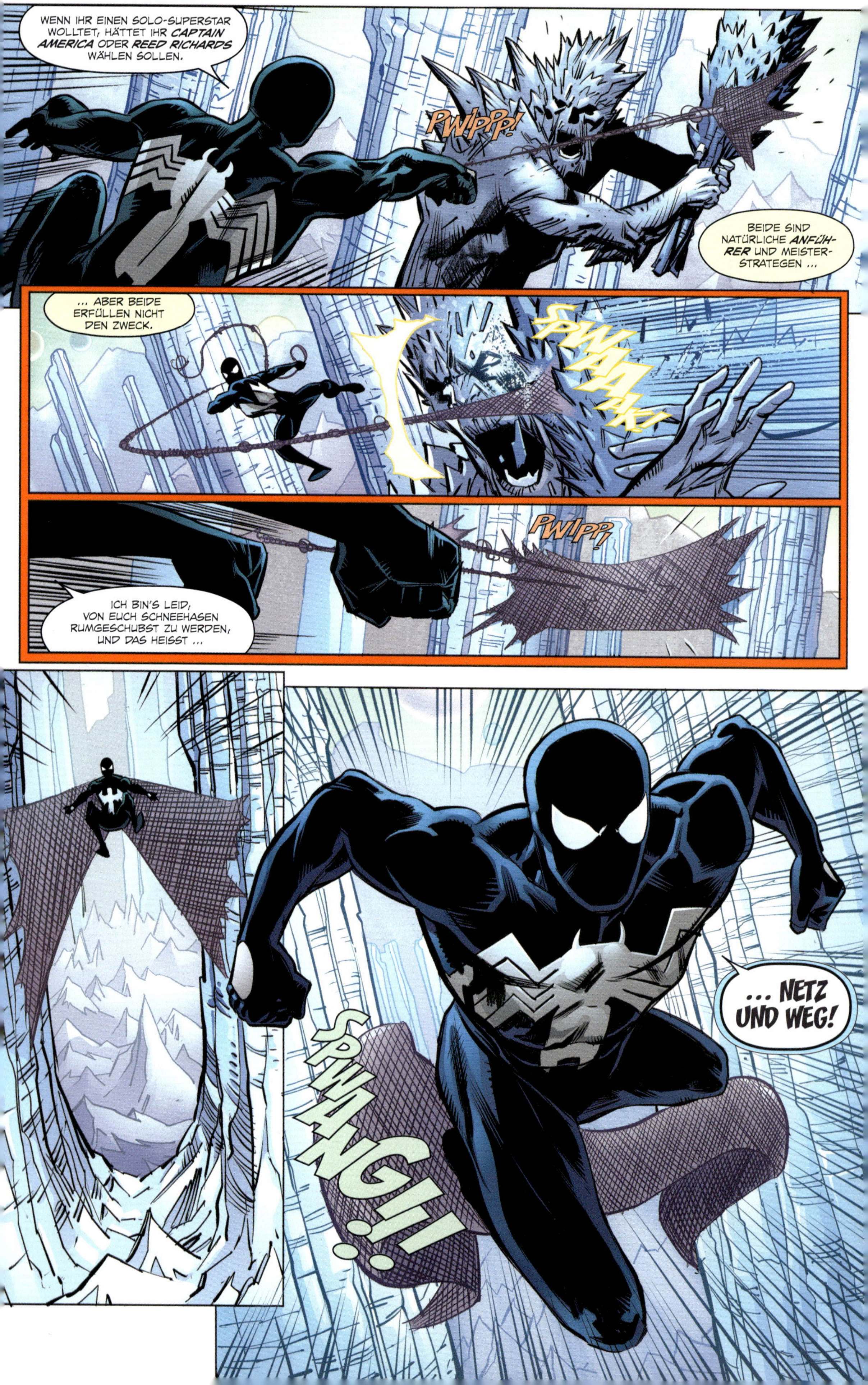

WENN IHR EINEN SOLO-SUPERSTAR WOLLTET, HÄTTET IHR *CAPTAIN AMERICA* ODER *REED RICHARDS* WÄHLEN SOLLEN.
PWIPPP!
BEIDE SIND NATÜRLICHE *ANFÜHRER* UND MEISTER-STRATEGEN ...
... ABER BEIDE ERFÜLLEN NICHT DEN ZWECK.
SPWAAAK!
PWIPP!
ICH BIN'S LEID, VON EUCH SCHNEEHASEN RUMGESCHUBST ZU WERDEN, UND DAS HEISST ...
... NETZ UND WEG!
SPWANG!!!

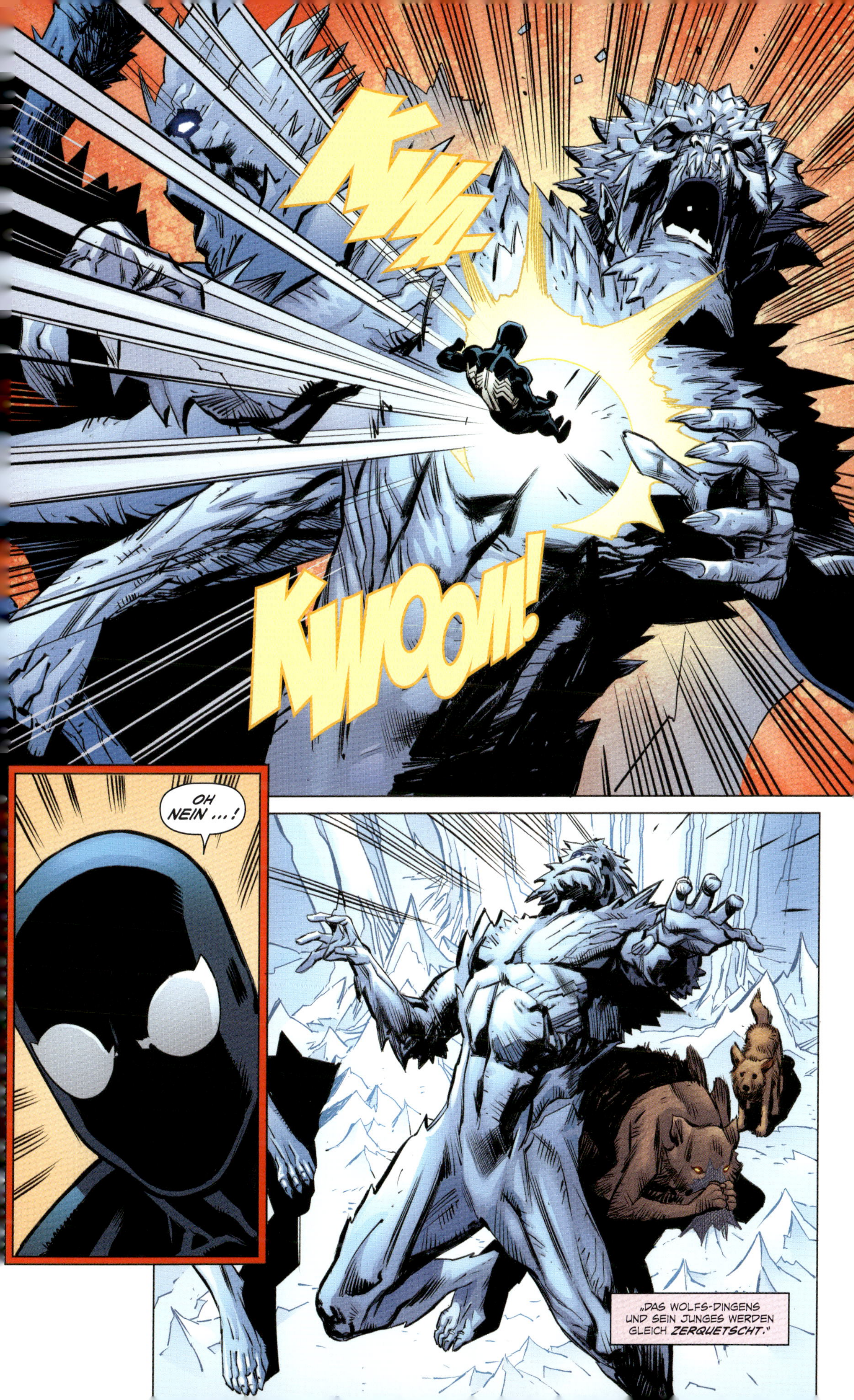
KWA-
KWOOM!
OH NEIN ...!
„DAS WOLFS-DINGENS UND SEIN JUNGES WERDEN GLEICH *ZERQUETSCHT*."

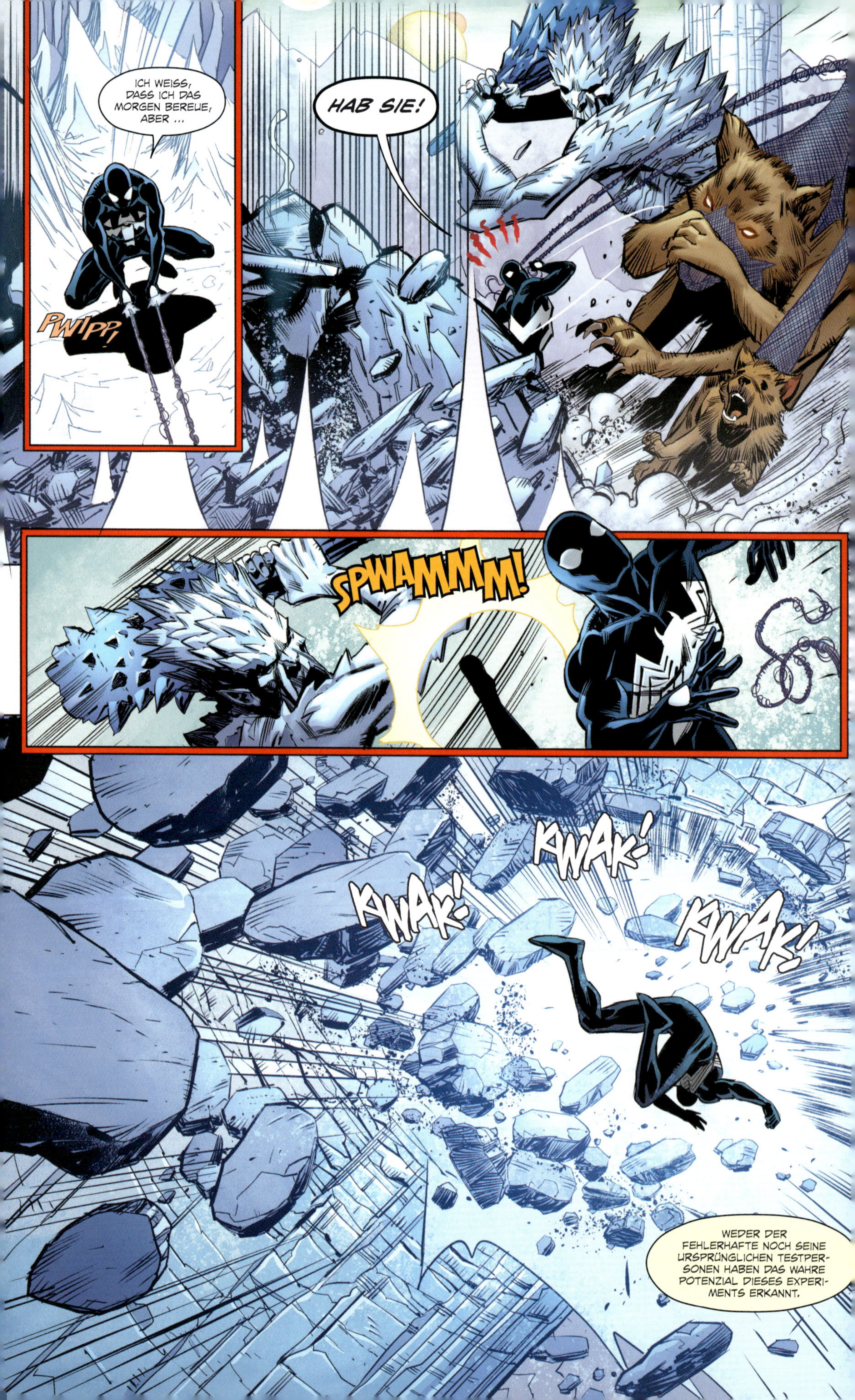
ICH WEISS, DASS ICH DAS MORGEN BEREUE, ABER ...
PWIPP!
HAB SIE!
SPWAMMM!
KWAK!
KWAK!
KWAK!
WEDER DER FEHLERHAFTE NOCH SEINE URSPRÜNGLICHEN TESTPERSONEN HABEN DAS WAHRE POTENZIAL DIESES EXPERIMENTS ERKANNT.

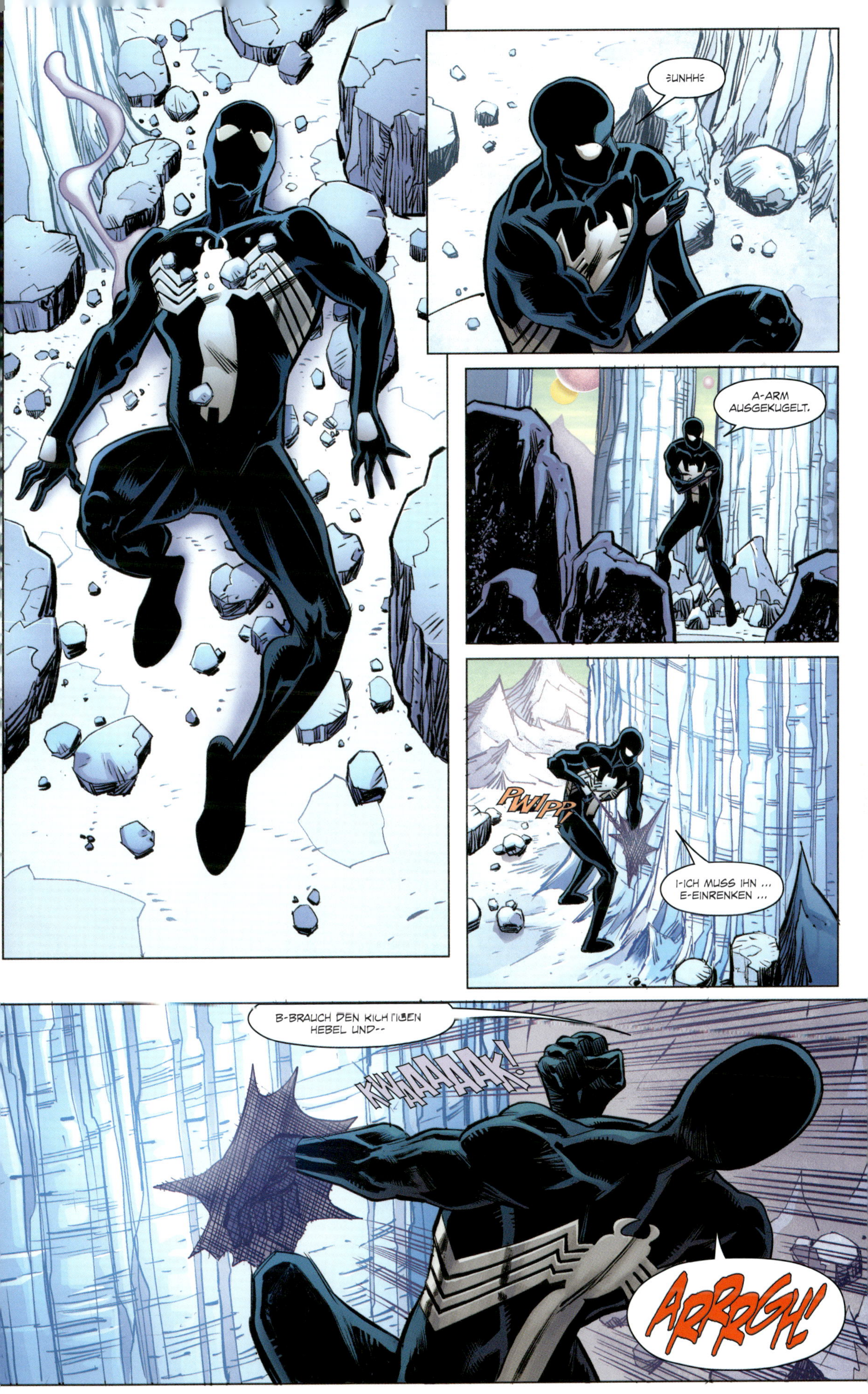

UNHH

A-ARM AUSGEKUGELT.

PWIPP!

I-ICH MUSS IHN ... E-EINRENKEN ...

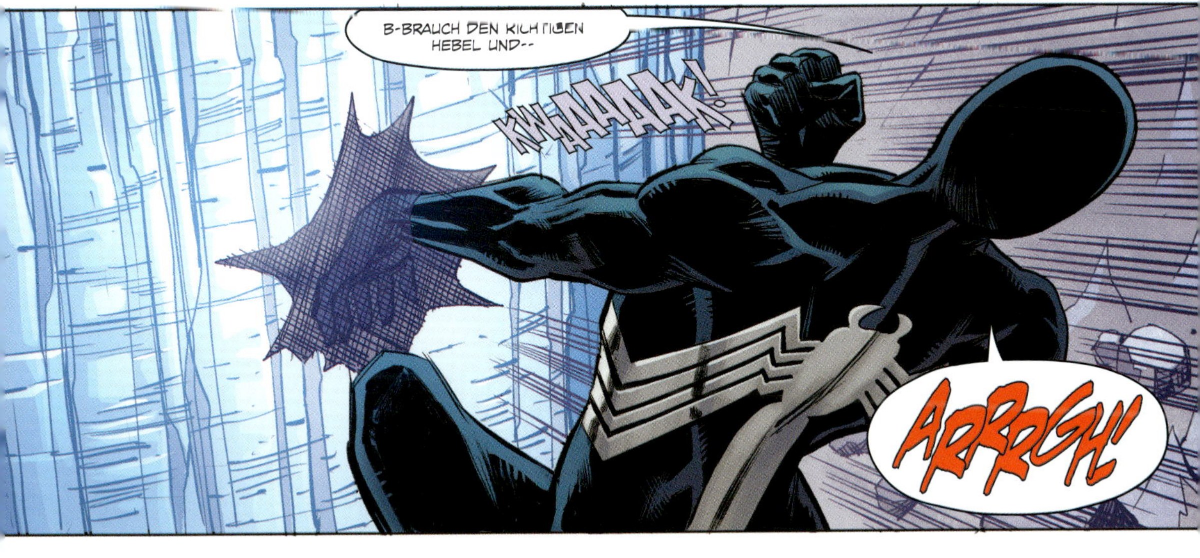

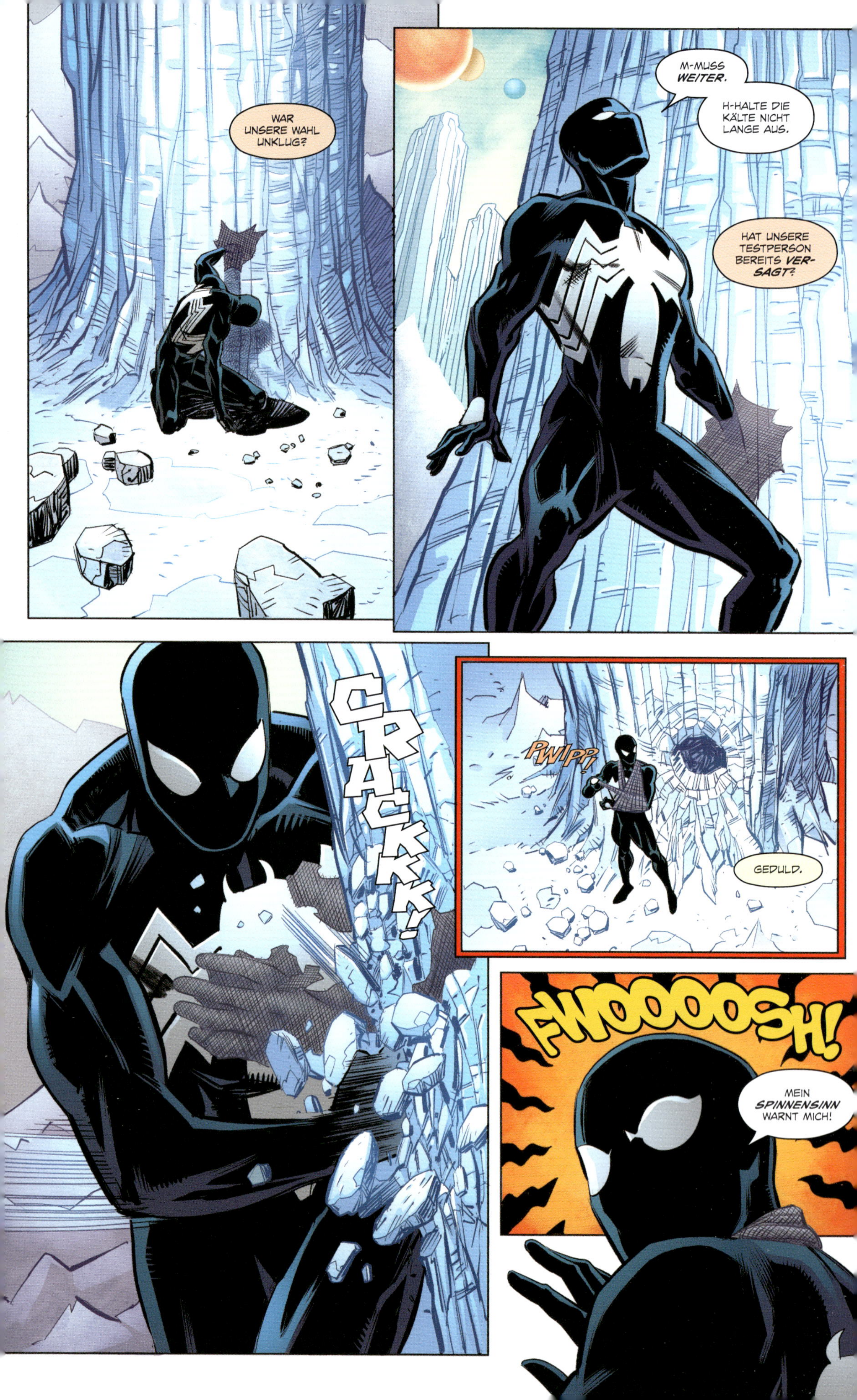

WAR UNSERE WAHL UNKLUG?

M-MUSS **WEITER.**

H-HALTE DIE KÄLTE NICHT LANGE AUS.

HAT UNSERE TESTPERSON BEREITS ***VER-SAGT?***

CRACKKK!

PWIPP!

GEDULD.

FWOOOOSH!

MEIN ***SPINNENSINN*** WARNT MICH!

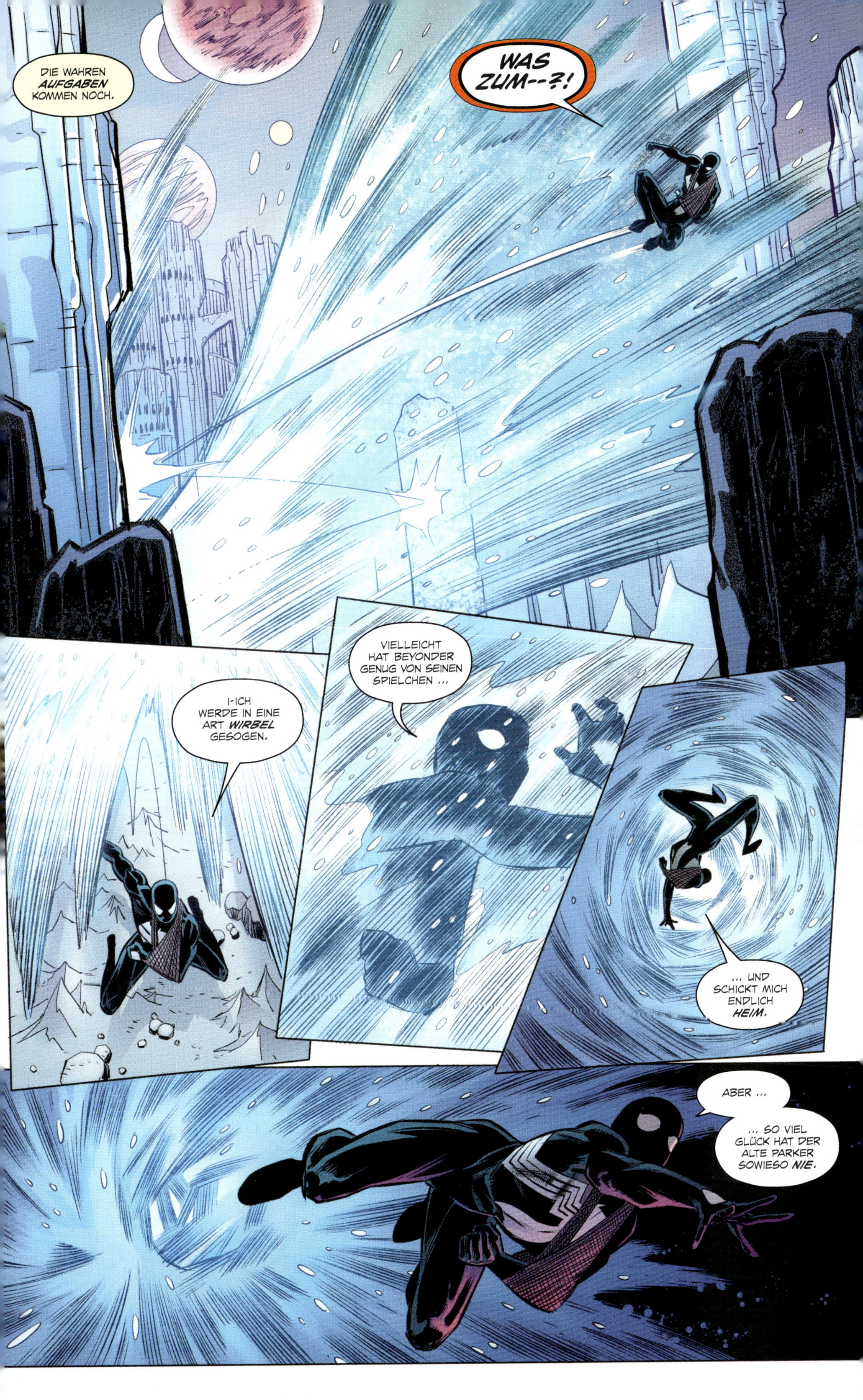

DIE WAHREN AUFGABEN KOMMEN NOCH.
WAS ZUM--?!
I-ICH WERDE IN EINE ART WIRBEL GESOGEN.
VIELLEICHT HAT BEYONDER GENUG VON SEINEN SPIELCHEN ...
... UND SCHICKT MICH ENDLICH HEIM.
ABER ...
... SO VIEL GLÜCK HAT DER ALTE PARKER SOWIESO NIE.

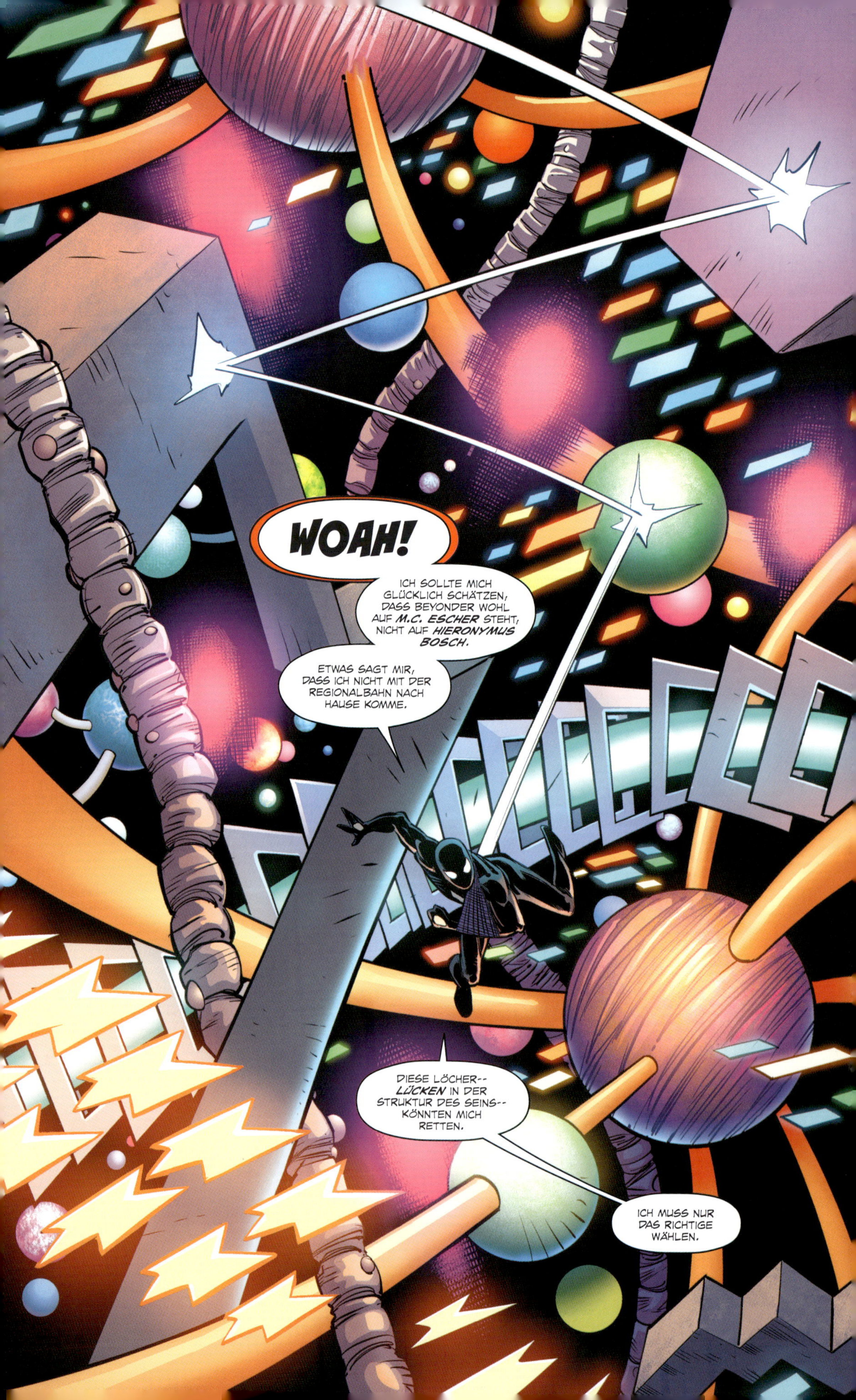
WOAH!
ICH SOLLTE MICH GLÜCKLICH SCHÄTZEN, DASS BEYONDER WOHL AUF M.C. ESCHER STEHT, NICHT AUF HIERONYMUS BOSCH.
ETWAS SAGT MIR, DASS ICH NICHT MIT DER REGIONALBAHN NACH HAUSE KOMME.
DIESE LÖCHER-- LÜCKEN IN DER STRUKTUR DES SEINS-- KÖNNTEN MICH RETTEN.
ICH MUSS NUR DAS RICHTIGE WÄHLEN.

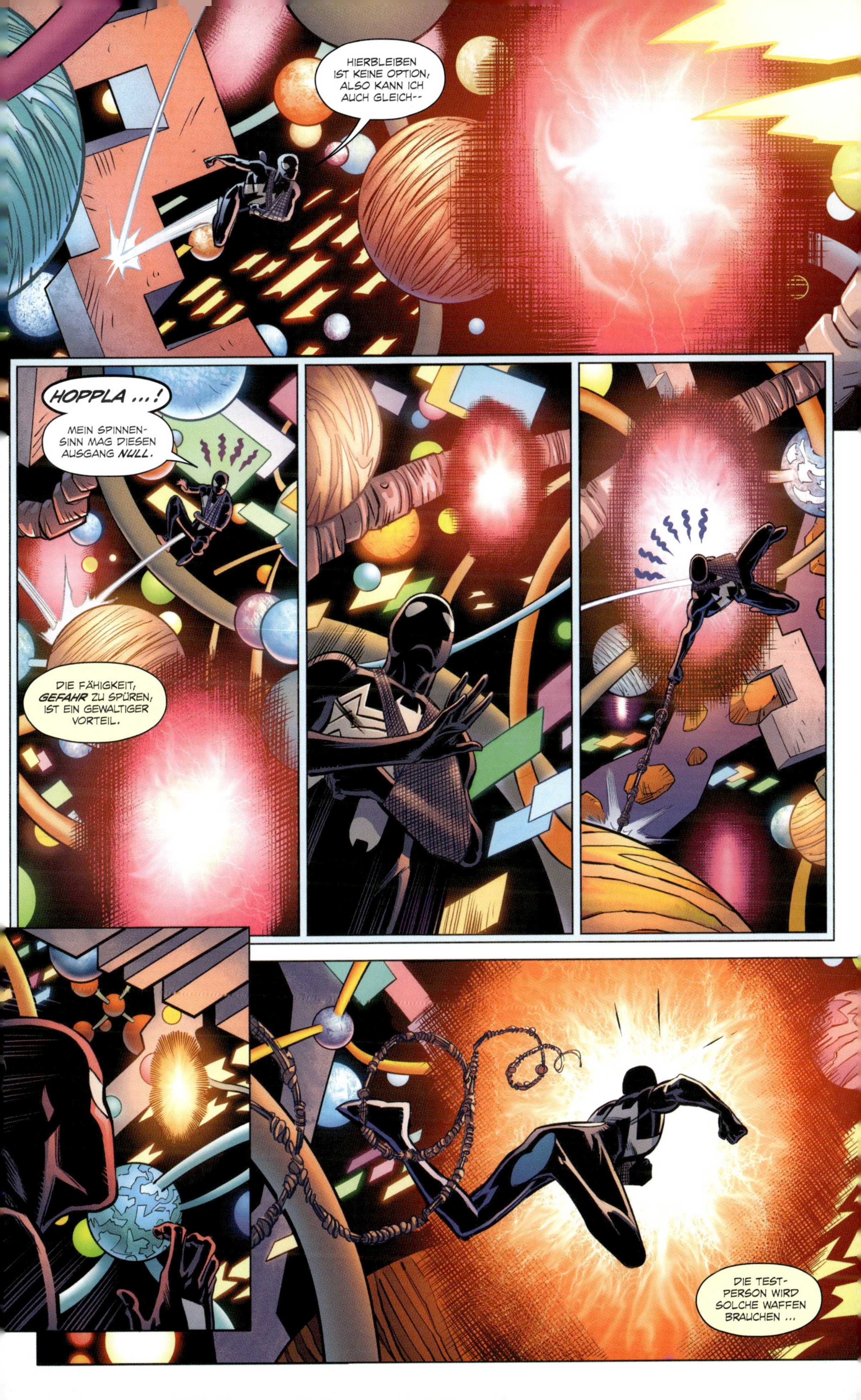
HIERBLEIBEN IST KEINE OPTION, ALSO KANN ICH AUCH GLEICH--
HOPPLA ...!
MEIN SPINNEN-SINN MAG DIESEN AUSGANG NULL.
DIE FÄHIGKEIT, GEFAHR ZU SPÜREN, IST EIN GEWALTIGER VORTEIL.
DIE TEST-PERSON WIRD SOLCHE WAFFEN BRAUCHEN ...

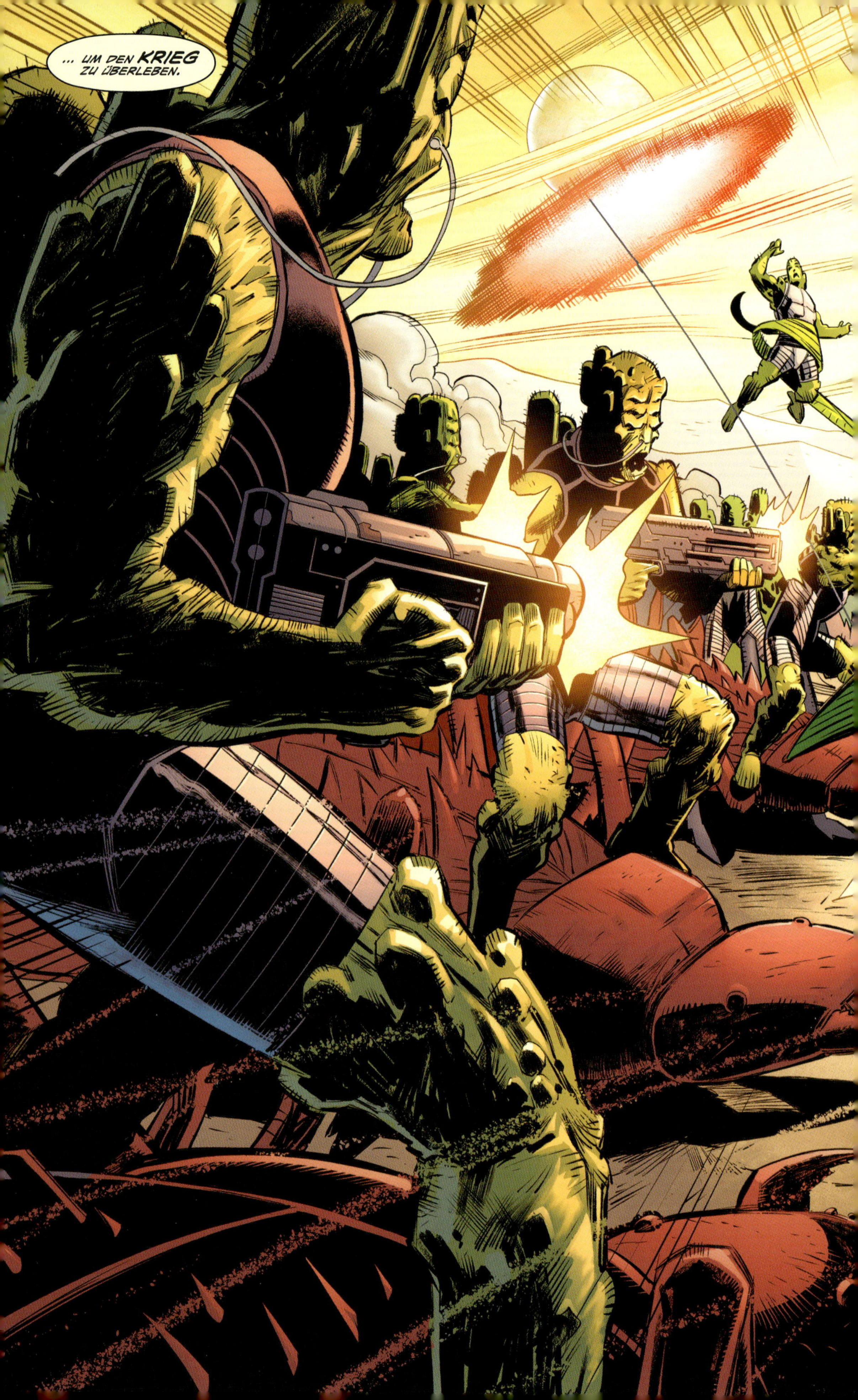
... UM DEN KRIEG ZU ÜBERLEBEN.

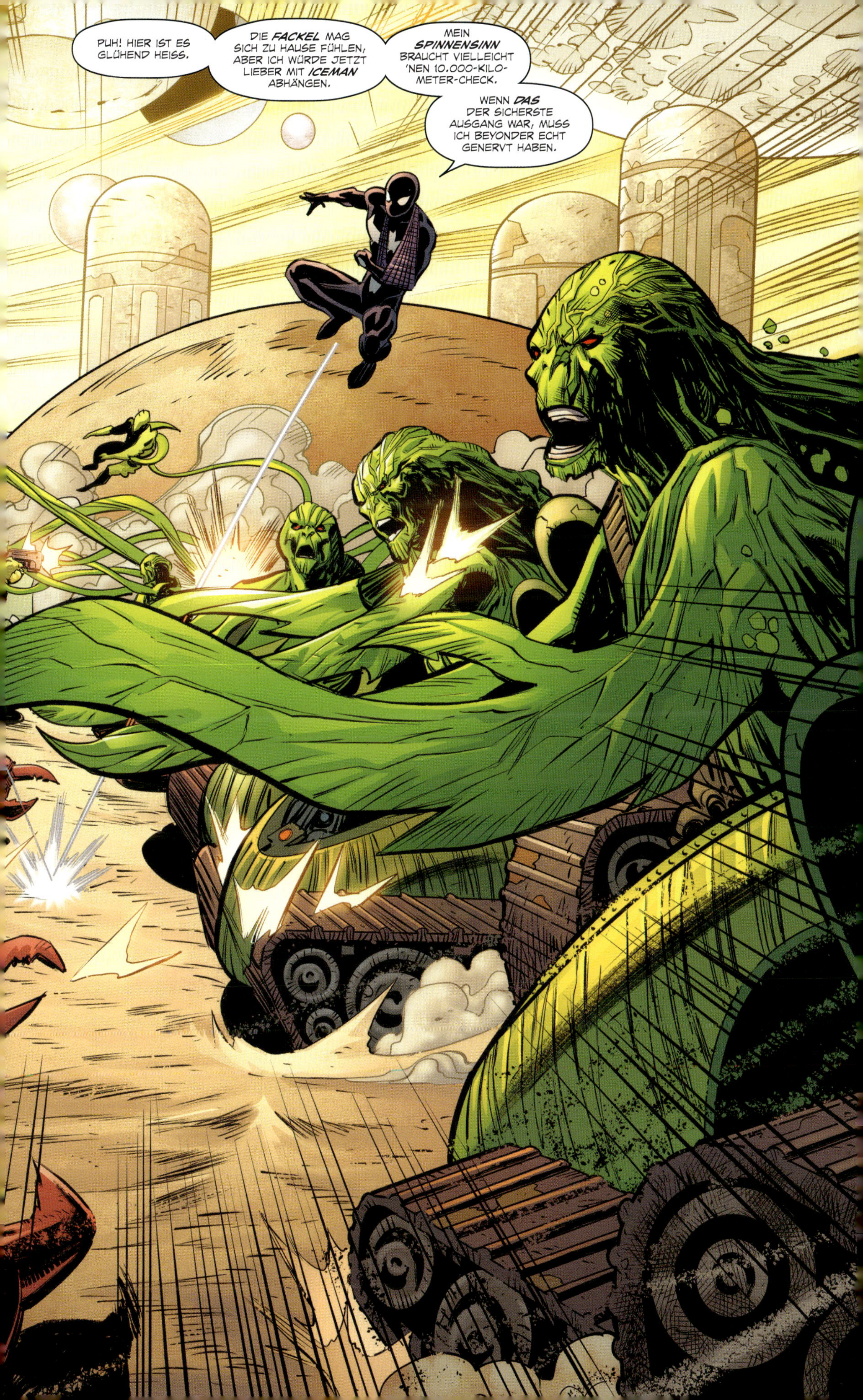
PUH! HIER IST ES GLÜHEND HEISS.
DIE FACKEL MAG SICH ZU HAUSE FÜHLEN, ABER ICH WÜRDE JETZT LIEBER MIT ICEMAN ABHÄNGEN.
MEIN SPINNENSINN BRAUCHT VIELLEICHT 'NEN 10.000-KILOMETER-CHECK.
WENN DAS DER SICHERSTE AUSGANG WAR, MUSS ICH BEYONDER ECHT GENERVT HABEN.

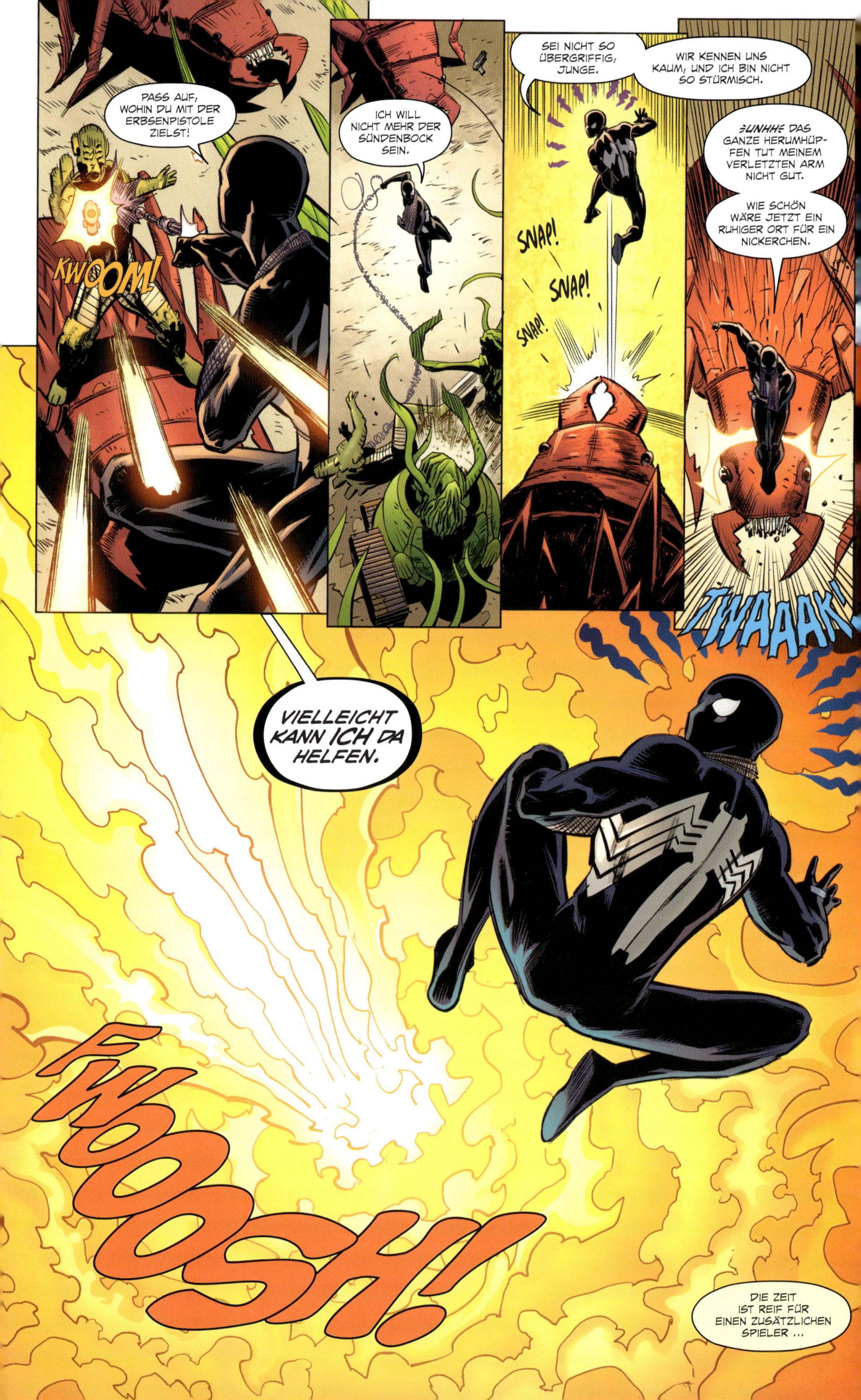
PASS AUF, WOHIN DU MIT DER ERBSENPISTOLE ZIELST!
KWOOM!
ICH WILL NICHT MEHR DER SÜNDENBOCK SEIN.
SEI NICHT SO ÜBERGRIFFIG, JUNGE.
WIR KENNEN UNS KAUM, UND ICH BIN NICHT SO STÜRMISCH.
SNAP!
SNAP!
SNAP!
UNHH DAS GANZE HERUMHÜPFEN TUT MEINEM VERLETZTEN ARM NICHT GUT.
WIE SCHÖN WÄRE JETZT EIN RUHIGER ORT FÜR EIN NICKERCHEN.
TWAAAK!
VIELLEICHT KANN ICH DA HELFEN.
FWOOOSH!
DIE ZEIT IST REIF FÜR EINEN ZUSÄTZLICHEN SPIELER ...

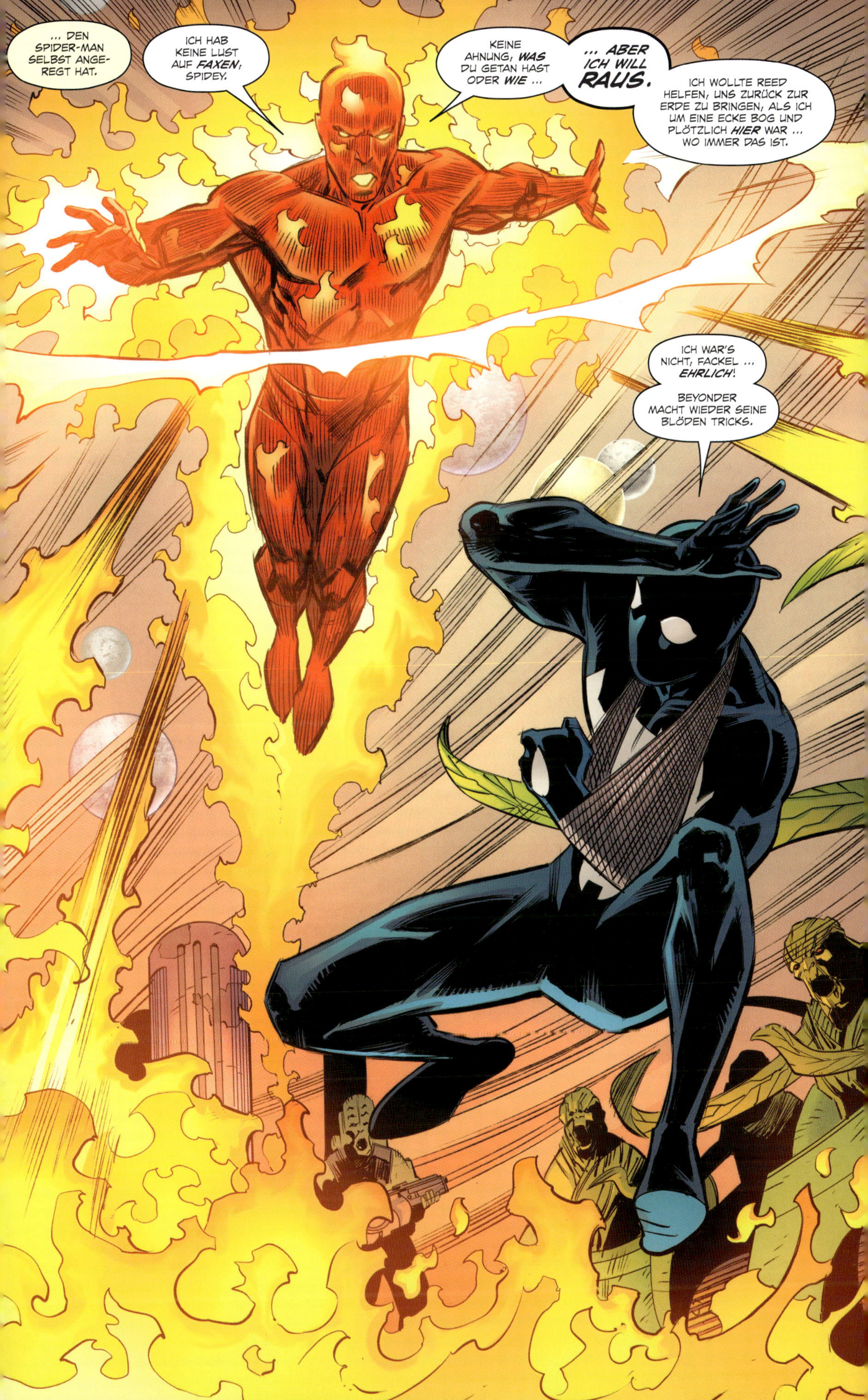
... DEN SPIDER-MAN SELBST ANGE-REGT HAT.
ICH HAB KEINE LUST AUF FAXEN, SPIDEY.
KEINE AHNUNG, WAS DU GETAN HAST ODER WIE ...
... ABER ICH WILL RAUS.
ICH WOLLTE REED HELFEN, UNS ZURÜCK ZUR ERDE ZU BRINGEN, ALS ICH UM EINE ECKE BOG UND PLÖTZLICH HIER WAR ... WO IMMER DAS IST.
ICH WAR'S NICHT, FACKEL ... EHRLICH!
BEYONDER MACHT WIEDER SEINE BLÖDEN TRICKS.

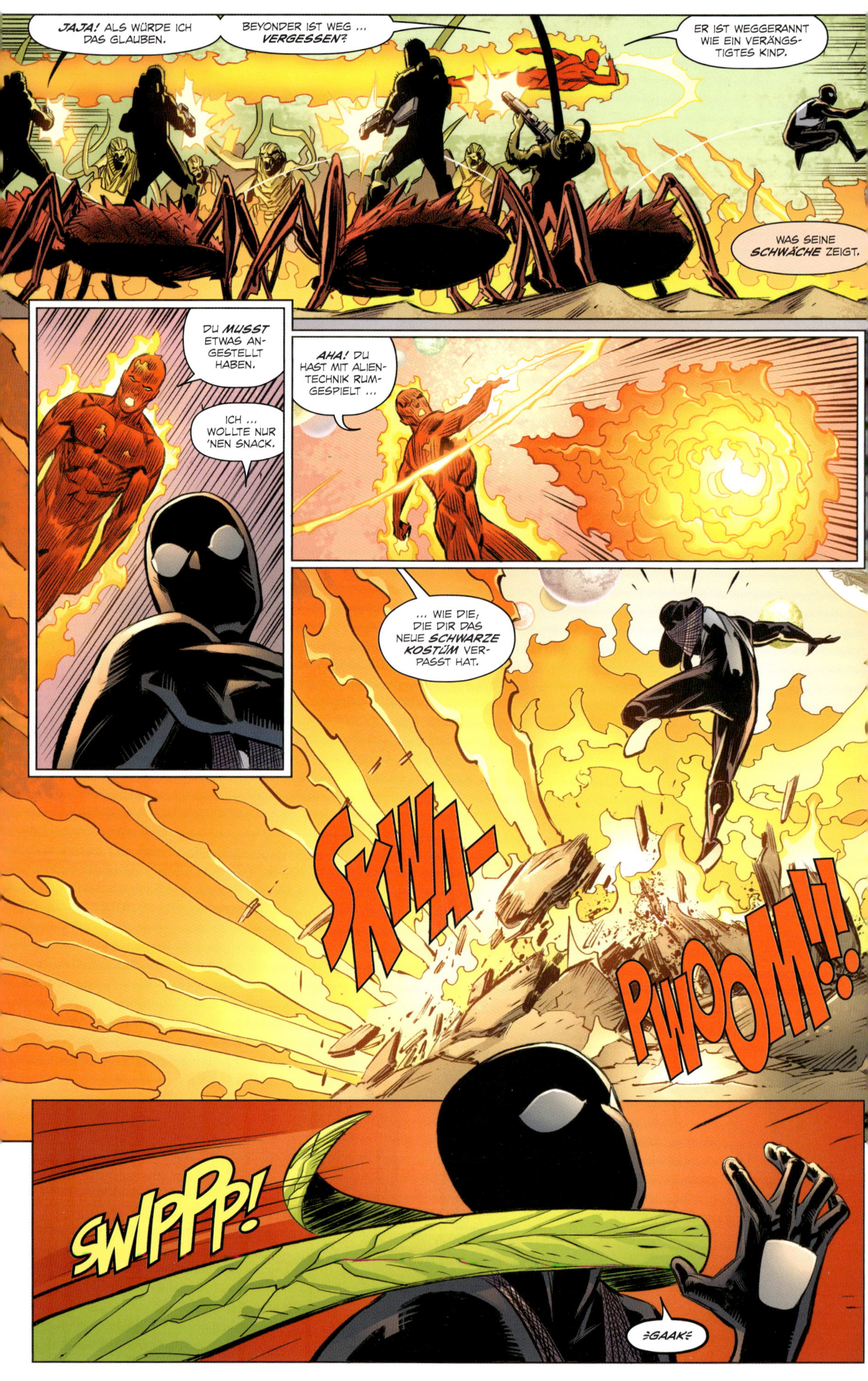
JAJA! ALS WÜRDE ICH DAS GLAUBEN.
BEYONDER IST WEG ... VERGESSEN?
ER IST WEGGERANNT WIE EIN VERÄNGS-TIGTES KIND.
WAS SEINE SCHWÄCHE ZEIGT.
DU MUSST ETWAS AN-GESTELLT HABEN.
ICH ... WOLLTE NUR 'NEN SNACK.
AHA! DU HAST MIT ALIEN-TECHNIK RUM-GESPIELT ...
... WIE DIE, DIE DIR DAS NEUE SCHWARZE KOSTÜM VER-PASST HAT.
SKWA-
PWOOM!!!
SWIPPP!
GAAK

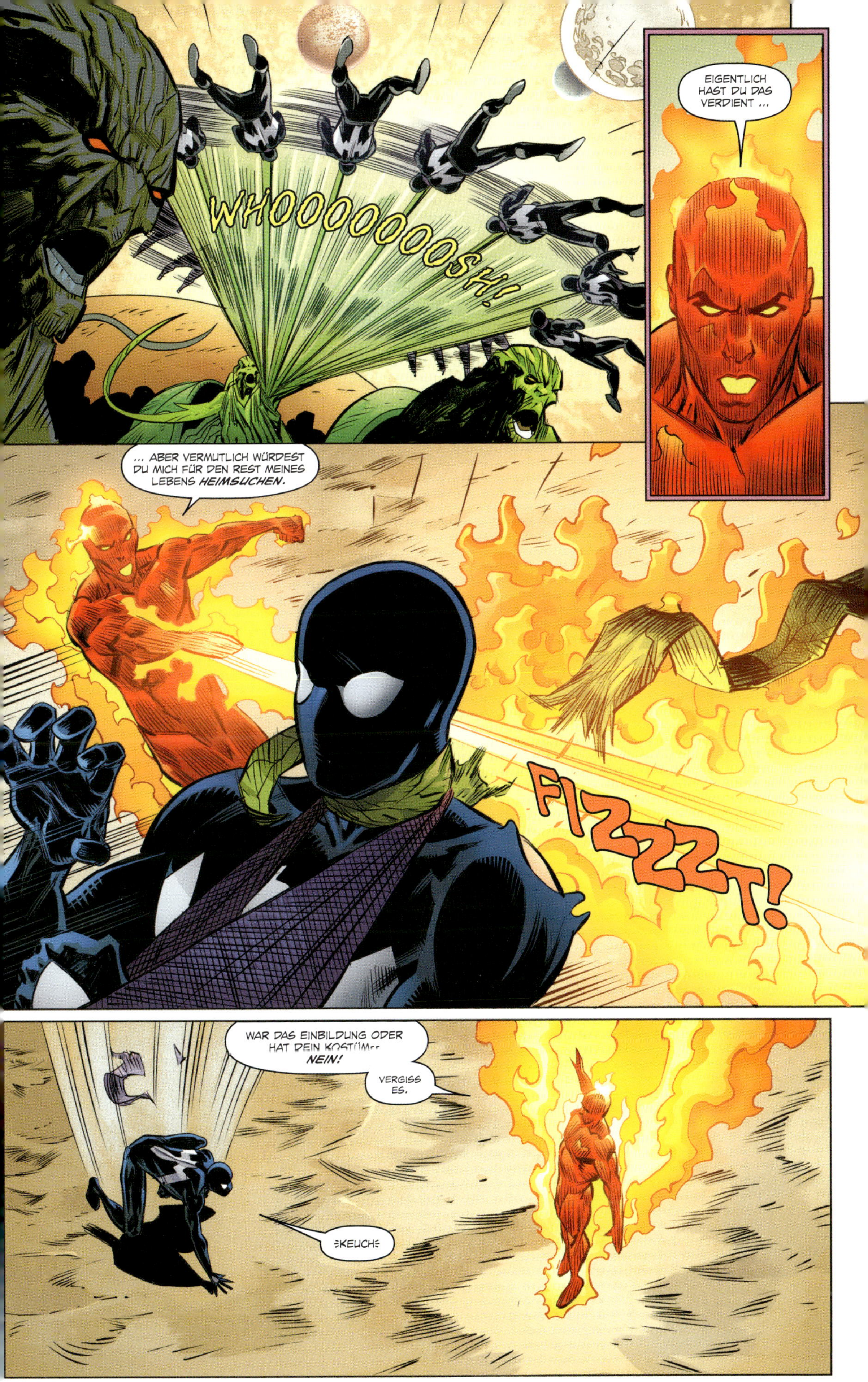

WHOOOOOOOOSH!

EIGENTLICH HAST DU DAS VERDIENT ...

... ABER VERMUTLICH WÜRDEST DU MICH FÜR DEN REST MEINES LEBENS ***HEIMSUCHEN***.

FIZZZZT!

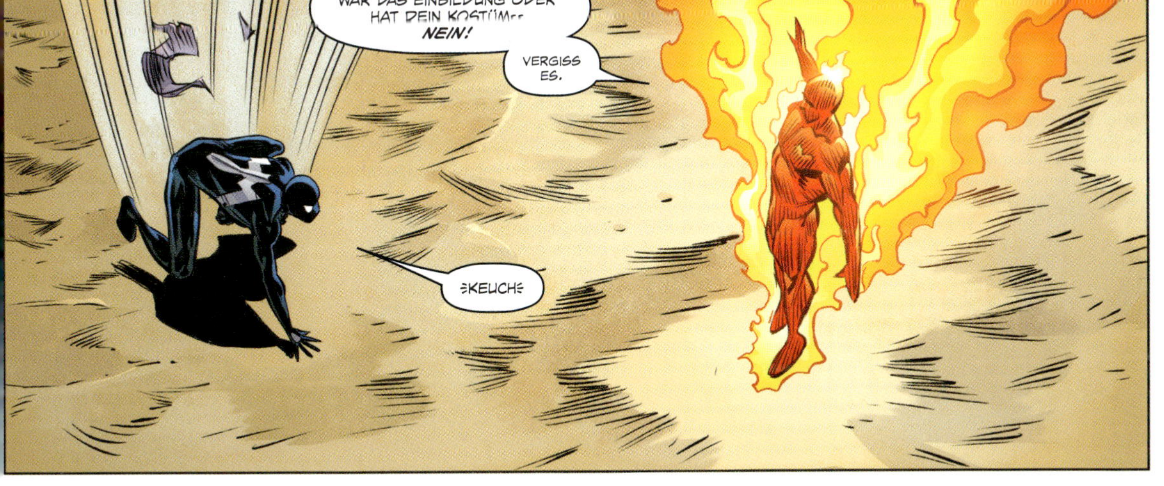

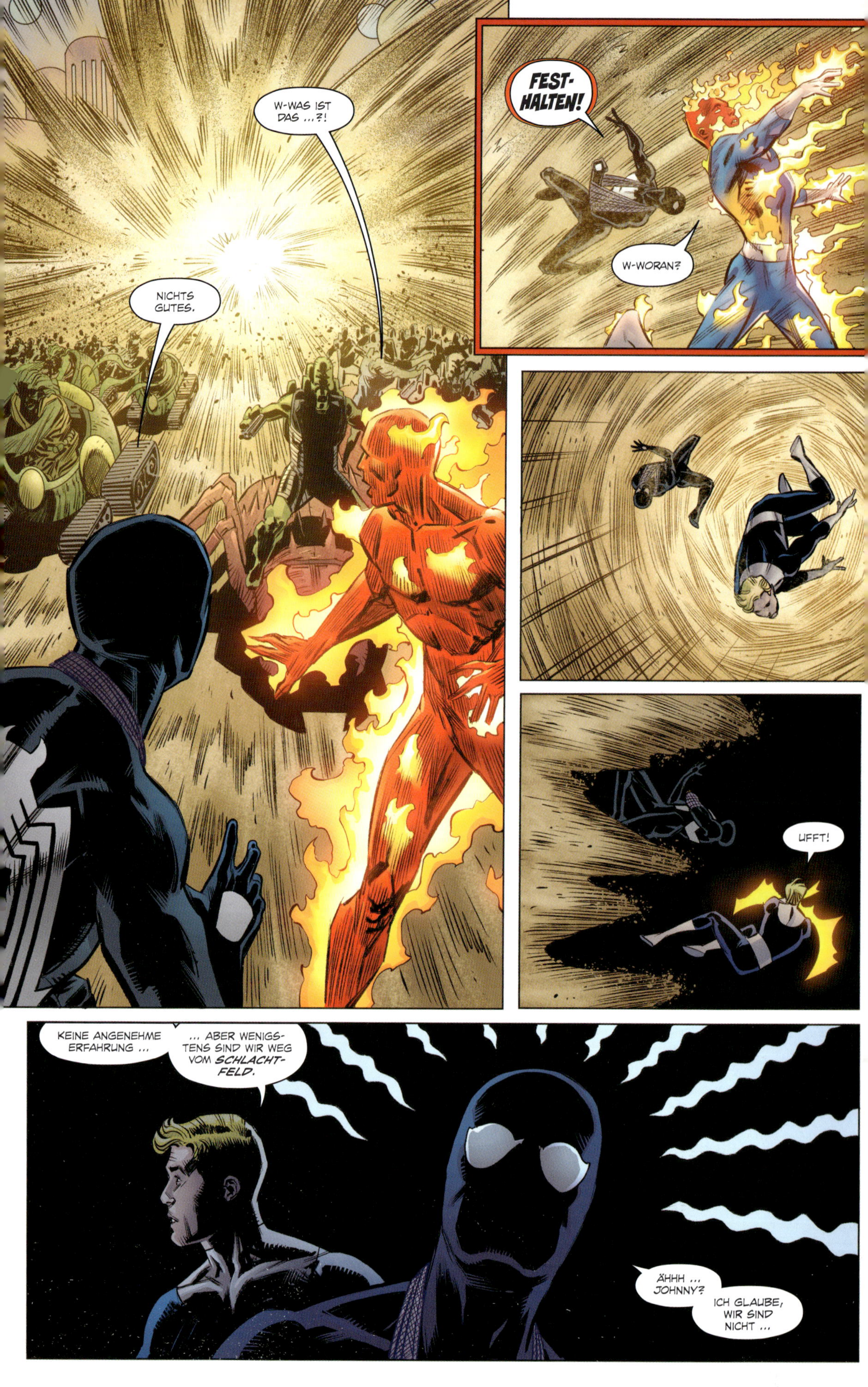
W-WAS IST DAS ...?!
NICHTS GUTES.
FEST-HALTEN!
W-WORAN?
UFFT!
KEINE ANGENEHME ERFAHRUNG ...
... ABER WENIGS-TENS SIND WIR WEG VOM SCHLACHT-FELD.
ÄHHH ... JOHNNY?
ICH GLAUBE, WIR SIND NICHT ...

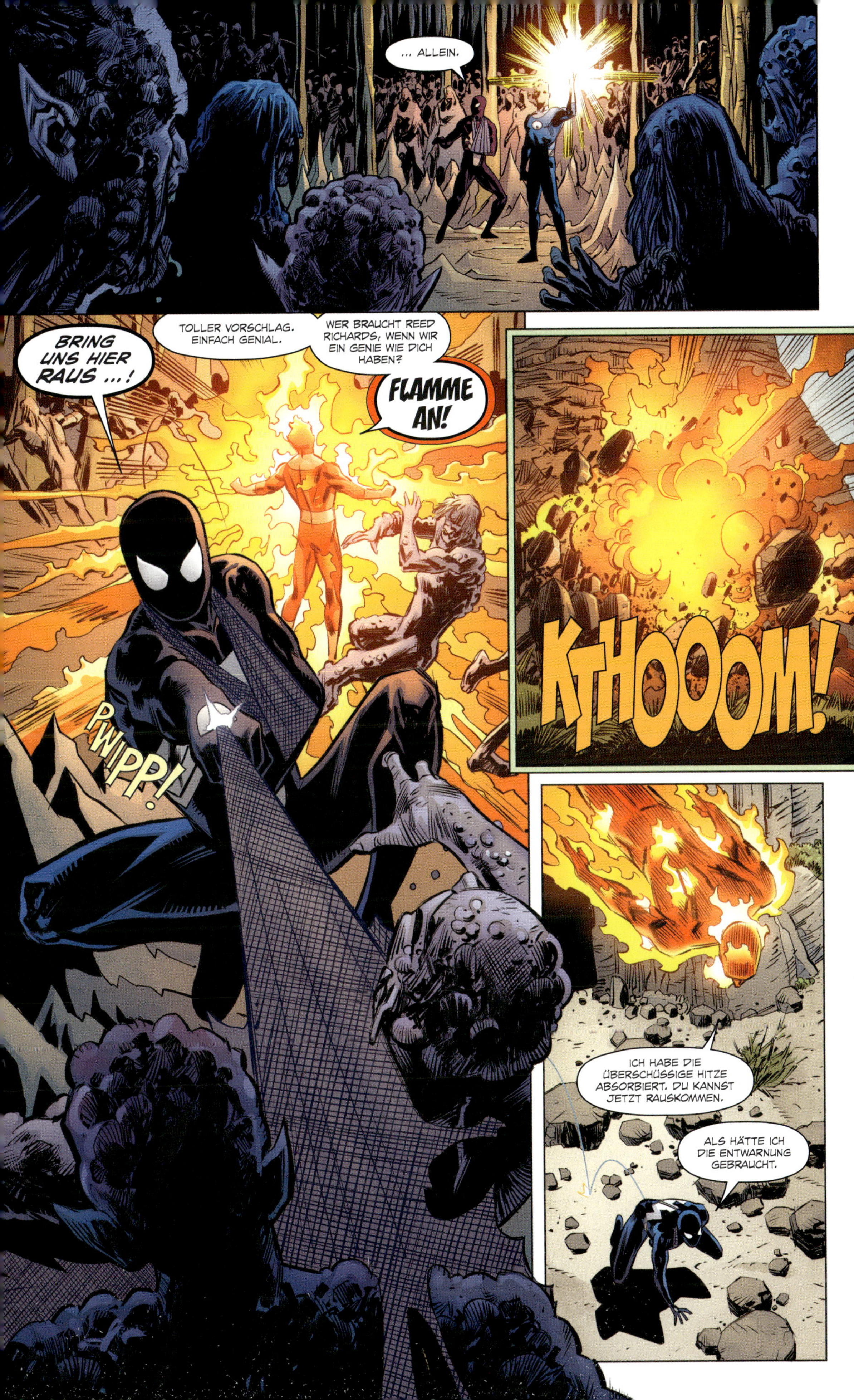
... ALLEIN.
BRING UNS HIER RAUS ...!
TOLLER VORSCHLAG. EINFACH GENIAL.
WER BRAUCHT REED RICHARDS, WENN WIR EIN GENIE WIE DICH HABEN?
FLAMME AN!
PWIPP!
KTHOOOM!
ICH HABE DIE ÜBERSCHÜSSIGE HITZE ABSORBIERT. DU KANNST JETZT RAUSKOMMEN.
ALS HÄTTE ICH DIE ENTWARNUNG GEBRAUCHT.

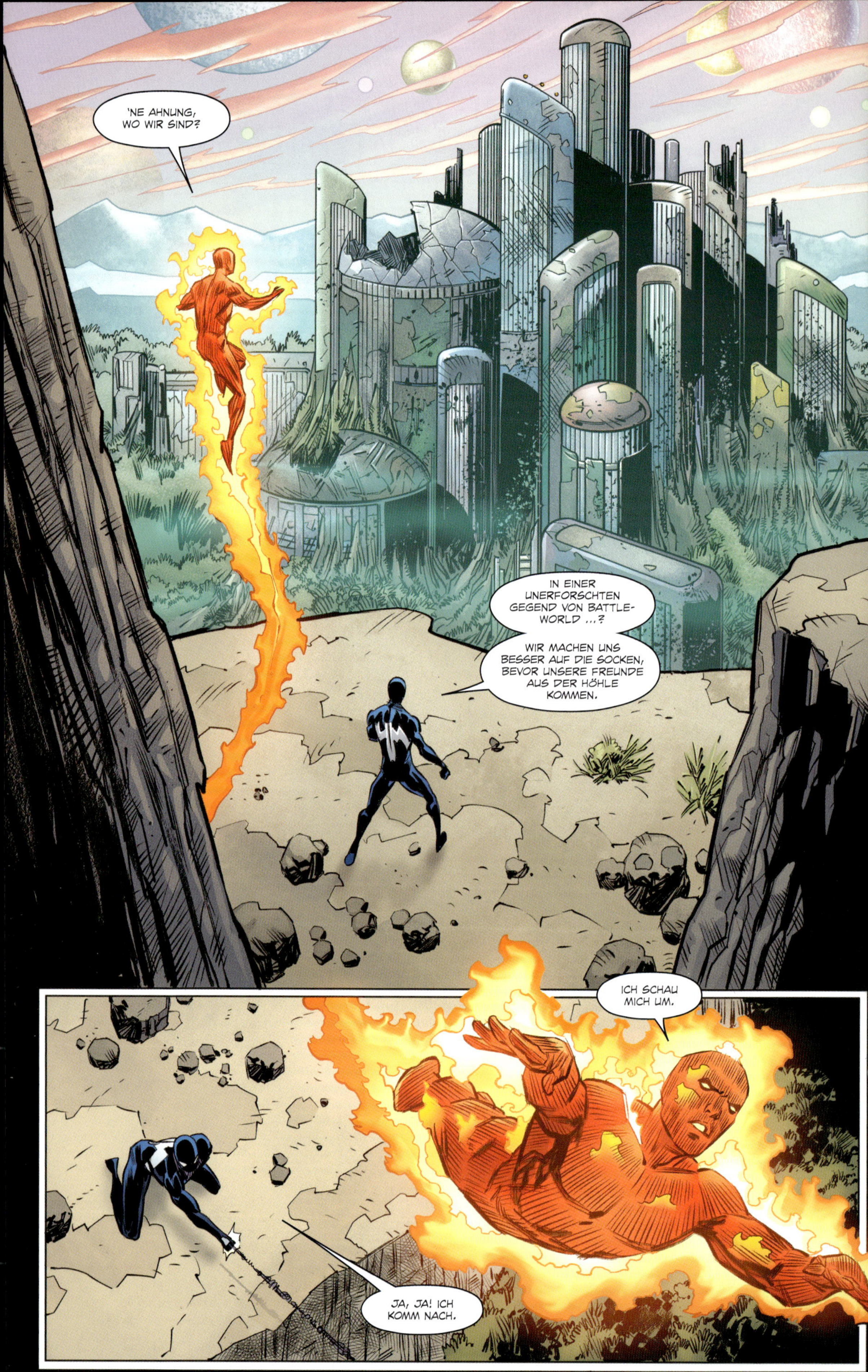
'NE AHNUNG, WO WIR SIND?
IN EINER UNERFORSCHTEN GEGEND VON BATTLE-WORLD ...?
WIR MACHEN UNS BESSER AUF DIE SOCKEN, BEVOR UNSERE FREUNDE AUS DER HÖHLE KOMMEN.
ICH SCHAU MICH UM.
JA, JA! ICH KOMM NACH.

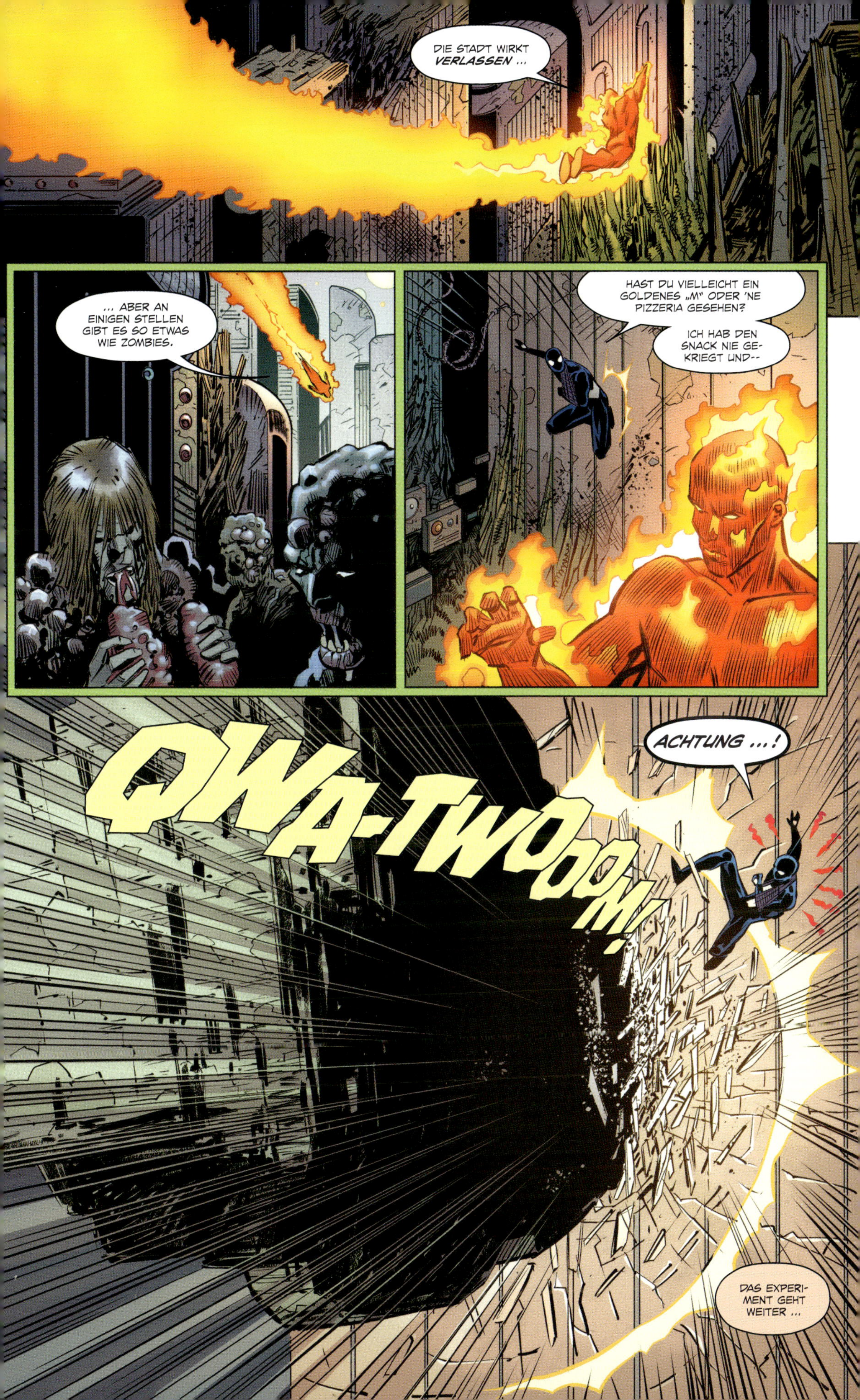
DIE STADT WIRKT VERLASSEN ...
... ABER AN EINIGEN STELLEN GIBT ES SO ETWAS WIE ZOMBIES.
HAST DU VIELLEICHT EIN GOLDENES „M" ODER 'NE PIZZERIA GESEHEN?
ICH HAB DEN SNACK NIE GE-KRIEGT UND--
QWA-TWOOOM!
ACHTUNG ...!
DAS EXPERI-MENT GEHT WEITER ...

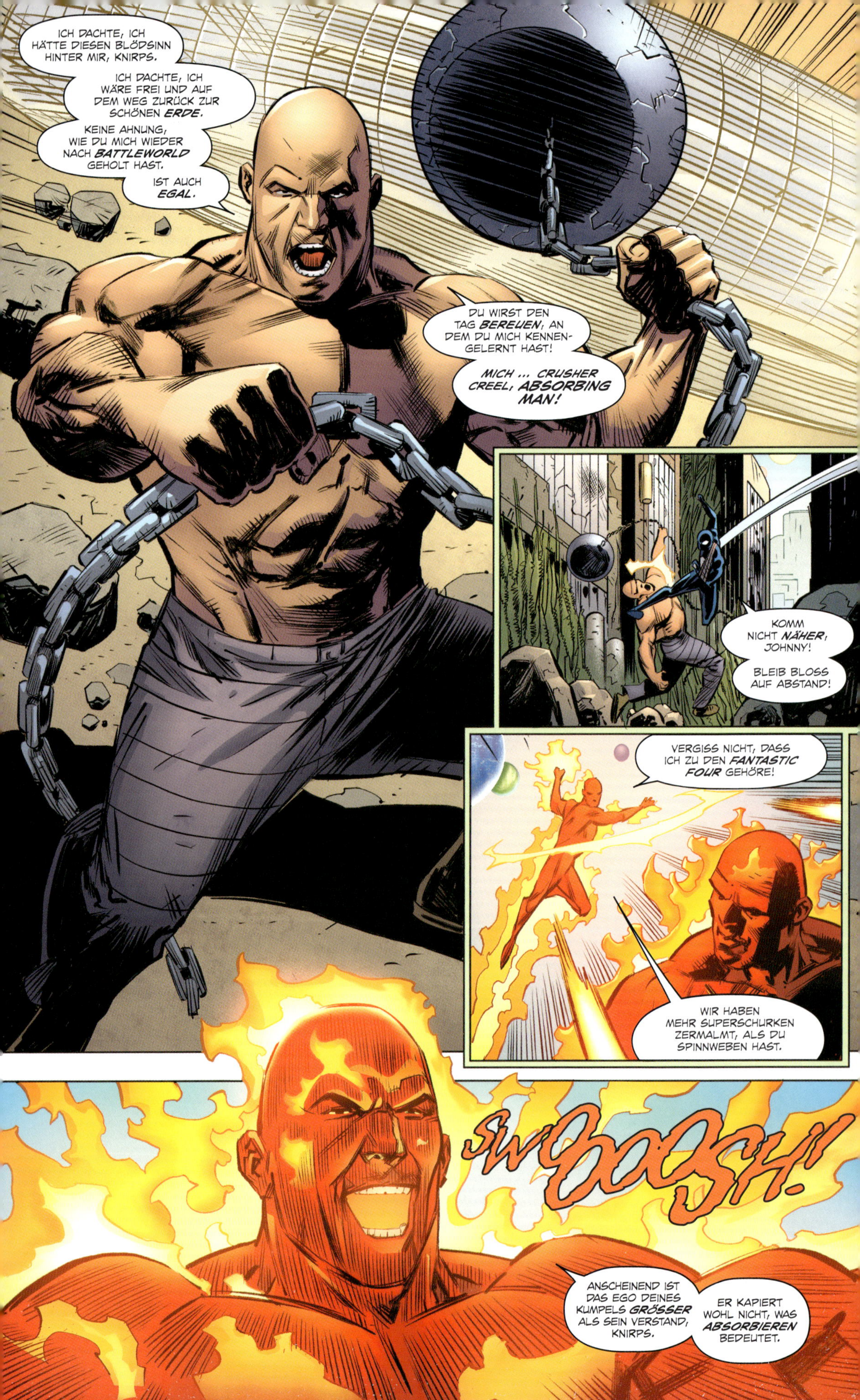
ICH DACHTE, ICH HÄTTE DIESEN BLÖDSINN HINTER MIR, KNIRPS.
ICH DACHTE, ICH WÄRE FREI UND AUF DEM WEG ZURÜCK ZUR SCHÖNEN *ERDE*.
KEINE AHNUNG, WIE DU MICH WIEDER NACH *BATTLEWORLD* GEHOLT HAST.
IST AUCH *EGAL*.
DU WIRST DEN TAG *BEREUEN*, AN DEM DU MICH KENNENGELERNT HAST!
MICH ... CRUSHER CREEL, ABSORBING MAN!
KOMM NICHT *NÄHER*, JOHNNY!
BLEIB BLOSS AUF ABSTAND!
VERGISS NICHT, DASS ICH ZU DEN *FANTASTIC FOUR* GEHÖRE!
WIR HABEN MEHR SUPERSCHURKEN ZERMALMT, ALS DU SPINNWEBEN HAST.
SWOOOSH!
ANSCHEINEND IST DAS EGO DEINES KUMPELS *GRÖSSER* ALS SEIN VERSTAND, KNIRPS.
ER KAPIERT WOHL NICHT, WAS *ABSORBIEREN* BEDEUTET.

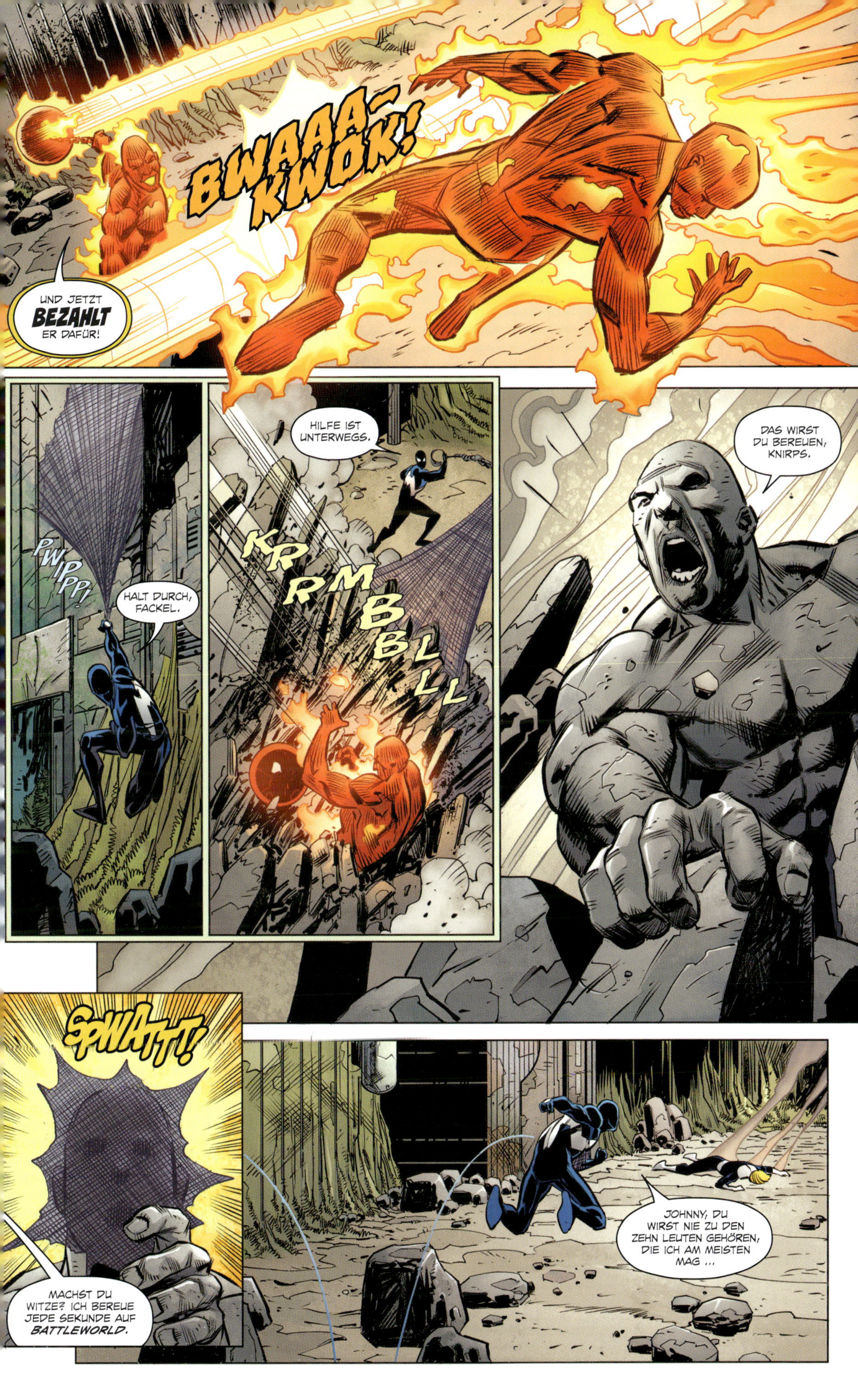
BWAAA-KWOK!
UND JETZT BEZAHLT ER DAFÜR!
PWIPP!
HALT DURCH, FACKEL.
HILFE IST UNTERWEGS.
KRRMBBLLLL
DAS WIRST DU BEREUEN, KNIRPS.
SPWATT!
MACHST DU WITZE? ICH BEREUE JEDE SEKUNDE AUF BATTLEWORLD.
JOHNNY, DU WIRST NIE ZU DEN ZEHN LEUTEN GEHÖREN, DIE ICH AM MEISTEN MAG ...

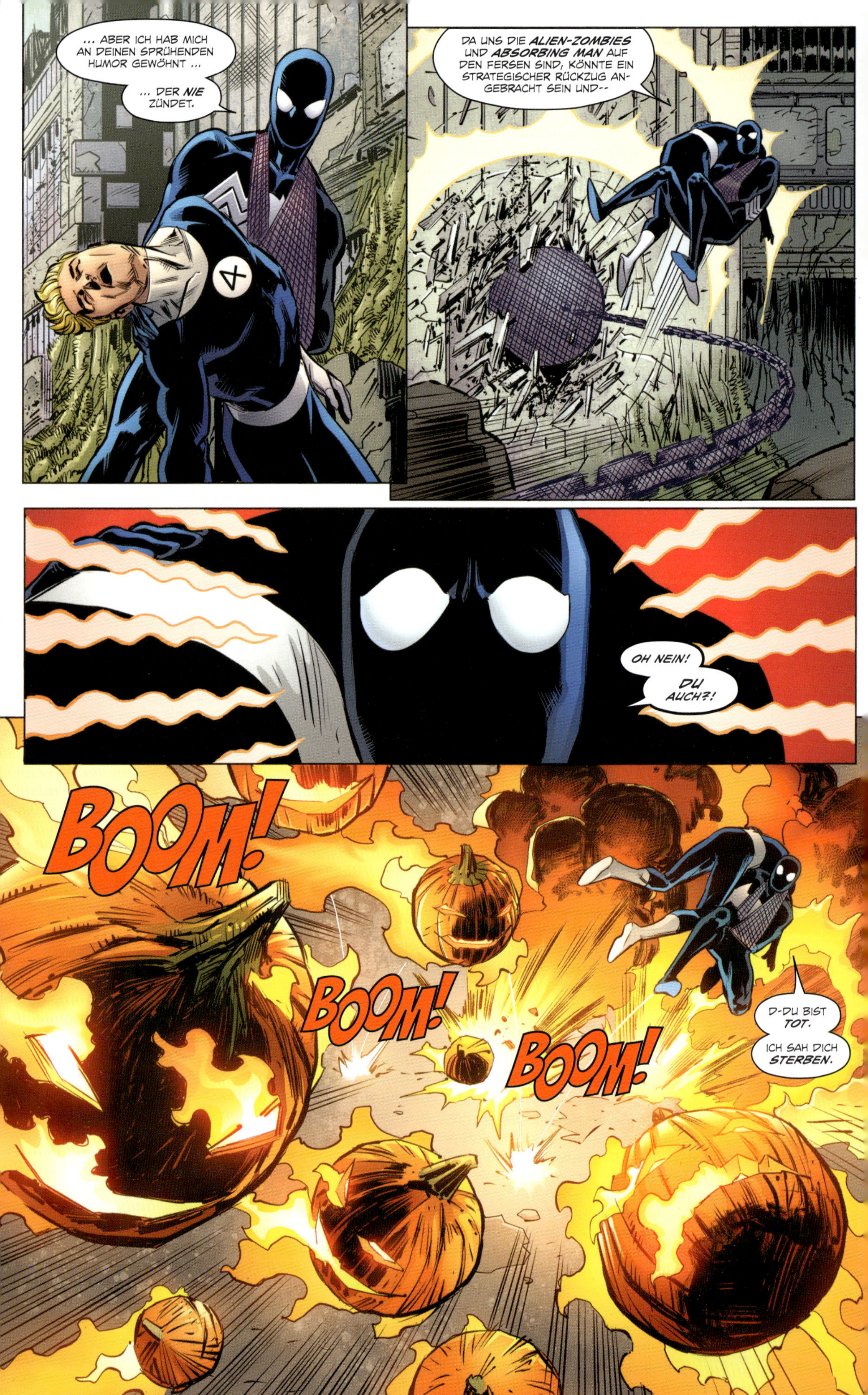
... ABER ICH HAB MICH AN DEINEN SPRÜHENDEN HUMOR GEWÖHNT ...
... DER NIE ZÜNDET.
DA UNS DIE ALIEN-ZOMBIES UND ABSORBING MAN AUF DEN FERSEN SIND, KÖNNTE EIN STRATEGISCHER RÜCKZUG ANGEBRACHT SEIN UND--
OH NEIN!
DU AUCH?!
BOOM!
BOOM!
BOOM!
D-DU BIST TOT.
ICH SAH DICH STERBEN.

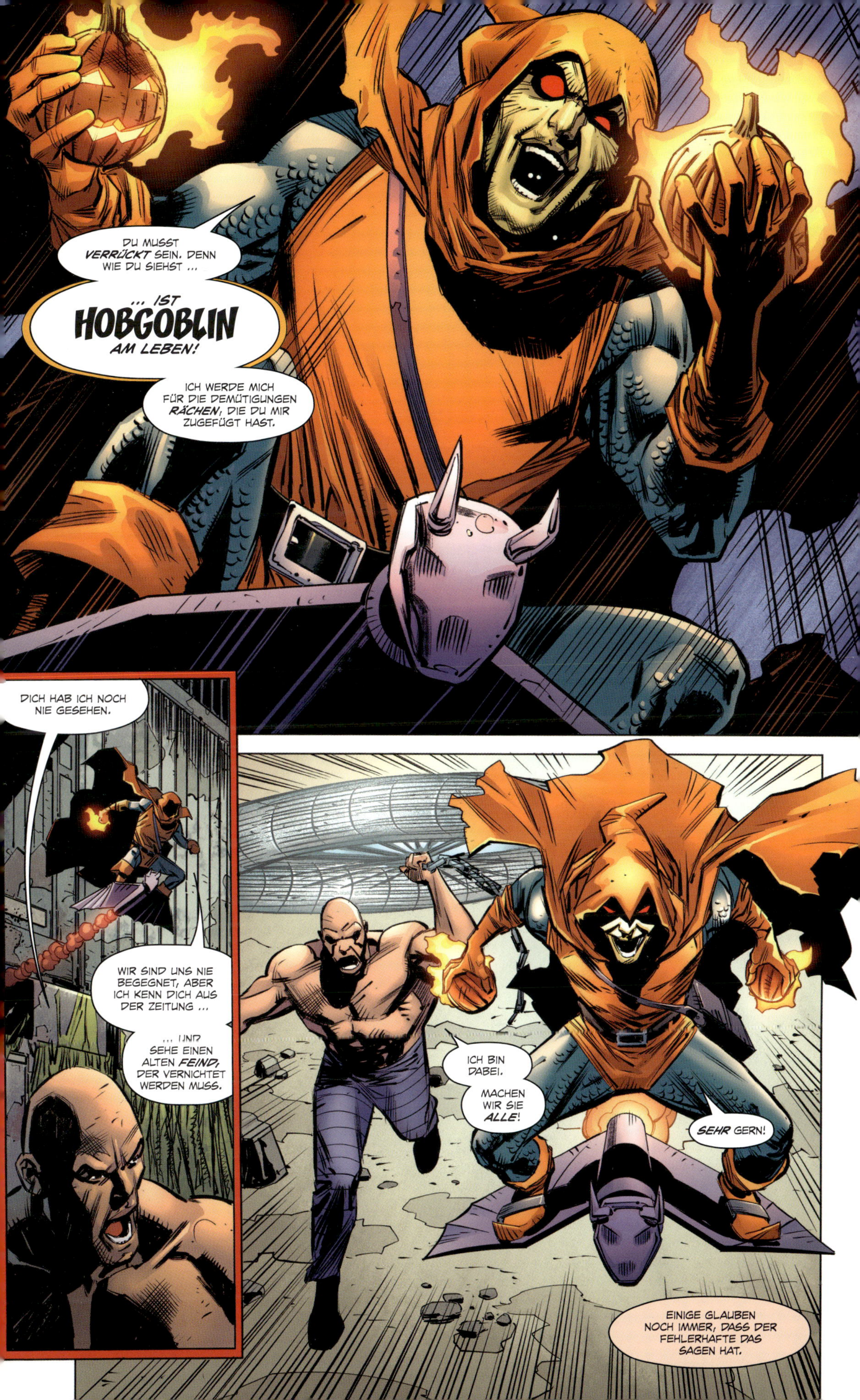

DU MUSST VERRÜCKT SEIN. DENN WIE DU SIEHST ...
... IST HOBGOBLIN AM LEBEN!
ICH WERDE MICH FÜR DIE DEMÜTIGUNGEN RÄCHEN, DIE DU MIR ZUGEFÜGT HAST.
DICH HAB ICH NOCH NIE GESEHEN.
WIR SIND UNS NIE BEGEGNET, ABER ICH KENN DICH AUS DER ZEITUNG ...
... UND SEHE EINEN ALTEN FEIND, DER VERNICHTET WERDEN MUSS.
ICH BIN DABEI.
MACHEN WIR SIE ALLE!
SEHR GERN!
EINIGE GLAUBEN NOCH IMMER, DASS DER FEHLERHAFTE DAS SAGEN HAT.

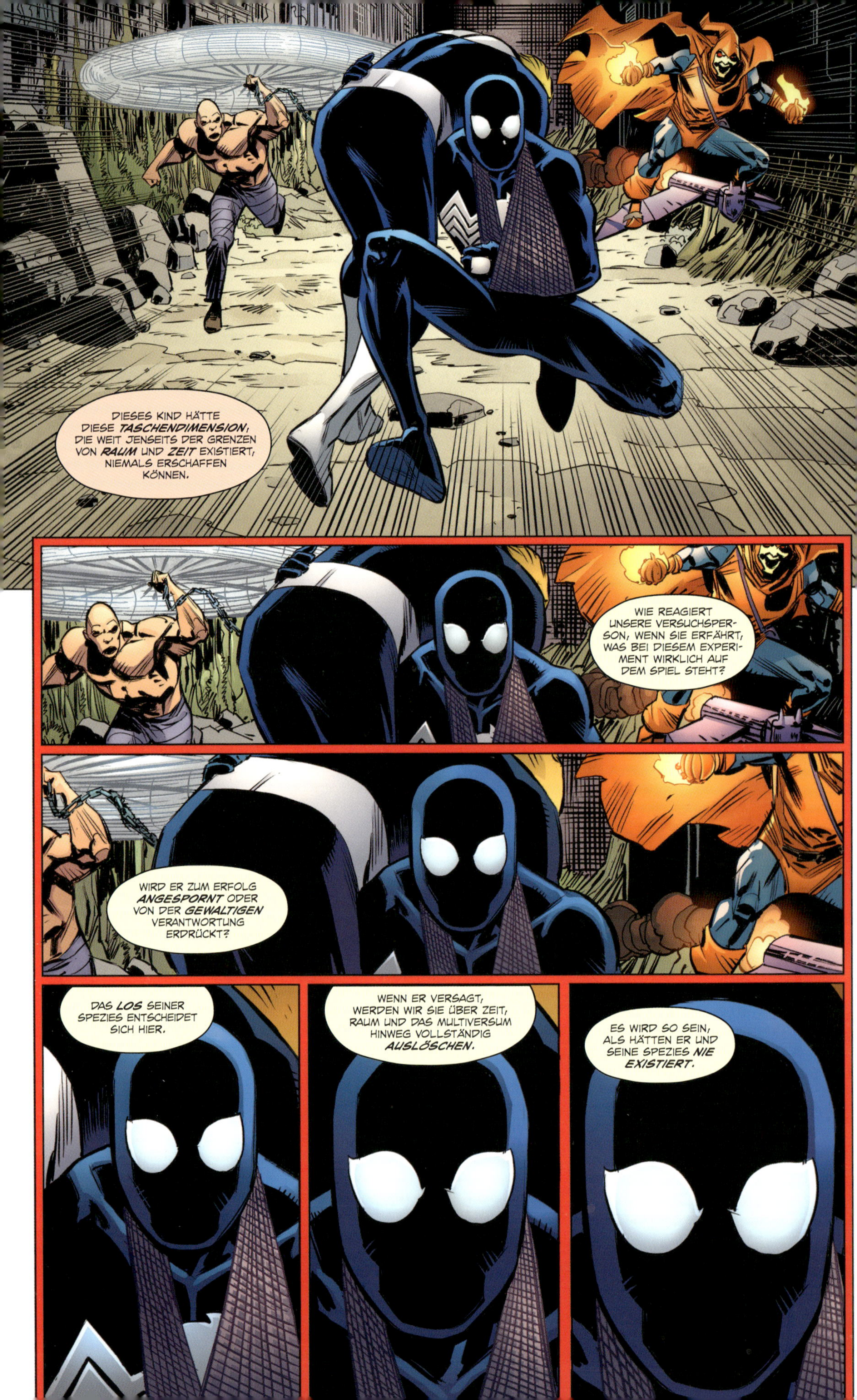
DIESES KIND HÄTTE DIESE TASCHENDIMENSION, DIE WEIT JENSEITS DER GRENZEN VON RAUM UND ZEIT EXISTIERT, NIEMALS ERSCHAFFEN KÖNNEN.
WIE REAGIERT UNSERE VERSUCHSPERSON, WENN SIE ERFÄHRT, WAS BEI DIESEM EXPERIMENT WIRKLICH AUF DEM SPIEL STEHT?
WIRD ER ZUM ERFOLG ANGESPORNT ODER VON DER GEWALTIGEN VERANTWORTUNG ERDRÜCKT?
DAS LOS SEINER SPEZIES ENTSCHEIDET SICH HIER.
WENN ER VERSAGT, WERDEN WIR SIE ÜBER ZEIT, RAUM UND DAS MULTIVERSUM HINWEG VOLLSTÄNDIG AUSLÖSCHEN.
ES WIRD SO SEIN, ALS HÄTTEN ER UND SEINE SPEZIES NIE EXISTIERT.

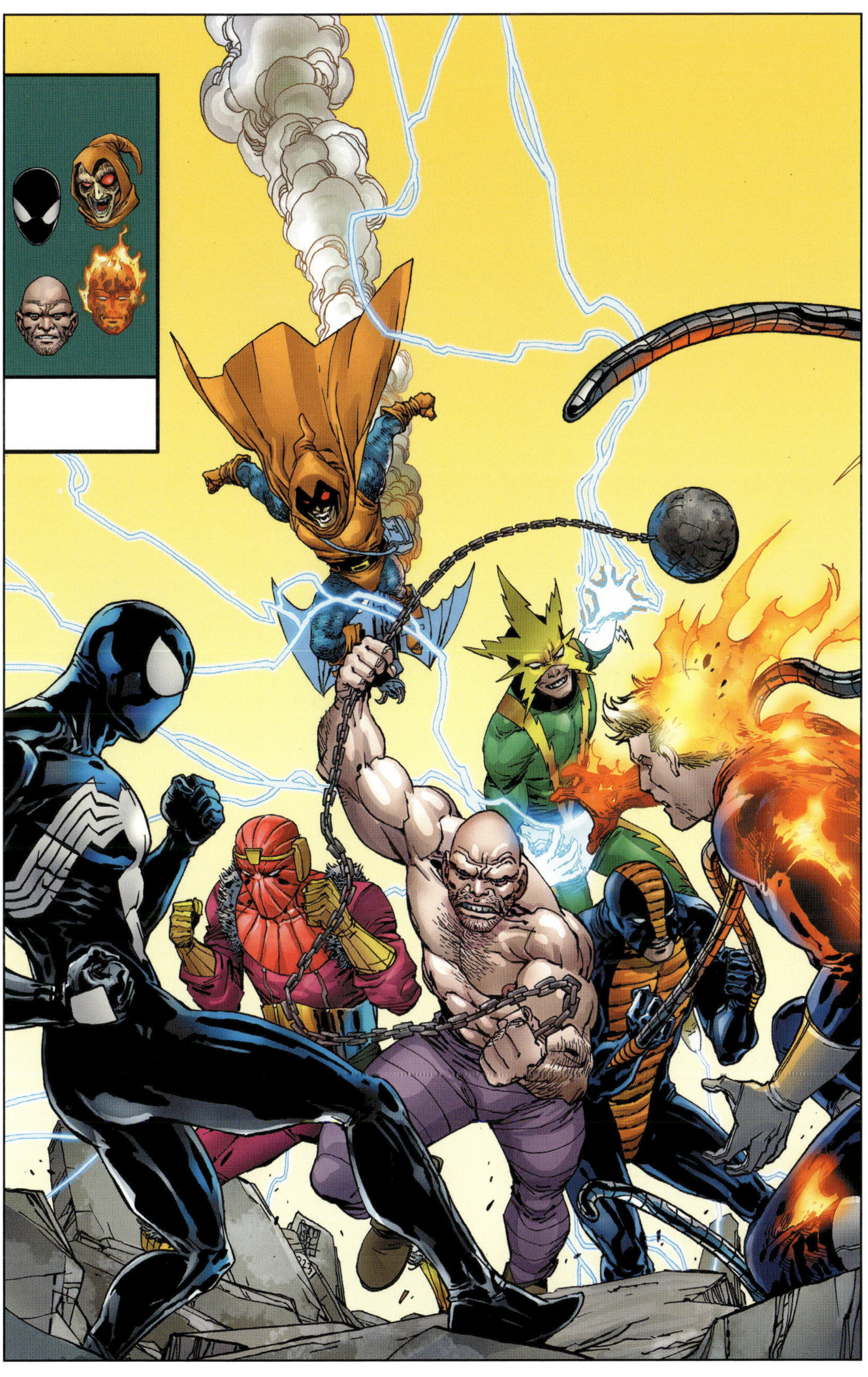

Marvel Super Heroes Secret Wars: Battleworld (2024) 2
Cover von **GIUSEPPE CAMUNCOLI**

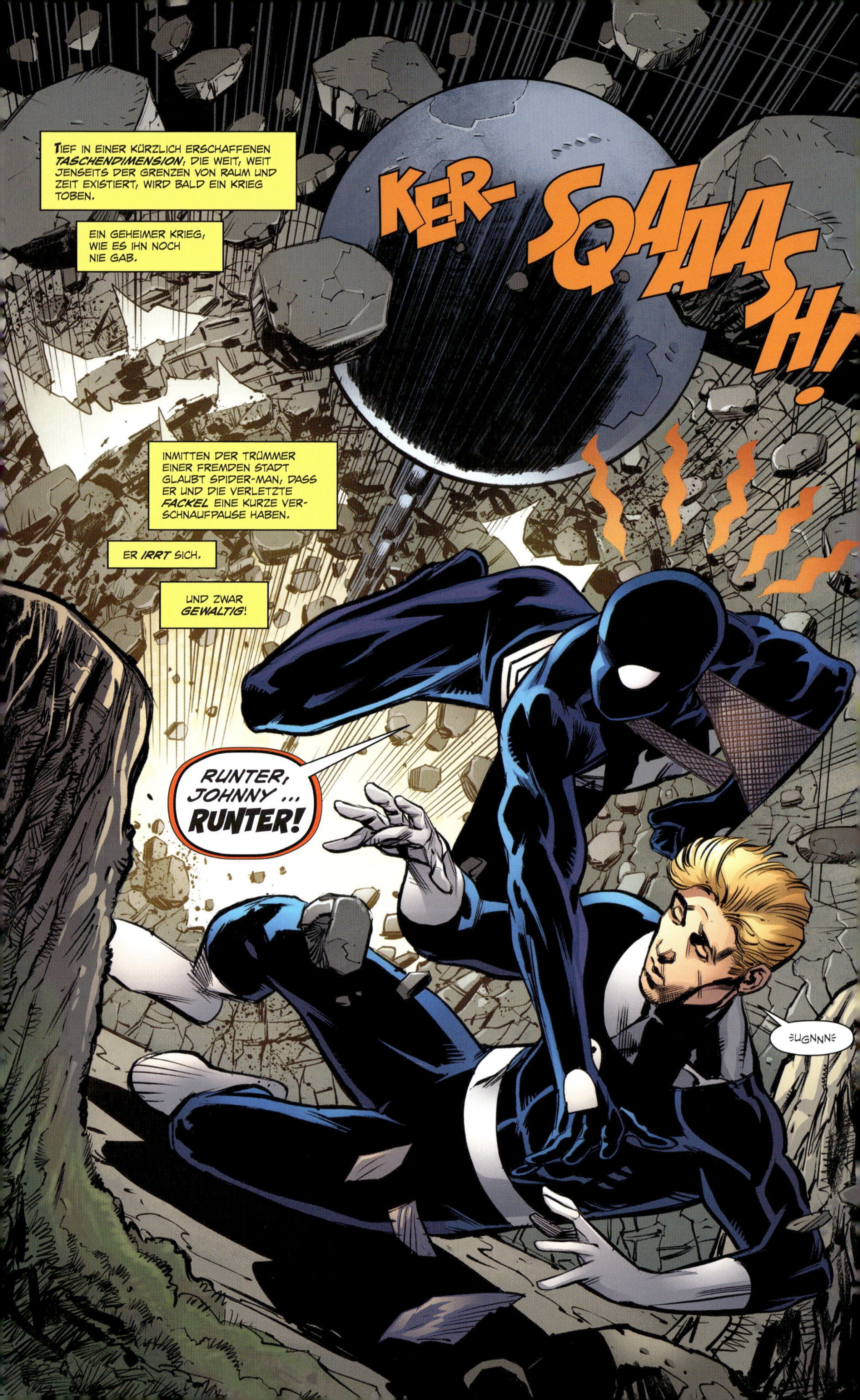
TIEF IN EINER KÜRZLICH ERSCHAFFENEN TASCHENDIMENSION, DIE WEIT, WEIT JENSEITS DER GRENZEN VON RAUM UND ZEIT EXISTIERT, WIRD BALD EIN KRIEG TOBEN.
EIN GEHEIMER KRIEG, WIE ES IHN NOCH NIE GAB.
KER-SQAAASH!
INMITTEN DER TRÜMMER EINER FREMDEN STADT GLAUBT SPIDER-MAN, DASS ER UND DIE VERLETZTE FACKEL EINE KURZE VERSCHNAUFPAUSE HABEN.
ER IRRT SICH.
UND ZWAR GEWALTIG!
RUNTER, JOHNNY ... RUNTER!
UGNNN

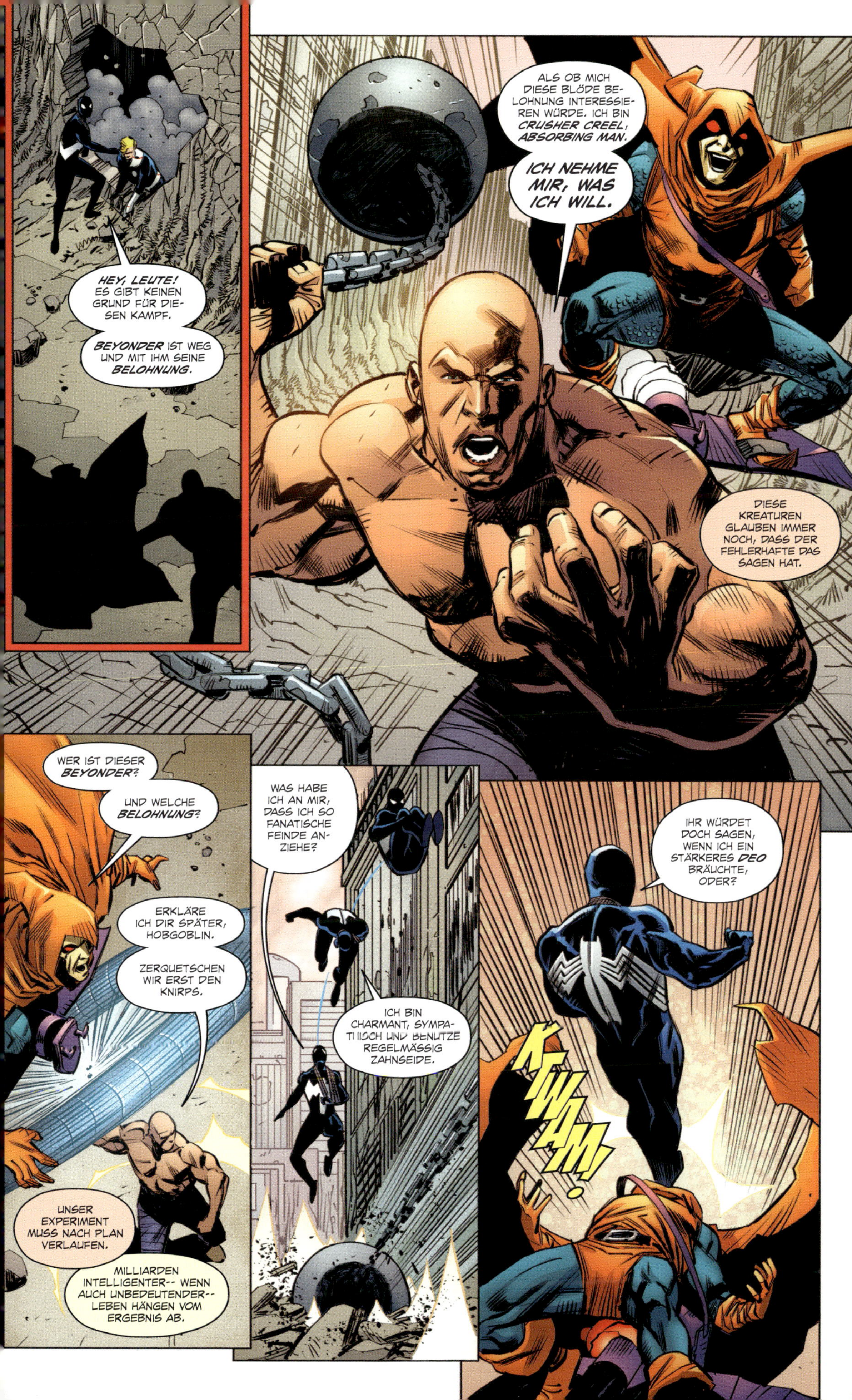
HEY, LEUTE! ES GIBT KEINEN GRUND FÜR DIESEN KAMPF.
BEYONDER IST WEG UND MIT IHM SEINE BELOHNUNG.
ALS OB MICH DIESE BLÖDE BELOHNUNG INTERESSIEREN WÜRDE. ICH BIN CRUSHER CREEL, ABSORBING MAN.
ICH NEHME MIR, WAS ICH WILL.
DIESE KREATUREN GLAUBEN IMMER NOCH, DASS DER FEHLERHAFTE DAS SAGEN HAT.
WER IST DIESER BEYONDER?
UND WELCHE BELOHNUNG?
ERKLÄRE ICH DIR SPÄTER, HOBGOBLIN.
ZERQUETSCHEN WIR ERST DEN KNIRPS.
UNSER EXPERIMENT MUSS NACH PLAN VERLAUFEN.
MILLIARDEN INTELLIGENTER-- WENN AUCH UNBEDEUTENDER-- LEBEN HÄNGEN VOM ERGEBNIS AB.
WAS HABE ICH AN MIR, DASS ICH SO FANATISCHE FEINDE ANZIEHE?
ICH BIN CHARMANT, SYMPATHISCH UND BENUTZE REGELMÄSSIG ZAHNSEIDE.
IHR WÜRDET DOCH SAGEN, WENN ICH EIN STÄRKERES DEO BRÄUCHTE, ODER?
KTWAM!

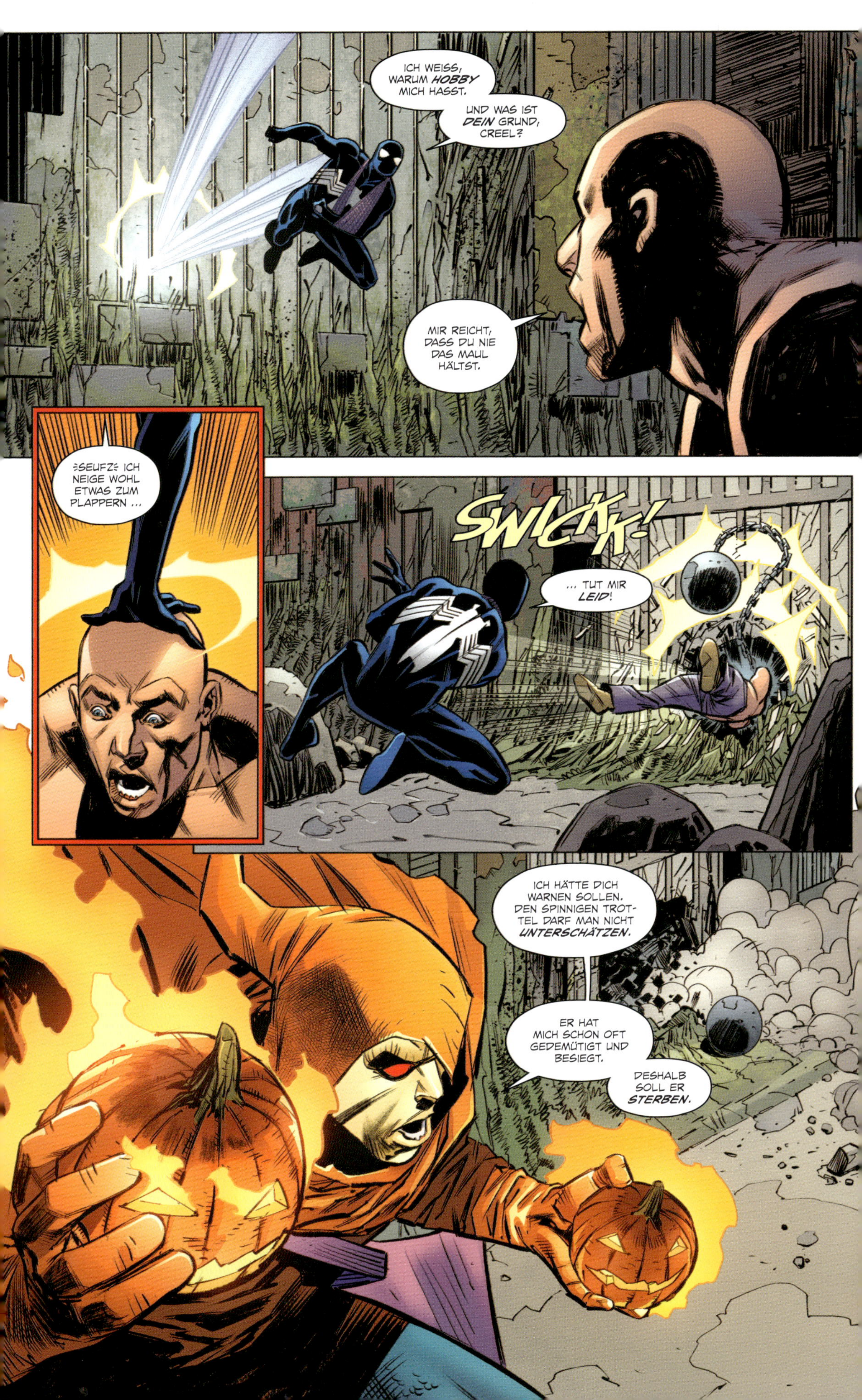
ICH WEISS, WARUM HOBBY MICH HASST.
UND WAS IST DEIN GRUND, CREEL?
MIR REICHT, DASS DU NIE DAS MAUL HÄLTST.
=SEUFZ= ICH NEIGE WOHL ETWAS ZUM PLAPPERN ...
SWICKK!
... TUT MIR LEID!
ICH HÄTTE DICH WARNEN SOLLEN. DEN SPINNIGEN TROT-TEL DARF MAN NICHT UNTERSCHÄTZEN.
ER HAT MICH SCHON OFT GEDEMÜTIGT UND BESIEGT.
DESHALB SOLL ER STERBEN.

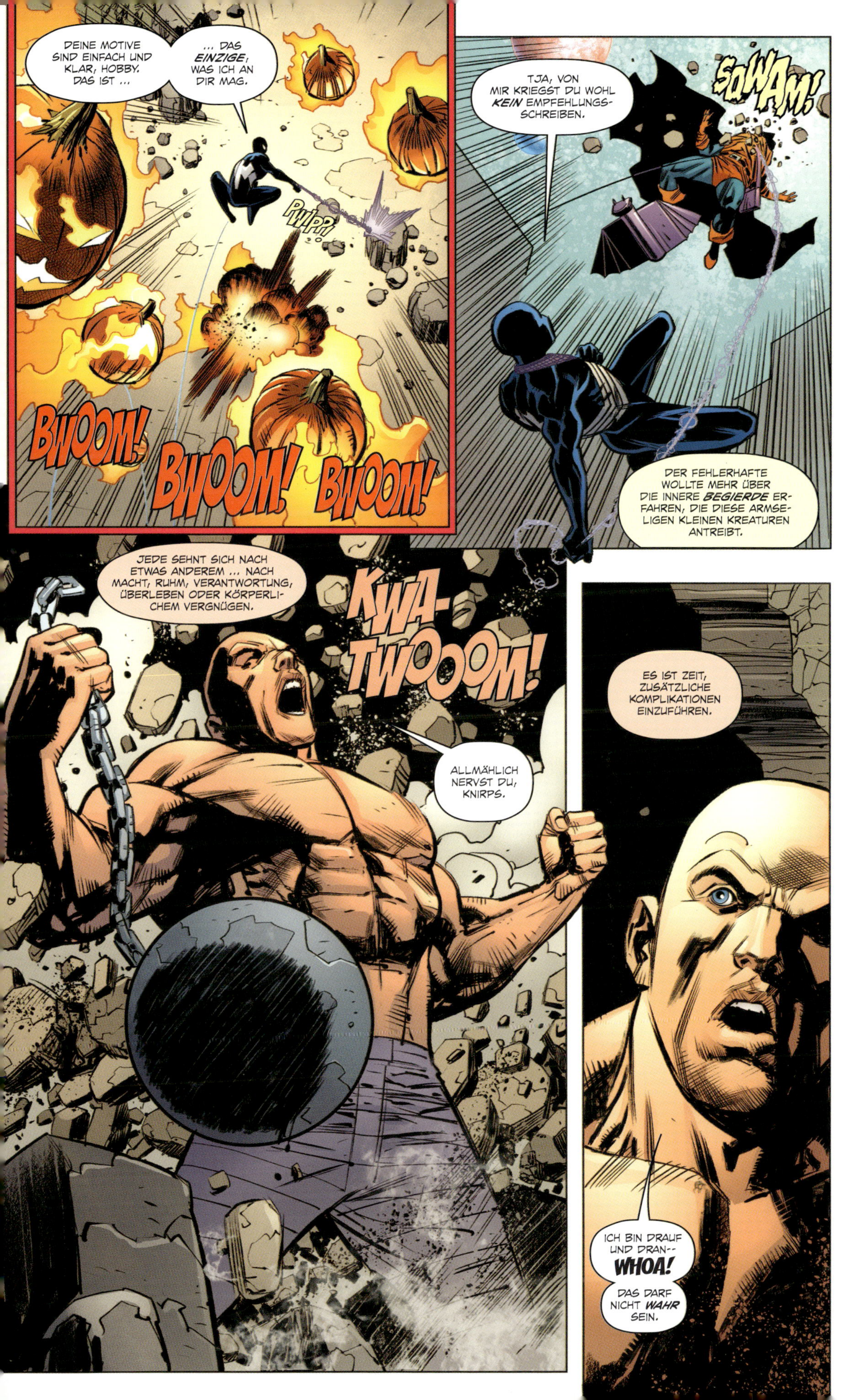
DEINE MOTIVE SIND EINFACH UND KLAR, HOBBY. DAS IST ...
... DAS EINZIGE, WAS ICH AN DIR MAG.
PWIPP!
BWOOM! BWOOM! BWOOM!
TJA, VON MIR KRIEGST DU WOHL KEIN EMPFEHLUNGS-SCHREIBEN.
SWAM!
DER FEHLERHAFTE WOLLTE MEHR ÜBER DIE INNERE BEGIERDE ERFAHREN, DIE DIESE ARMSELIGEN KLEINEN KREATUREN ANTREIBT.
JEDE SEHNT SICH NACH ETWAS ANDEREM ... NACH MACHT, RUHM, VERANTWORTUNG, ÜBERLEBEN ODER KÖRPERLICHEM VERGNÜGEN.
KWA-TWOOOM!
ALLMÄHLICH NERVST DU, KNIRPS.
ES IST ZEIT, ZUSÄTZLICHE KOMPLIKATIONEN EINZUFÜHREN.
ICH BIN DRAUF UND DRAN-- WHOA!
DAS DARF NICHT WAHR SEIN.

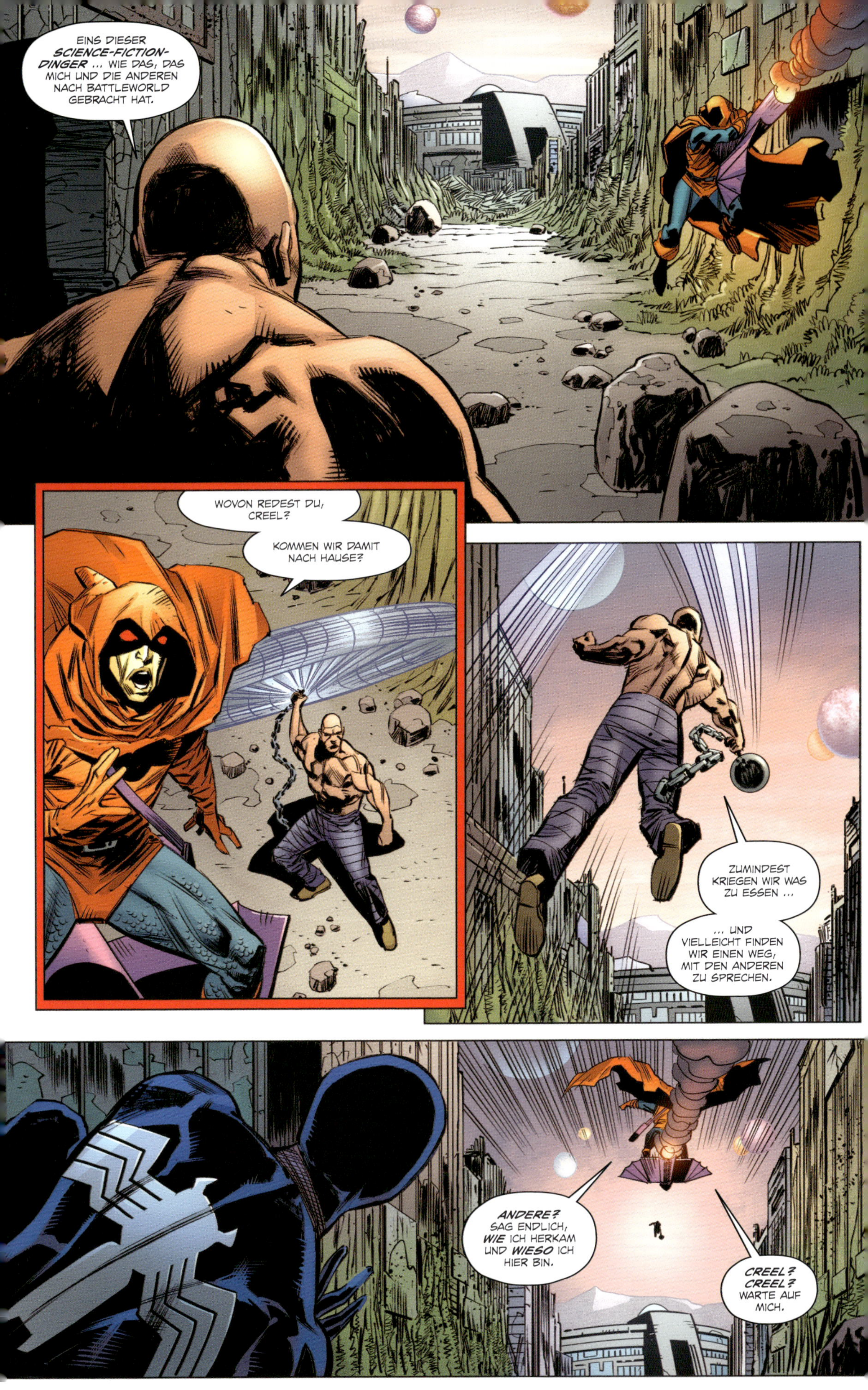

EINS DIESER ***SCIENCE-FICTION-DINGER*** ... WIE DAS, DAS MICH UND DIE ANDEREN NACH BATTLEWORLD GEBRACHT HAT.

WOVON REDEST DU, CREEL?

KOMMEN WIR DAMIT NACH HAUSE?

ZUMINDEST KRIEGEN WIR WAS ZU ESSEN ...

... UND VIELLEICHT FINDEN WIR EINEN WEG, MIT DEN ANDEREN ZU SPRECHEN.

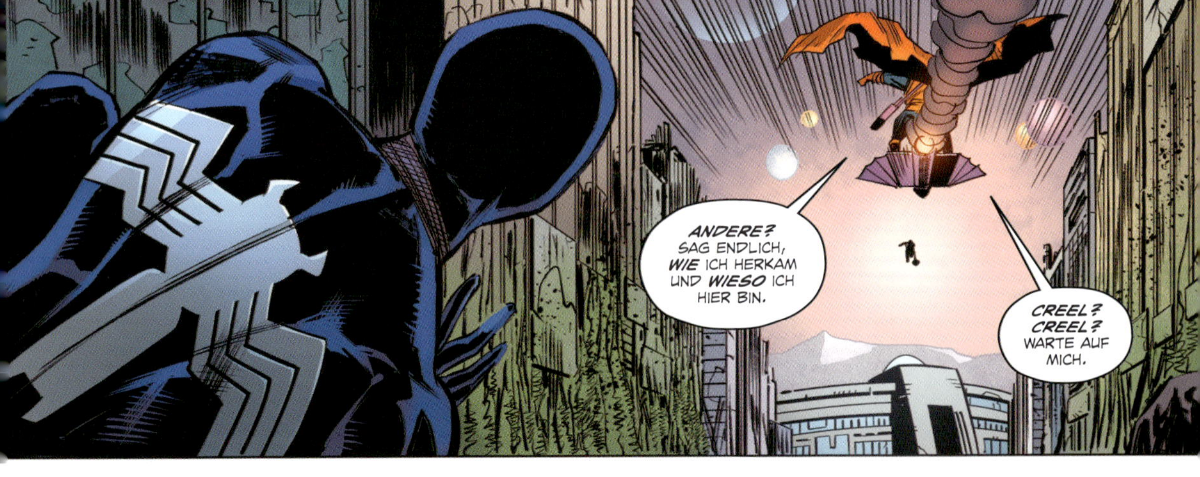

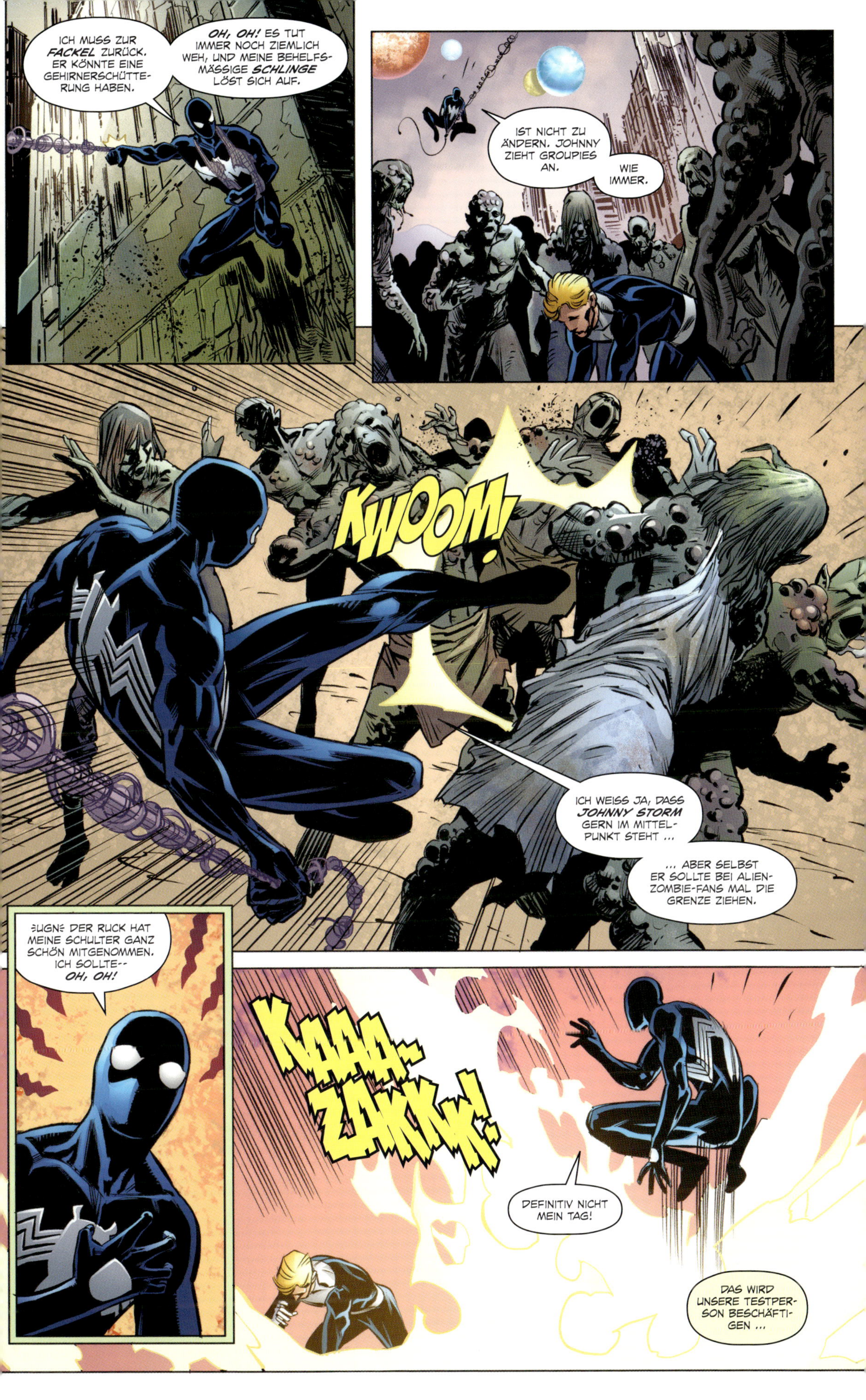
ICH MUSS ZUR FACKEL ZURÜCK. ER KÖNNTE EINE GEHIRNERSCHÜTTERUNG HABEN.
OH, OH! ES TUT IMMER NOCH ZIEMLICH WEH, UND MEINE BEHELFSMÄSSIGE SCHLINGE LÖST SICH AUF.
IST NICHT ZU ÄNDERN. JOHNNY ZIEHT GROUPIES AN.
WIE IMMER.
KWOOM!
ICH WEISS JA, DASS JOHNNY STORM GERN IM MITTELPUNKT STEHT ...
... ABER SELBST ER SOLLTE BEI ALIEN-ZOMBIE-FANS MAL DIE GRENZE ZIEHEN.
=UGN= DER RUCK HAT MEINE SCHULTER GANZ SCHÖN MITGENOMMEN. ICH SOLLTE-- OH, OH!
KAAAA-ZAKKK!
DEFINITIV NICHT MEIN TAG!
DAS WIRD UNSERE TESTPERSON BESCHÄFTIGEN ...

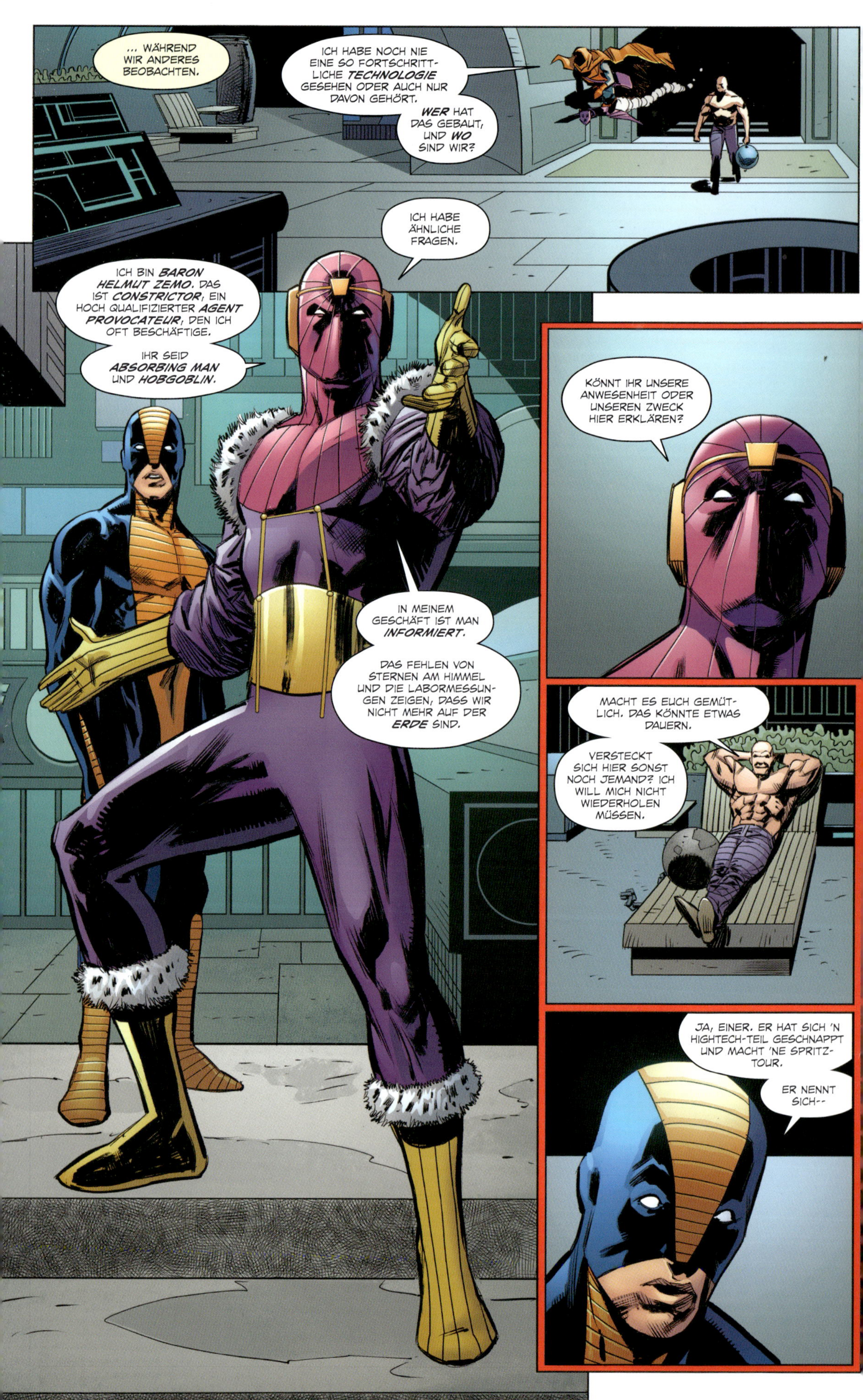
... WÄHREND WIR ANDERES BEOBACHTEN.
ICH HABE NOCH NIE EINE SO FORTSCHRITT-LICHE TECHNOLOGIE GESEHEN ODER AUCH NUR DAVON GEHÖRT.
WER HAT DAS GEBAUT, UND WO SIND WIR?
ICH HABE ÄHNLICHE FRAGEN.
ICH BIN BARON HELMUT ZEMO. DAS IST CONSTRICTOR, EIN HOCH QUALIFIZIERTER AGENT PROVOCATEUR, DEN ICH OFT BESCHÄFTIGE.
IHR SEID ABSORBING MAN UND HOBGOBLIN.
IN MEINEM GESCHÄFT IST MAN INFORMIERT.
DAS FEHLEN VON STERNEN AM HIMMEL UND DIE LABORMESSUN-GEN ZEIGEN, DASS WIR NICHT MEHR AUF DER ERDE SIND.
KÖNNT IHR UNSERE ANWESENHEIT ODER UNSEREN ZWECK HIER ERKLÄREN?
MACHT ES EUCH GEMÜT-LICH. DAS KÖNNTE ETWAS DAUERN.
VERSTECKT SICH HIER SONST NOCH JEMAND? ICH WILL MICH NICHT WIEDERHOLEN MÜSSEN.
JA, EINER. ER HAT SICH 'N HIGHTECH-TEIL GESCHNAPPT UND MACHT 'NE SPRITZ-TOUR.
ER NENNT SICH--

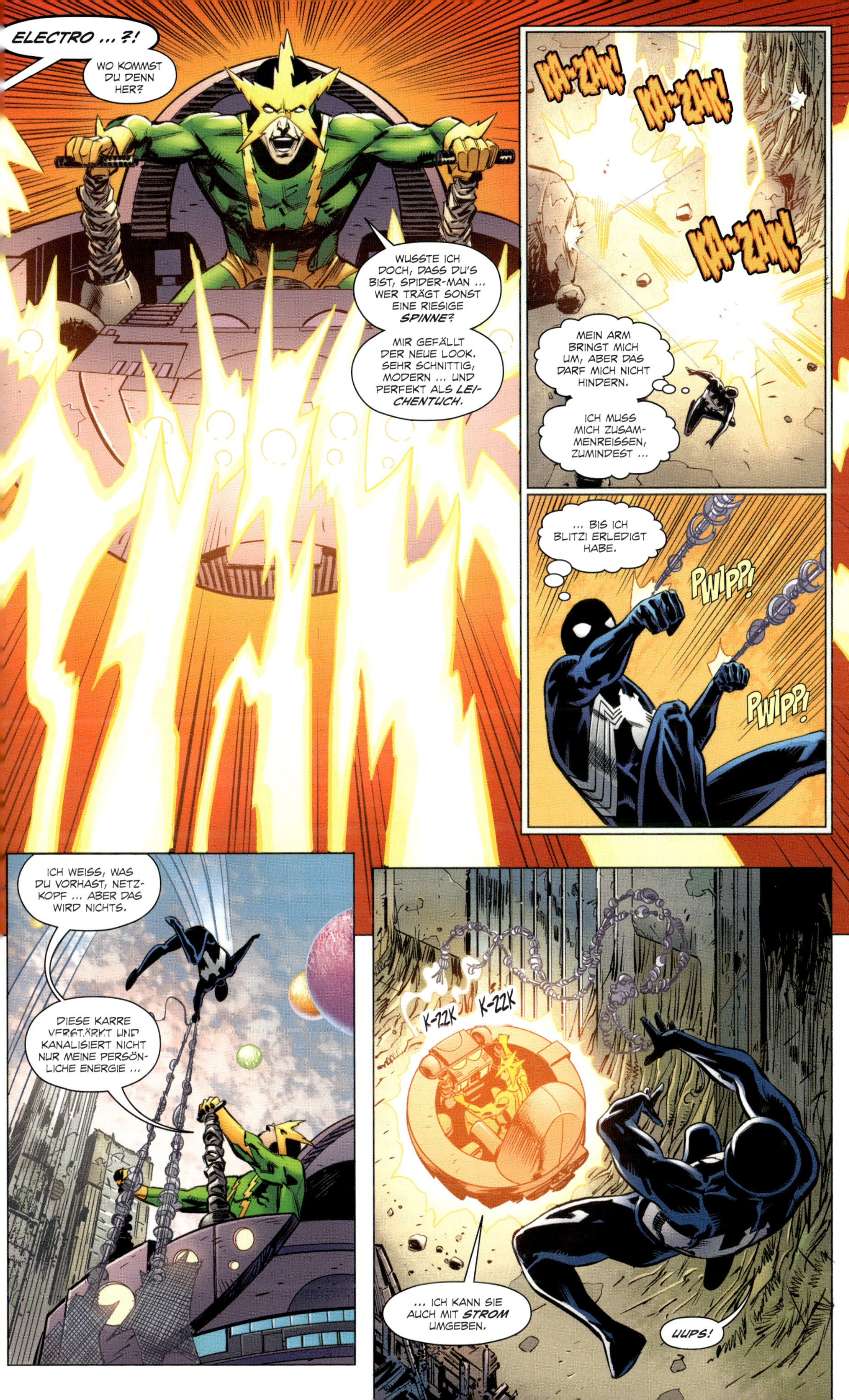
ELECTRO ... ?!
WO KOMMST DU DENN HER?
WUSSTE ICH DOCH, DASS DU'S BIST, SPIDER-MAN ... WER TRÄGT SONST EINE RIESIGE SPINNE?
MIR GEFÄLLT DER NEUE LOOK. SEHR SCHNITTIG, MODERN ... UND PERFEKT ALS LEICHENTUCH.
KA-ZAK!
KA-ZAK!
KA-ZAK!
MEIN ARM BRINGT MICH UM, ABER DAS DARF MICH NICHT HINDERN.
ICH MUSS MICH ZUSAMMENREISSEN, ZUMINDEST ...
... BIS ICH BLITZI ERLEDIGT HABE.
PWIPP!
PWIPP!
ICH WEISS, WAS DU VORHAST, NETZKOPF ... ABER DAS WIRD NICHTS.
DIESE KARRE VERSTÄRKT UND KANALISIERT NICHT NUR MEINE PERSÖNLICHE ENERGIE ...
K-ZZK
K-ZZK
... ICH KANN SIE AUCH MIT STROM UMGEBEN.
UUPS!

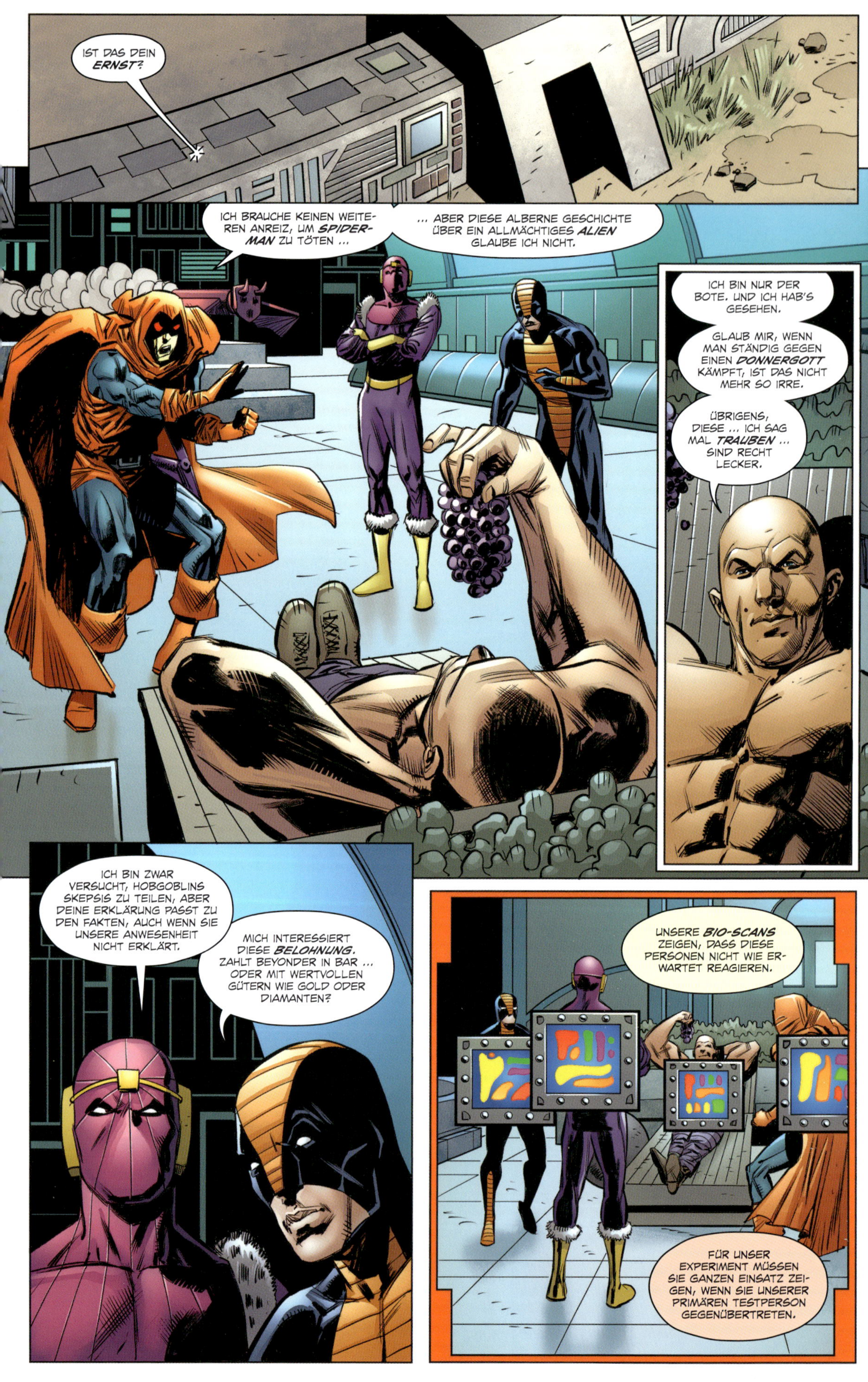

IST DAS DEIN ERNST?
ICH BRAUCHE KEINEN WEITEREN ANREIZ, UM SPIDER-MAN ZU TÖTEN ...
... ABER DIESE ALBERNE GESCHICHTE ÜBER EIN ALLMÄCHTIGES ALIEN GLAUBE ICH NICHT.
ICH BIN NUR DER BOTE. UND ICH HAB'S GESEHEN.
GLAUB MIR, WENN MAN STÄNDIG GEGEN EINEN DONNERGOTT KÄMPFT, IST DAS NICHT MEHR SO IRRE.
ÜBRIGENS, DIESE ... ICH SAG MAL TRAUBEN ... SIND RECHT LECKER.
ICH BIN ZWAR VERSUCHT, HOBGOBLINS SKEPSIS ZU TEILEN, ABER DEINE ERKLÄRUNG PASST ZU DEN FAKTEN, AUCH WENN SIE UNSERE ANWESENHEIT NICHT ERKLÄRT.
MICH INTERESSIERT DIESE BELOHNUNG. ZAHLT BEYONDER IN BAR ... ODER MIT WERTVOLLEN GÜTERN WIE GOLD ODER DIAMANTEN?
UNSERE BIO-SCANS ZEIGEN, DASS DIESE PERSONEN NICHT WIE ERWARTET REAGIEREN.
FÜR UNSER EXPERIMENT MÜSSEN SIE GANZEN EINSATZ ZEIGEN, WENN SIE UNSERER PRIMÄREN TESTPERSON GEGENÜBERTRETEN.

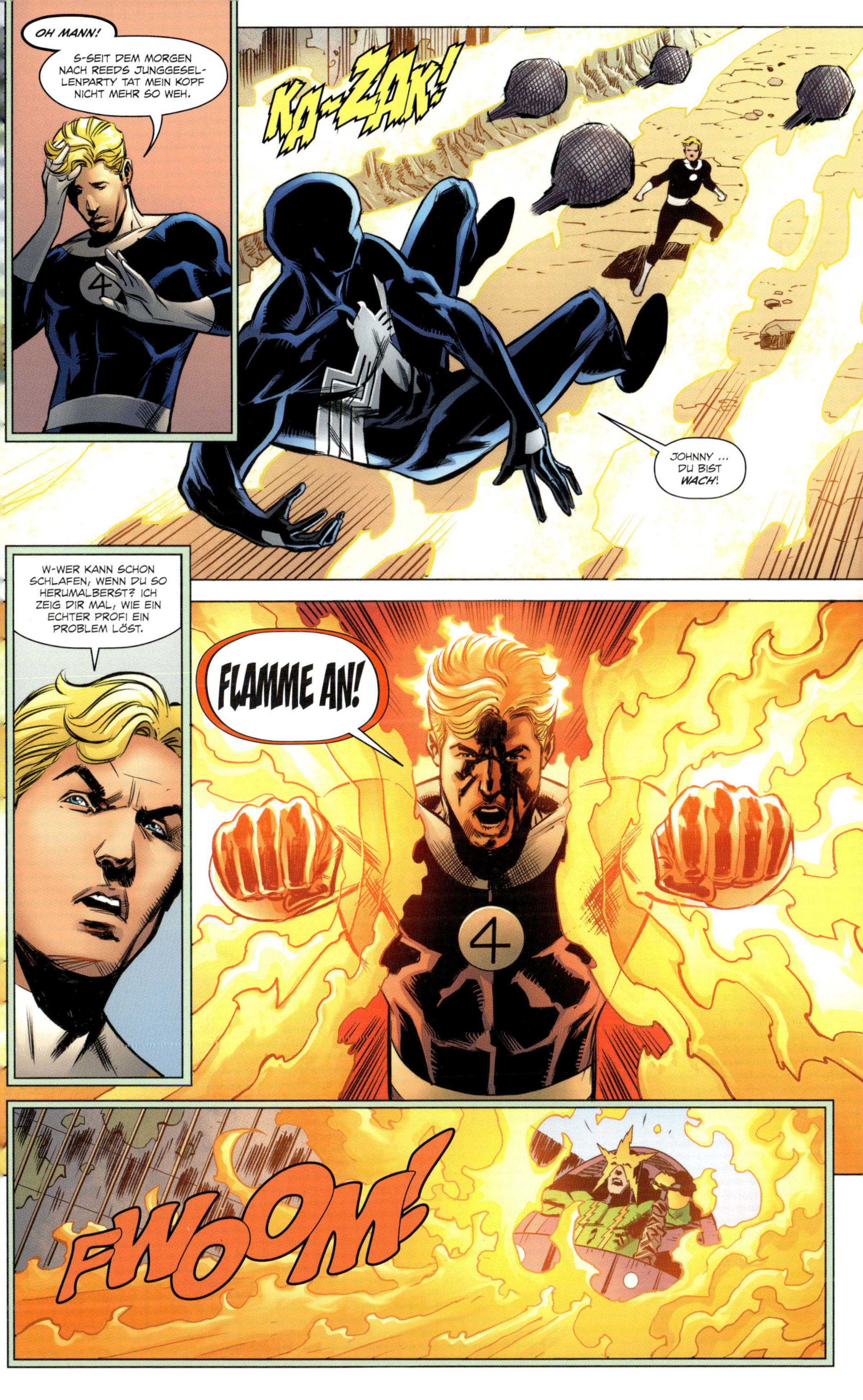
OH MANN!
S-SEIT DEM MORGEN NACH REEDS JUNGGESEL-LENPARTY TAT MEIN KOPF NICHT MEHR SO WEH.
KA-ZAK!
JOHNNY ... DU BIST WACH!
W-WER KANN SCHON SCHLAFEN, WENN DU SO HERUMALBERST? ICH ZEIG DIR MAL, WIE EIN ECHTER PROFI EIN PROBLEM LÖST.
FLAMME AN!
FWOOOM!

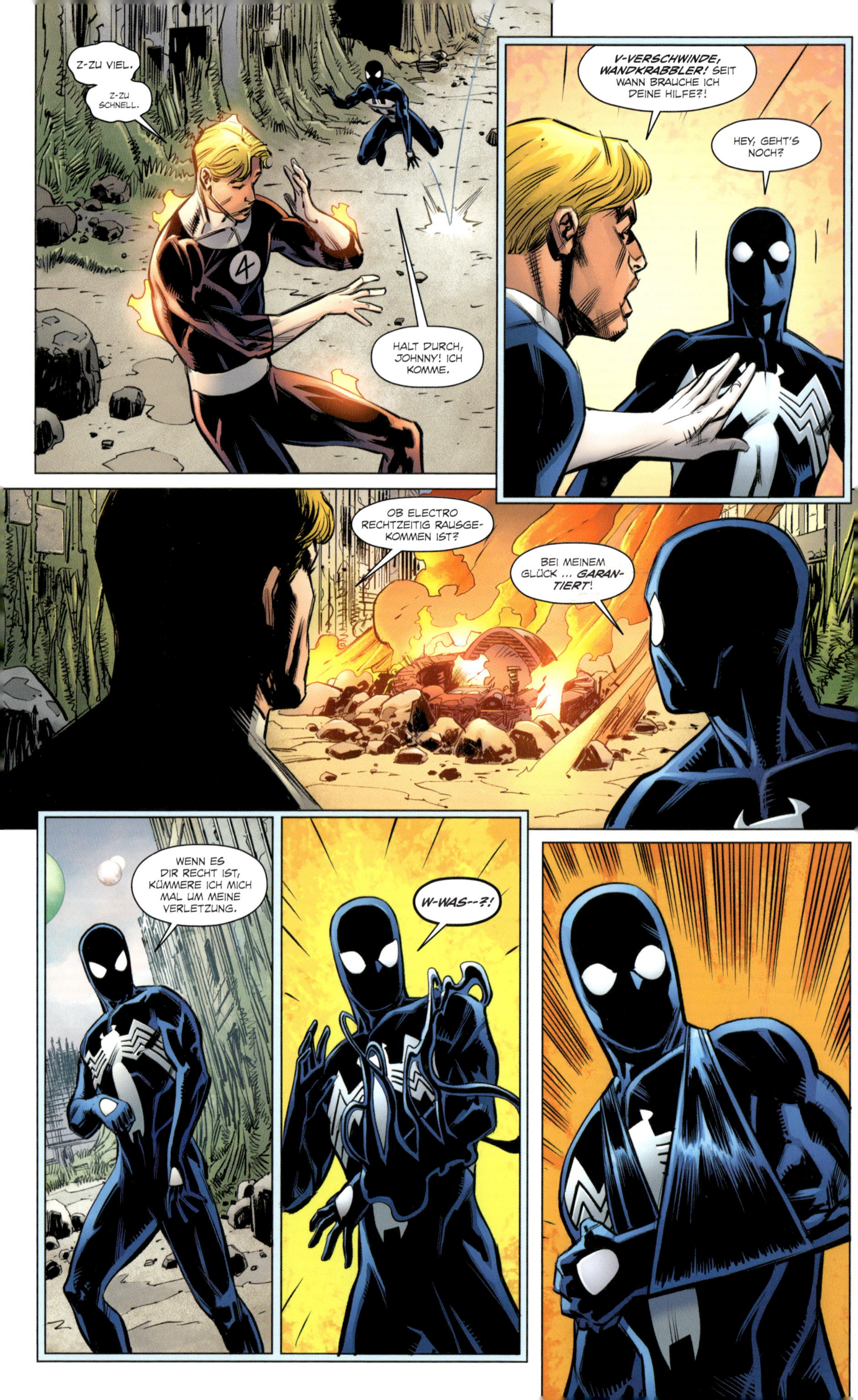

Z-ZU VIEL.
Z-ZU SCHNELL.
HALT DURCH, JOHNNY! ICH KOMME.
V-VERSCHWINDE, WANDKRABBLER! SEIT WANN BRAUCHE ICH DEINE HILFE?!
HEY, GEHT'S NOCH?

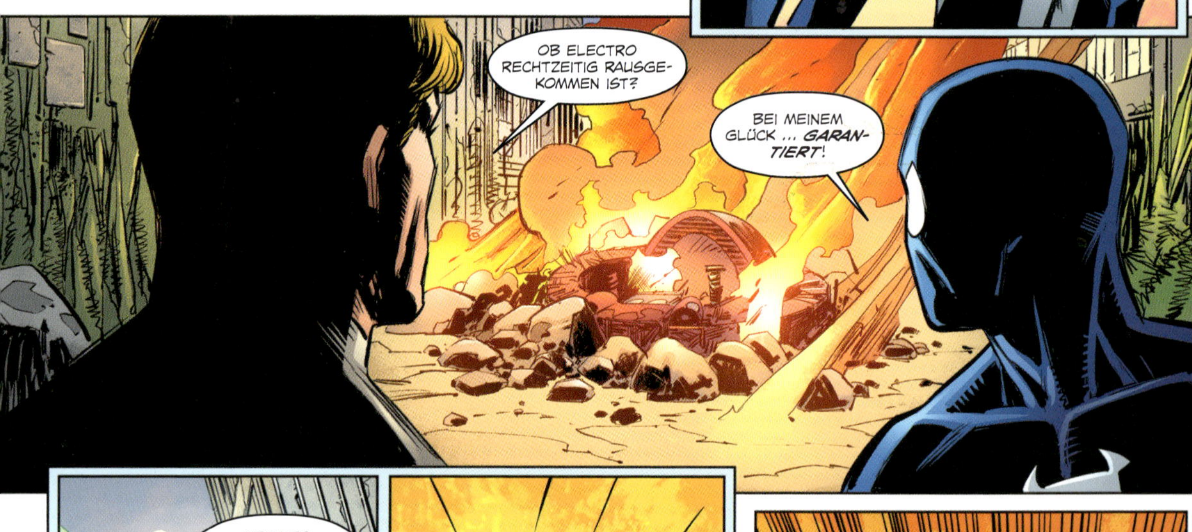

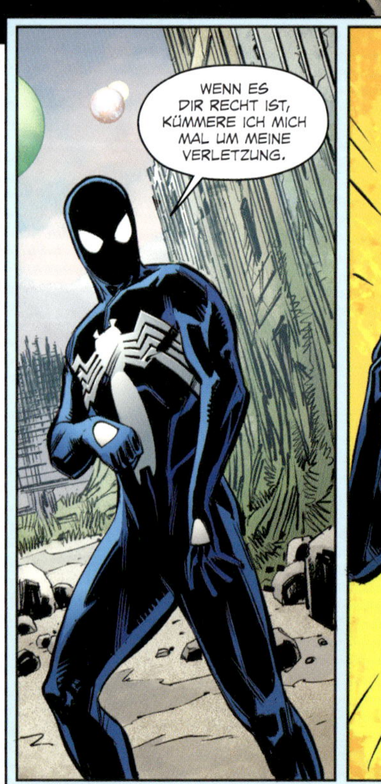

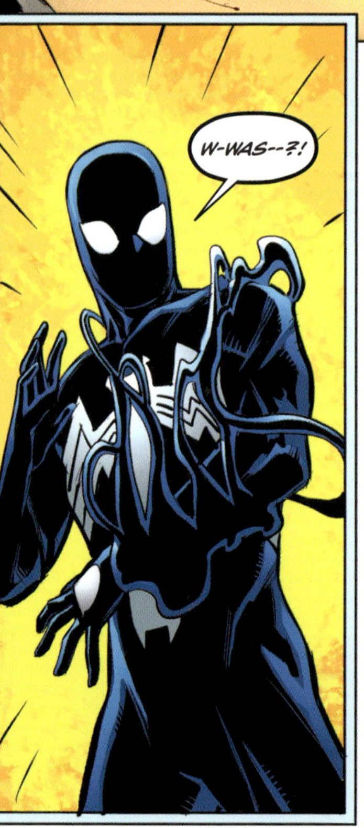

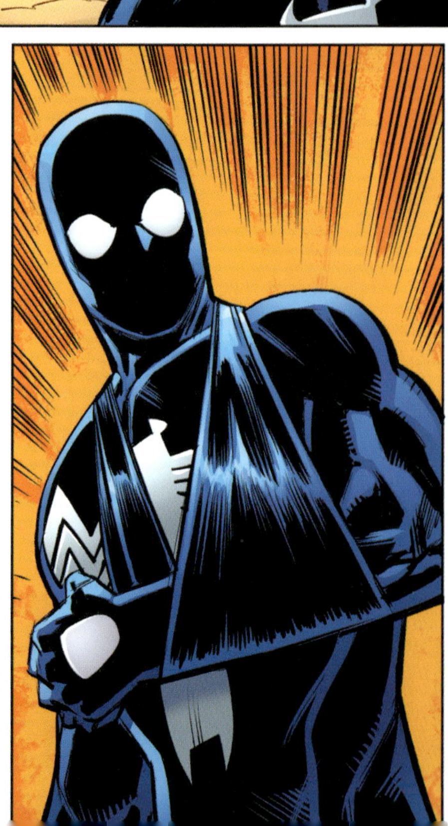

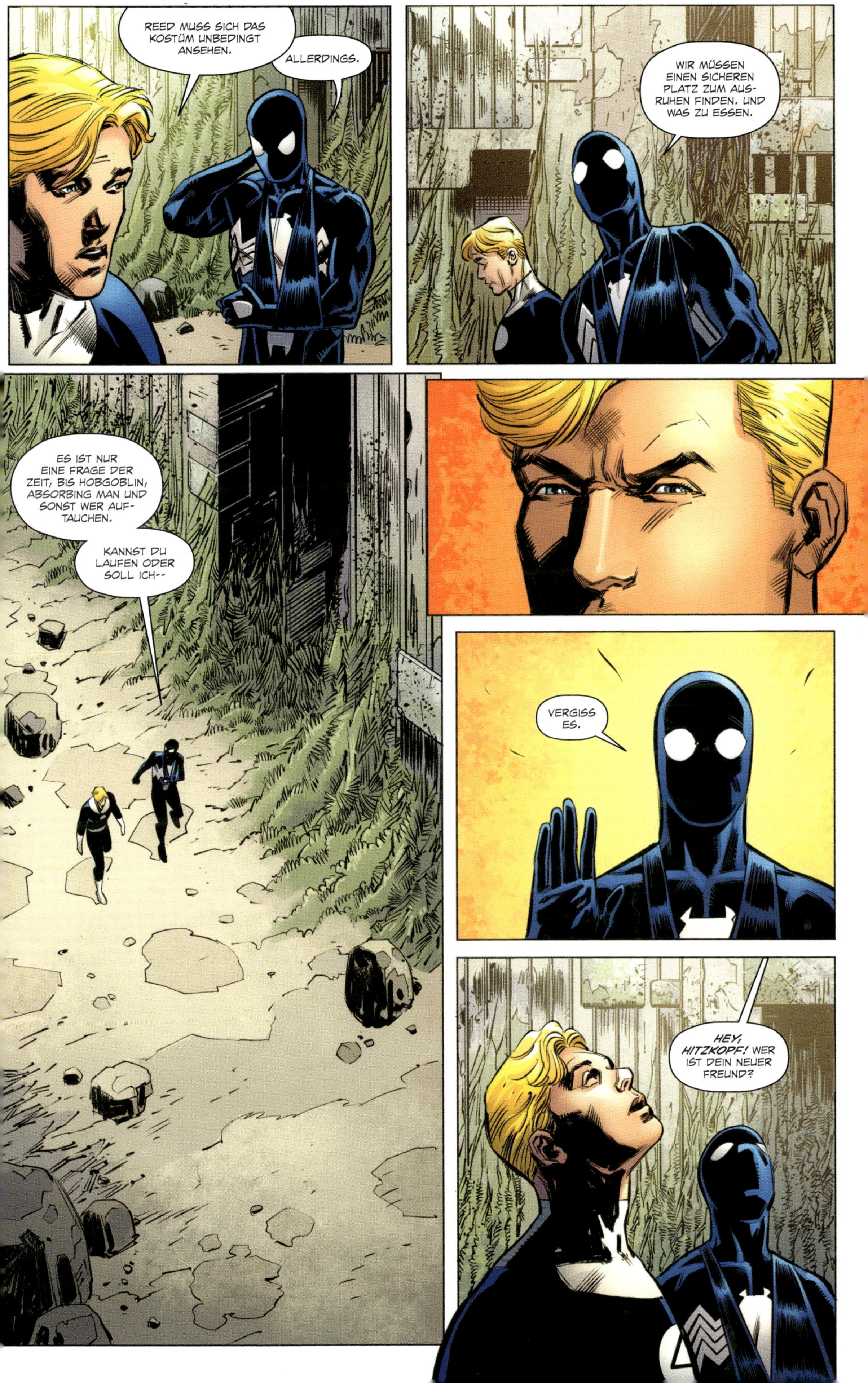

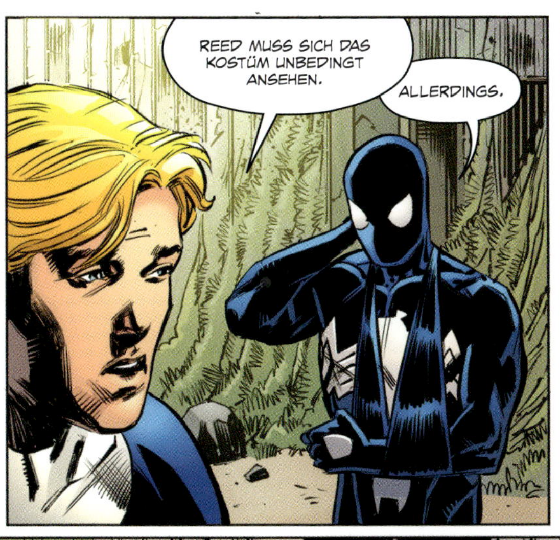
REED MUSS SICH DAS KOSTÜM UNBEDINGT ANSEHEN.
ALLERDINGS.

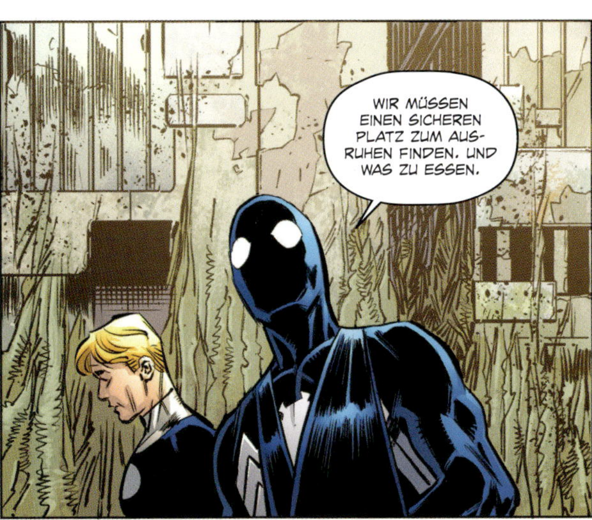
WIR MÜSSEN EINEN SICHEREN PLATZ ZUM AUS-RUHEN FINDEN. UND WAS ZU ESSEN.

ES IST NUR EINE FRAGE DER ZEIT, BIS HOBGOBLIN, ABSORBING MAN UND SONST WER AUF-TAUCHEN.
KANNST DU LAUFEN ODER SOLL ICH--

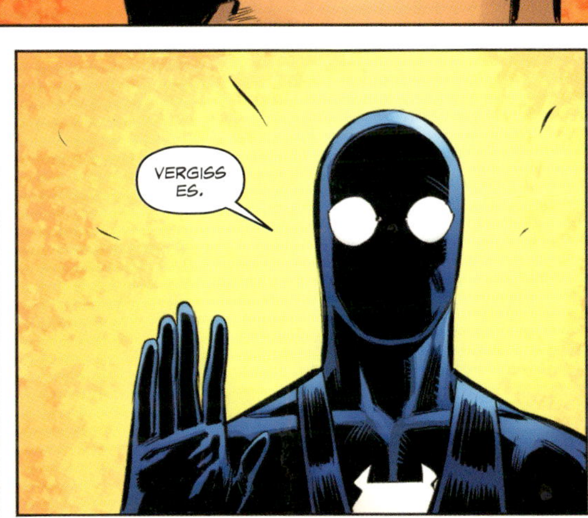
VERGISS ES.

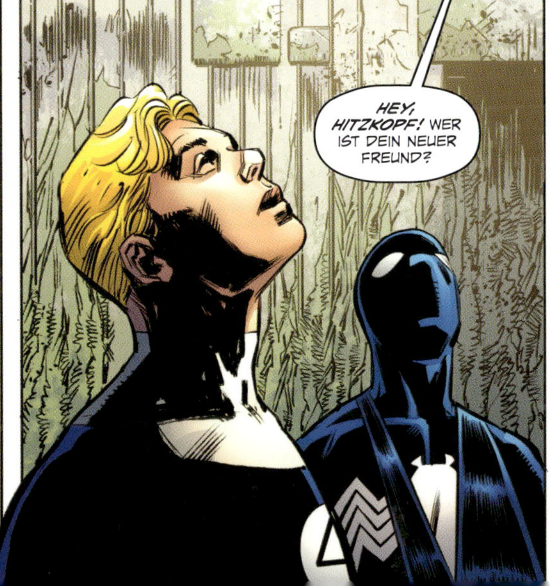
HEY, HITZKOPF! WER IST DEIN NEUER FREUND?

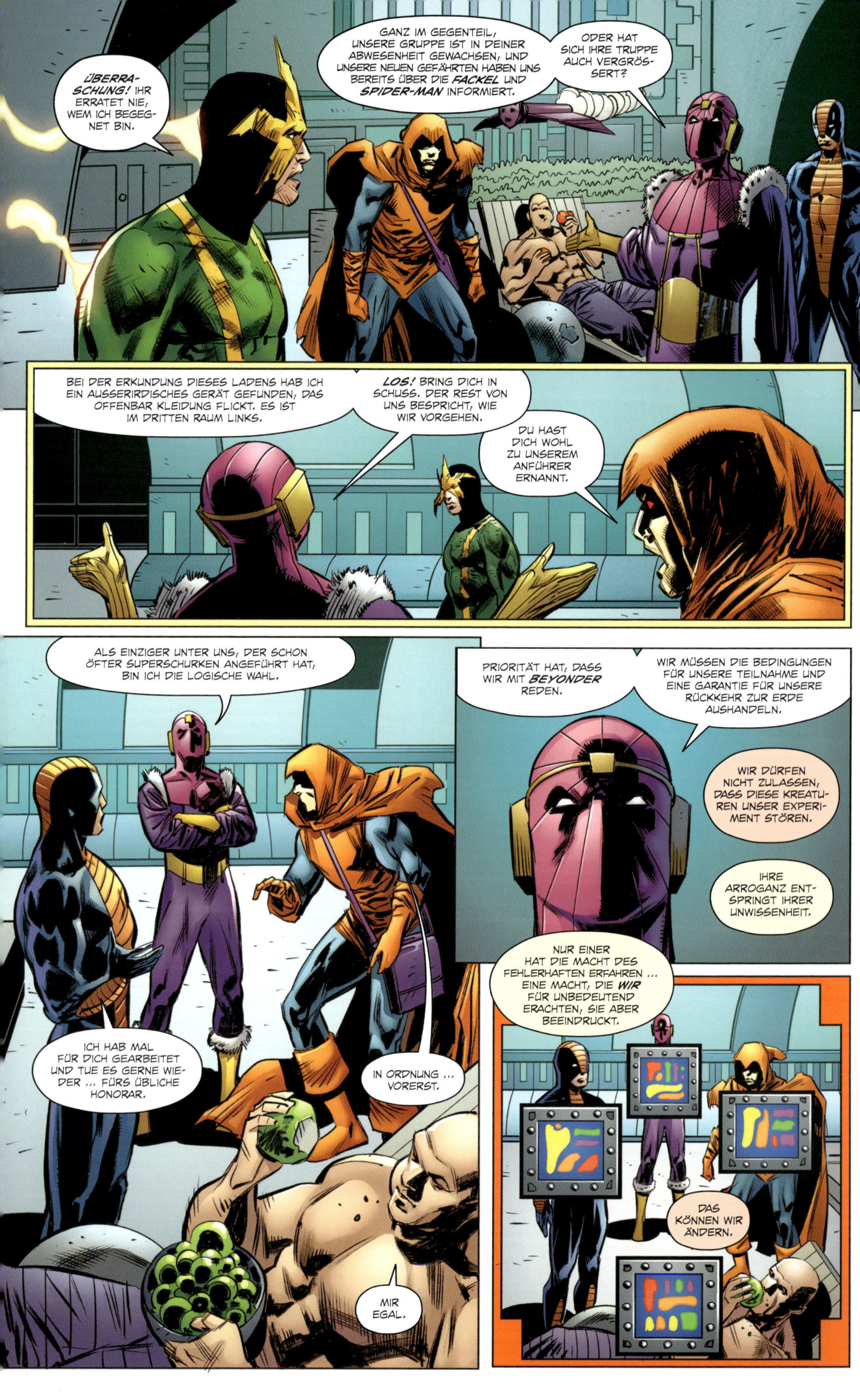
ÜBERRA-SCHUNG! IHR ERRATET NIE, WEM ICH BEGEG-NET BIN.
GANZ IM GEGENTEIL, UNSERE GRUPPE IST IN DEINER ABWESENHEIT GEWACHSEN, UND UNSERE NEUEN GEFÄHRTEN HABEN UNS BEREITS ÜBER DIE FACKEL UND SPIDER-MAN INFORMIERT.
ODER HAT SICH IHRE TRUPPE AUCH VERGRÖS-SERT?
BEI DER ERKUNDUNG DIESES LADENS HAB ICH EIN AUSSERIRDISCHES GERÄT GEFUNDEN, DAS OFFENBAR KLEIDUNG FLICKT. ES IST IM DRITTEN RAUM LINKS.
LOS! BRING DICH IN SCHUSS. DER REST VON UNS BESPRICHT, WIE WIR VORGEHEN.
DU HAST DICH WOHL ZU UNSEREM ANFÜHRER ERNANNT.
ALS EINZIGER UNTER UNS, DER SCHON ÖFTER SUPERSCHURKEN ANGEFÜHRT HAT, BIN ICH DIE LOGISCHE WAHL.
ICH HAB MAL FÜR DICH GEARBEITET UND TUE ES GERNE WIE-DER ... FÜRS ÜBLICHE HONORAR.
IN ORDNUNG ... VORERST.
MIR EGAL.
PRIORITÄT HAT, DASS WIR MIT BEYONDER REDEN.
WIR MÜSSEN DIE BEDINGUNGEN FÜR UNSERE TEILNAHME UND EINE GARANTIE FÜR UNSERE RÜCKKEHR ZUR ERDE AUSHANDELN.
WIR DÜRFEN NICHT ZULASSEN, DASS DIESE KREATU-REN UNSER EXPERI-MENT STÖREN.
IHRE ARROGANZ ENT-SPRINGT IHRER UNWISSENHEIT.
NUR EINER HAT DIE MACHT DES FEHLERHAFTEN ERFAHREN ... EINE MACHT, DIE WIR FÜR UNBEDEUTEND ERACHTEN, SIE ABER BEEINDRUCKT.
DAS KÖNNEN WIR ÄNDERN.

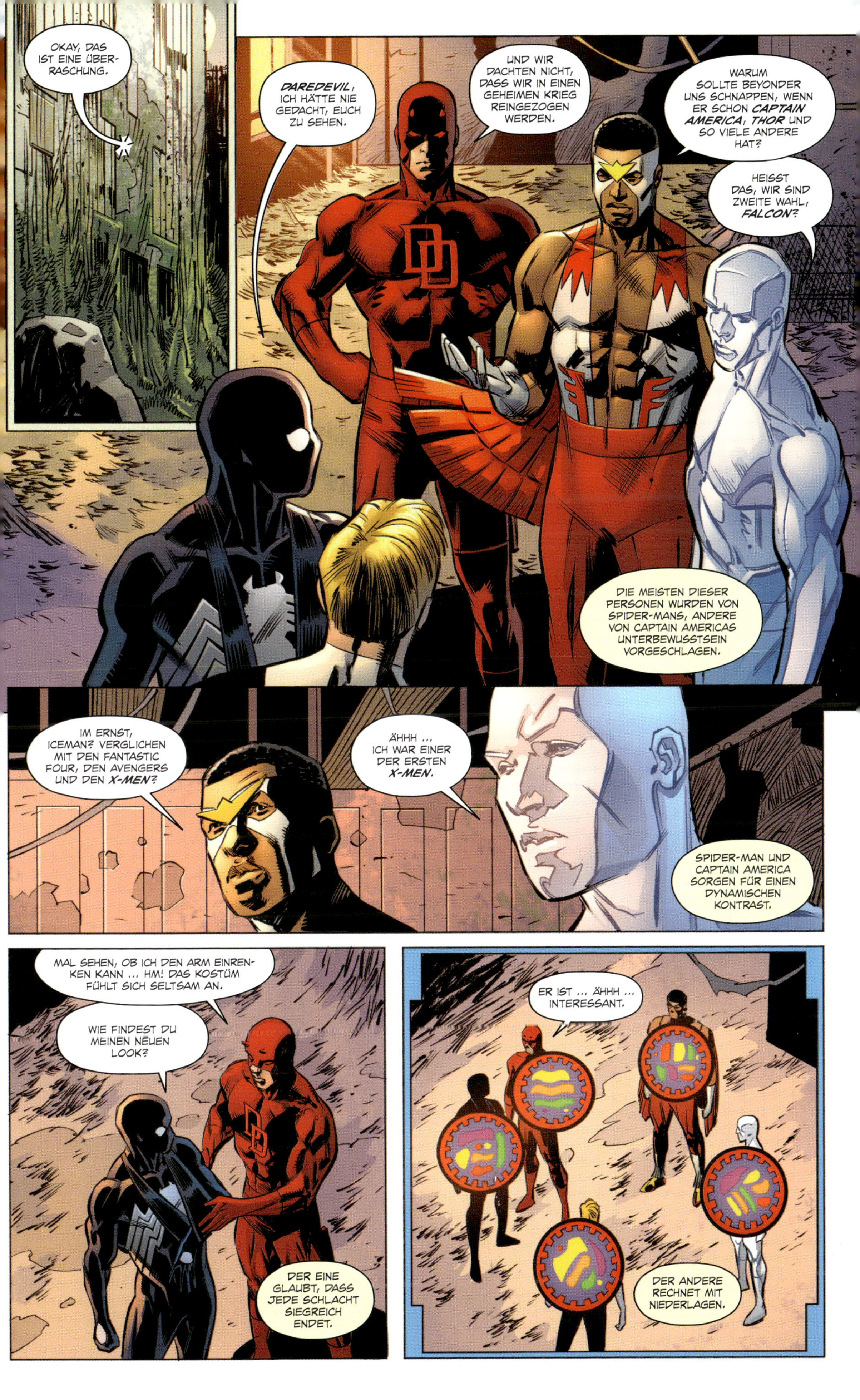

OKAY, DAS IST EINE ÜBERRASCHUNG.

DAREDEVIL, ICH HÄTTE NIE GEDACHT, EUCH ZU SEHEN.

UND WIR DACHTEN NICHT, DASS WIR IN EINEN GEHEIMEN KRIEG REINGEZOGEN WERDEN.

WARUM SOLLTE BEYONDER UNS SCHNAPPEN, WENN ER SCHON *CAPTAIN AMERICA*, *THOR* UND SO VIELE ANDERE HAT?

HEISST DAS, WIR SIND ZWEITE WAHL, *FALCON*?

DIE MEISTEN DIESER PERSONEN WURDEN VON SPIDER-MANS, ANDERE VON CAPTAIN AMERICAS UNTERBEWUSSTSEIN VORGESCHLAGEN.

IM ERNST, ICEMAN? VERGLICHEN MIT DEN FANTASTIC FOUR, DEN AVENGERS UND DEN *X-MEN*?

ÄHHH ... ICH WAR EINER DER ERSTEN *X-MEN*.

SPIDER-MAN UND CAPTAIN AMERICA SORGEN FÜR EINEN DYNAMISCHEN KONTRAST.

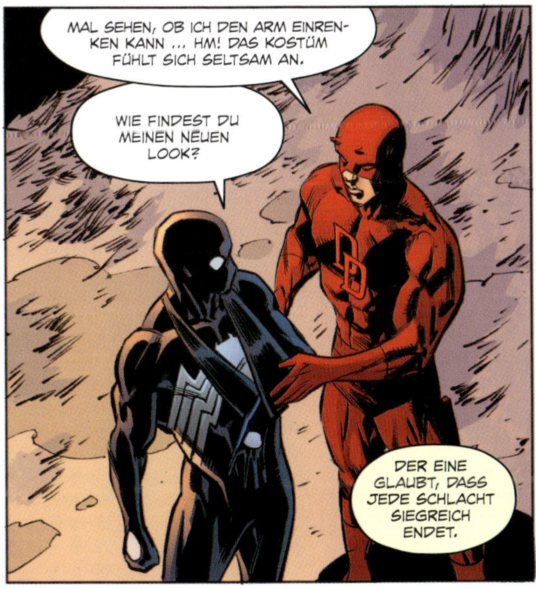

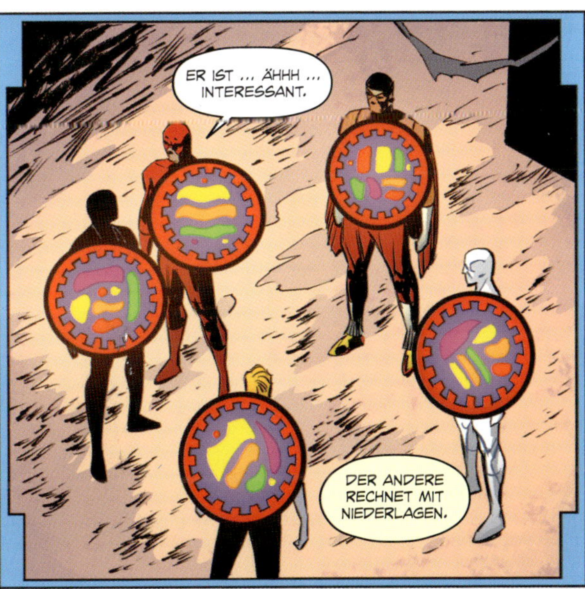

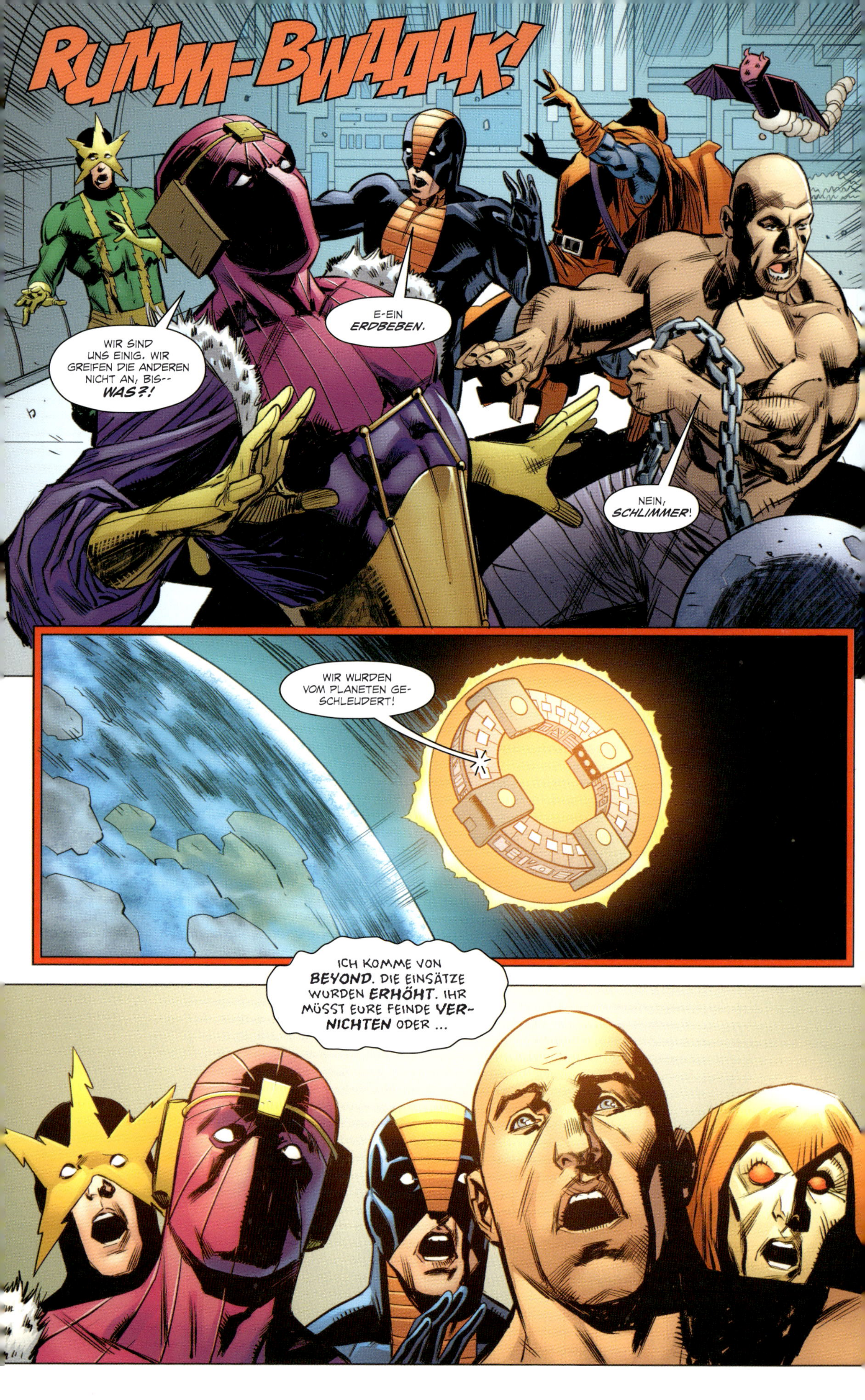
RUMM-BWAAAK!
WIR SIND UNS EINIG. WIR GREIFEN DIE ANDEREN NICHT AN, BIS-- WAS?!
E-EIN ERDBEBEN.
NEIN, SCHLIMMER!
WIR WURDEN VOM PLANETEN GESCHLEUDERT!
ICH KOMME VON BEYOND. DIE EINSÄTZE WURDEN ERHÖHT. IHR MÜSST EURE FEINDE VERNICHTEN ODER ...

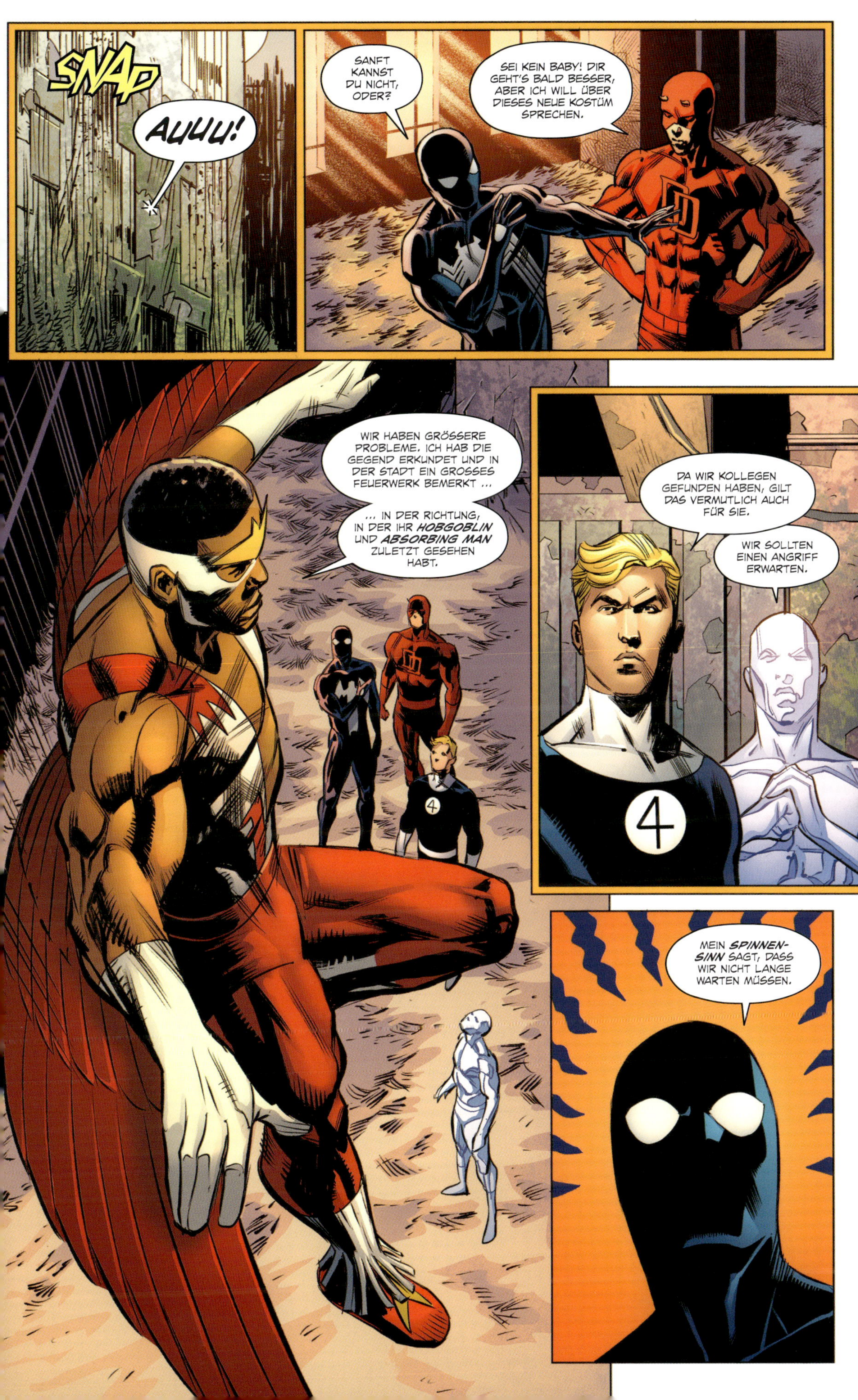
SNAP
AUUU!
SANFT KANNST DU NICHT, ODER?
SEI KEIN BABY! DIR GEHT'S BALD BESSER, ABER ICH WILL ÜBER DIESES NEUE KOSTÜM SPRECHEN.
WIR HABEN GRÖSSERE PROBLEME. ICH HAB DIE GEGEND ERKUNDET UND IN DER STADT EIN GROSSES FEUERWERK BEMERKT ...
... IN DER RICHTUNG, IN DER IHR HOBGOBLIN UND ABSORBING MAN ZULETZT GESEHEN HABT.
DA WIR KOLLEGEN GEFUNDEN HABEN, GILT DAS VERMUTLICH AUCH FÜR SIE.
WIR SOLLTEN EINEN ANGRIFF ERWARTEN.
MEIN SPINNEN-SINN SAGT, DASS WIR NICHT LANGE WARTEN MÜSSEN.

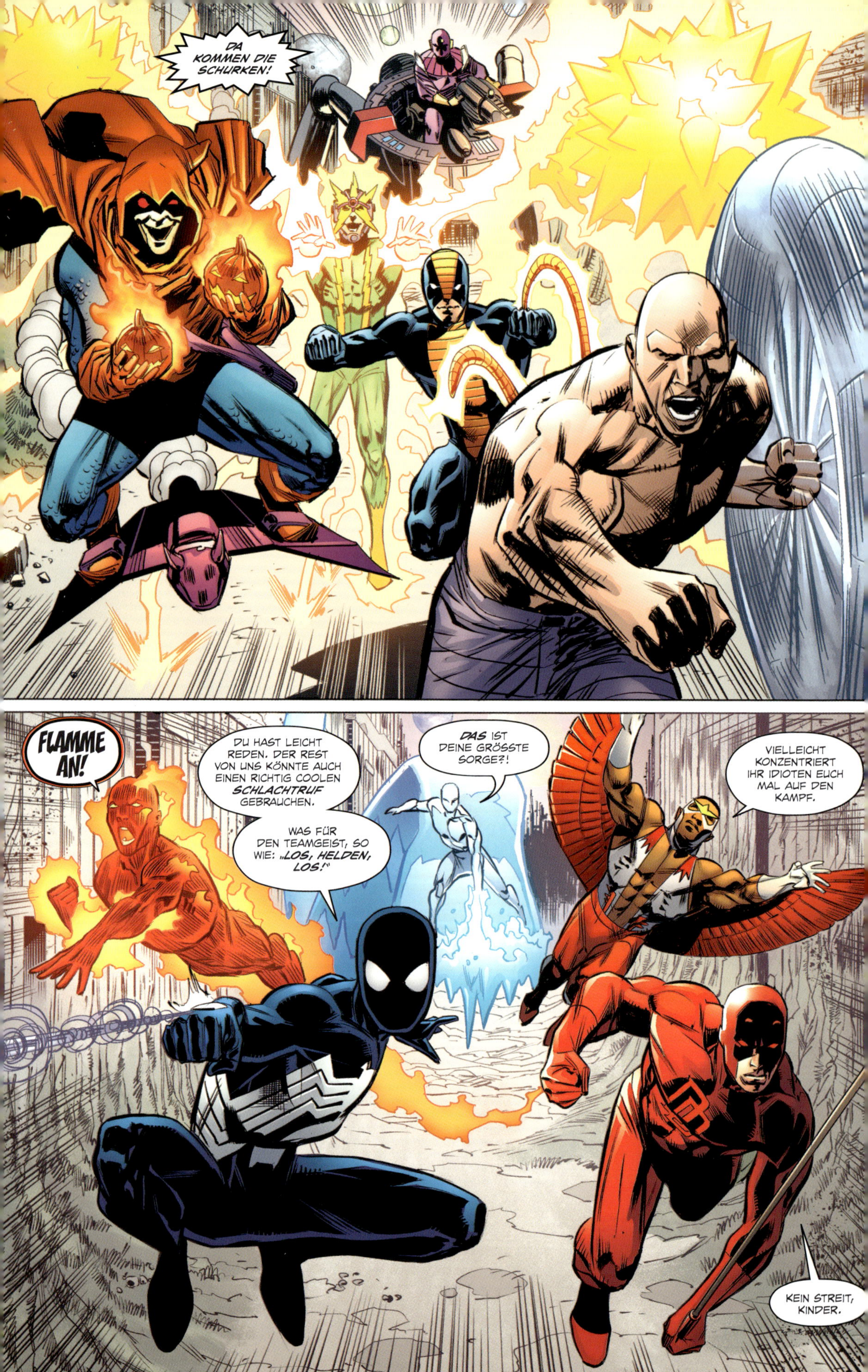
DA KOMMEN DIE SCHURKEN!
FLAMME AN!
DU HAST LEICHT REDEN. DER REST VON UNS KÖNNTE AUCH EINEN RICHTIG COOLEN SCHLACHTRUF GEBRAUCHEN.
WAS FÜR DEN TEAMGEIST, SO WIE: „LOS, HELDEN, LOS!"
DAS IST DEINE GRÖSSTE SORGE?!
VIELLEICHT KONZENTRIERT IHR IDIOTEN EUCH MAL AUF DEN KAMPF.
KEIN STREIT, KINDER.

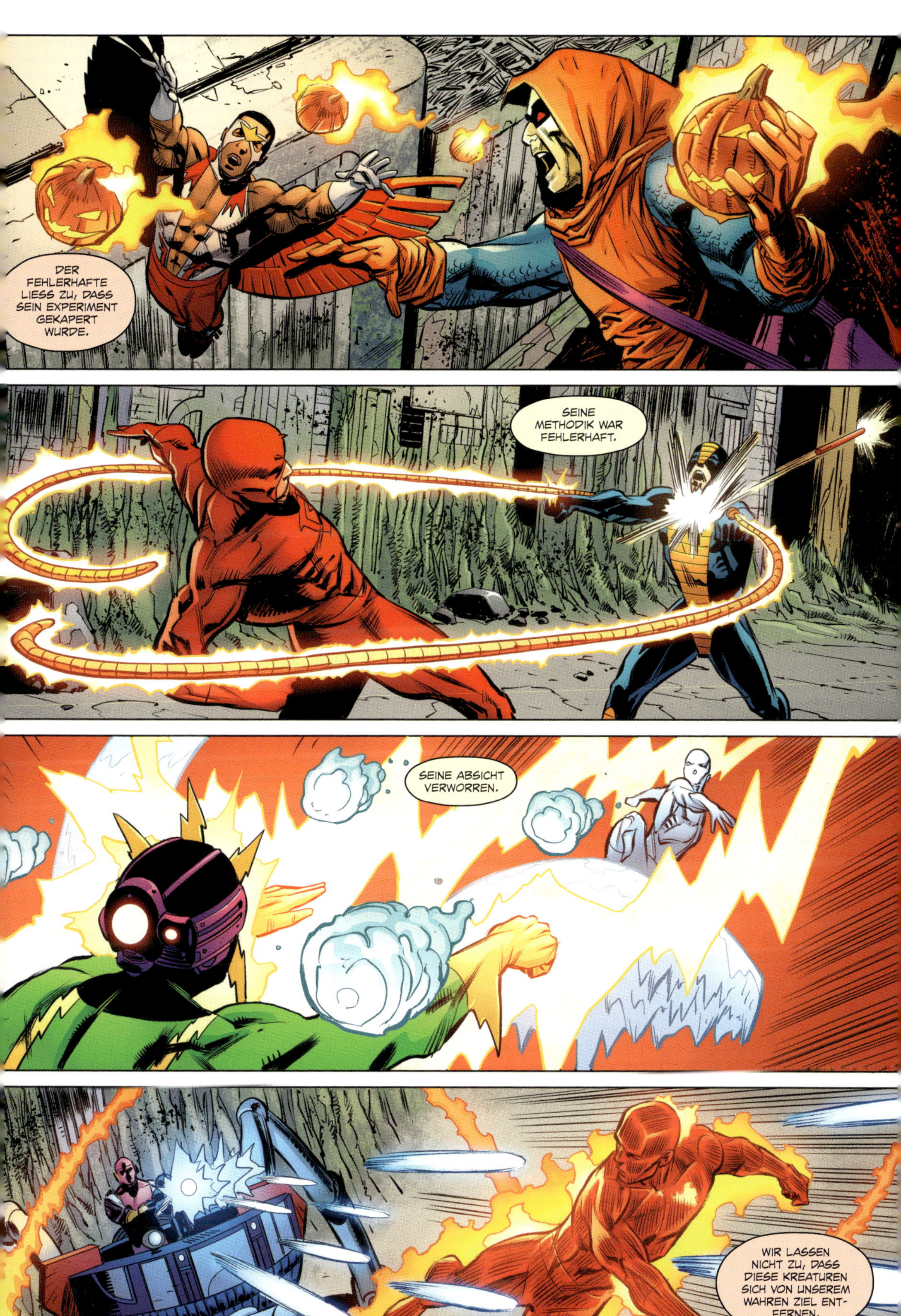
DER FEHLERHAFTE LIESS ZU, DASS SEIN EXPERIMENT GEKAPERT WURDE.
SEINE METHODIK WAR FEHLERHAFT.
SEINE ABSICHT VERWORREN.
WIR LASSEN NICHT ZU, DASS DIESE KREATUREN SICH VON UNSEREM WAHREN ZIEL ENT-FERNEN.

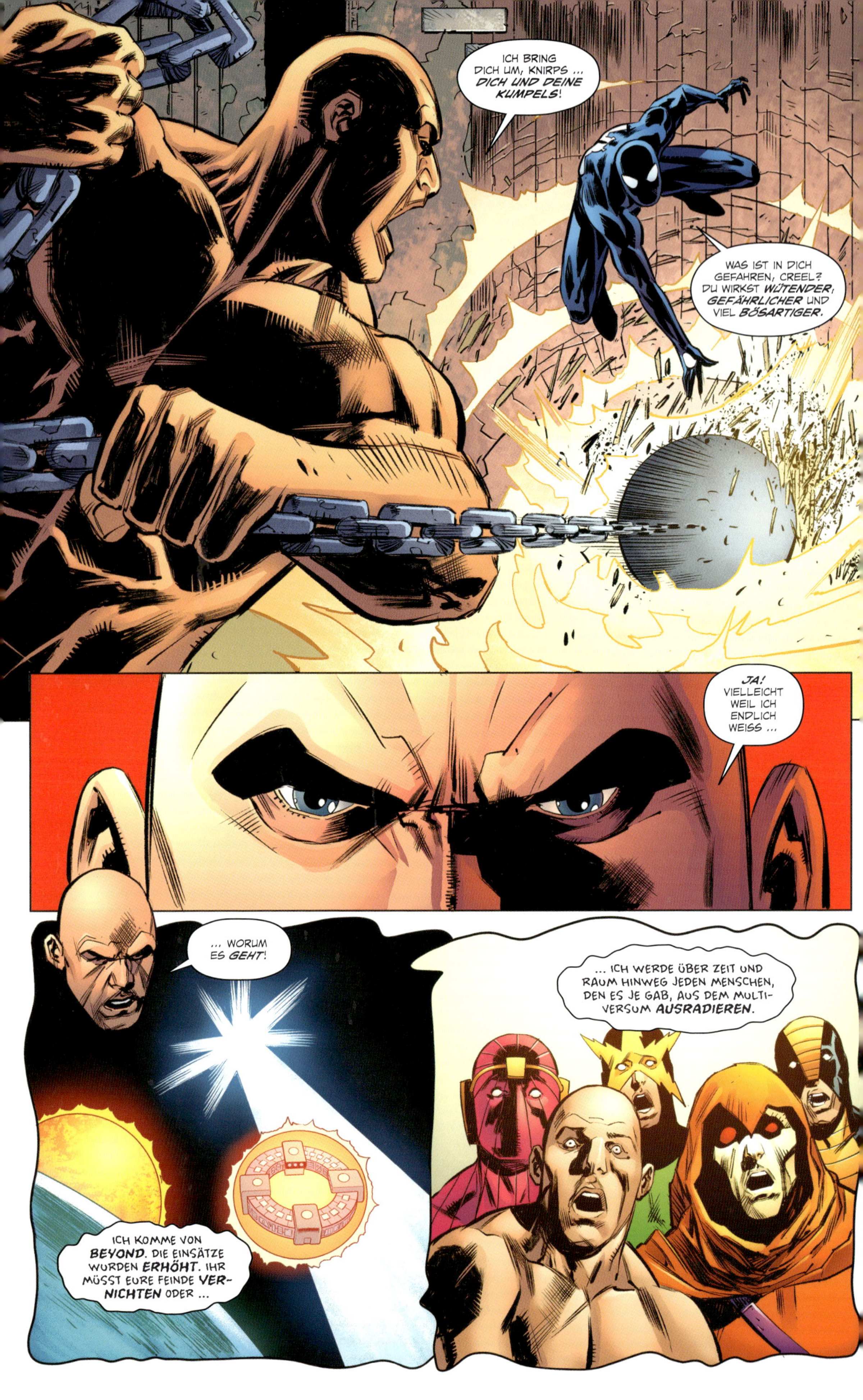
ICH BRING DICH UM, KNIRPS ... DICH UND DEINE KUMPELS!
WAS IST IN DICH GEFAHREN, CREEL? DU WIRKST WÜTENDER, GEFÄHRLICHER UND VIEL BÖSARTIGER.
JA! VIELLEICHT WEIL ICH ENDLICH WEISS ...
... WORUM ES GEHT!
ICH KOMME VON BEYOND. DIE EINSÄTZE WURDEN ERHÖHT. IHR MÜSST EURE FEINDE VERNICHTEN ODER ...
... ICH WERDE ÜBER ZEIT UND RAUM HINWEG JEDEN MENSCHEN, DEN ES JE GAB, AUS DEM MULTIVERSUM AUSRADIEREN.

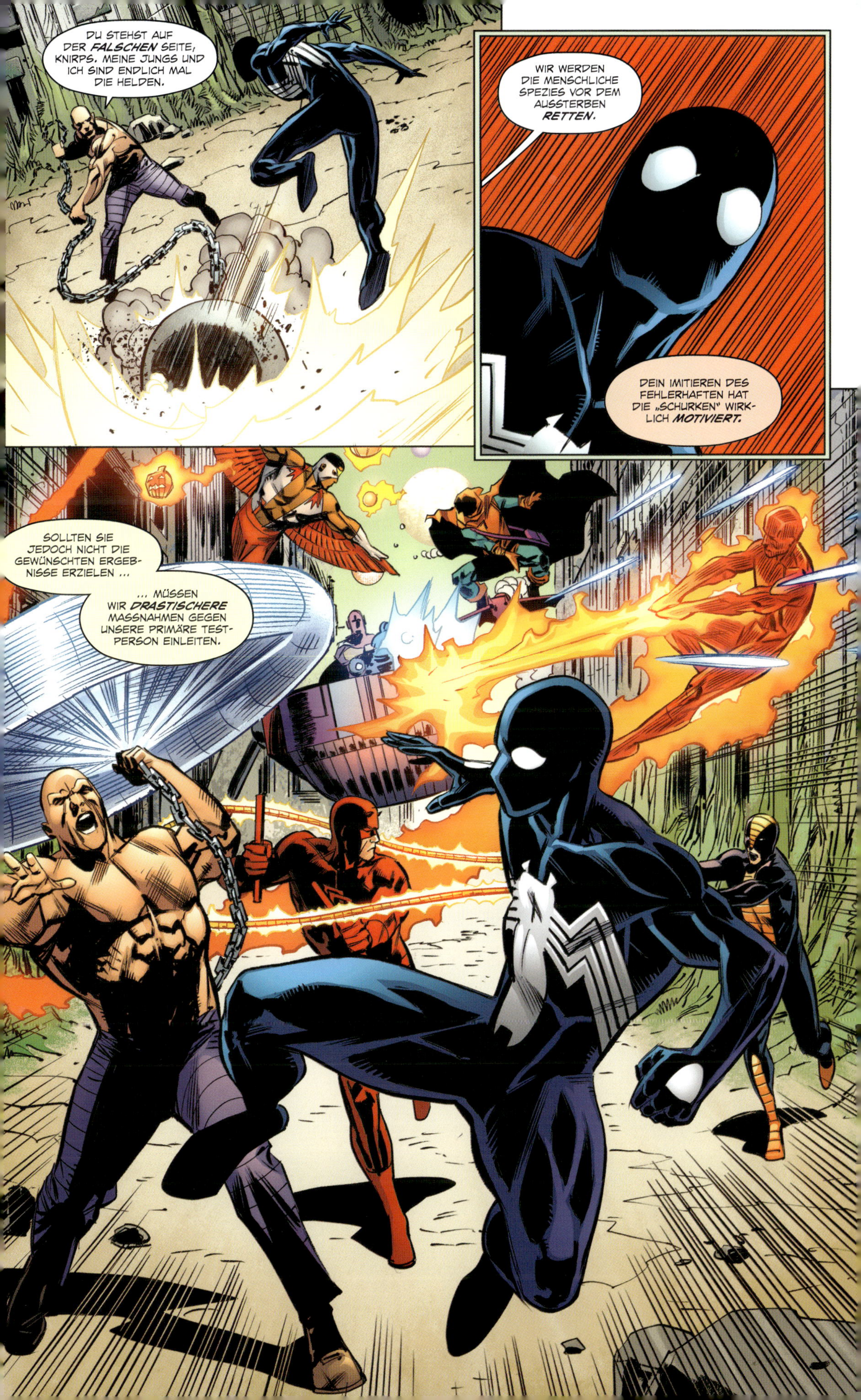
DU STEHST AUF DER FALSCHEN SEITE, KNIRPS. MEINE JUNGS UND ICH SIND ENDLICH MAL DIE HELDEN.
WIR WERDEN DIE MENSCHLICHE SPEZIES VOR DEM AUSSTERBEN RETTEN.
DEIN IMITIEREN DES FEHLERHAFTEN HAT DIE „SCHURKEN" WIRKLICH MOTIVIERT.
SOLLTEN SIE JEDOCH NICHT DIE GEWÜNSCHTEN ERGEBNISSE ERZIELEN ...
... MÜSSEN WIR DRASTISCHERE MASSNAHMEN GEGEN UNSERE PRIMÄRE TESTPERSON EINLEITEN.

SIEG ODER TOD!

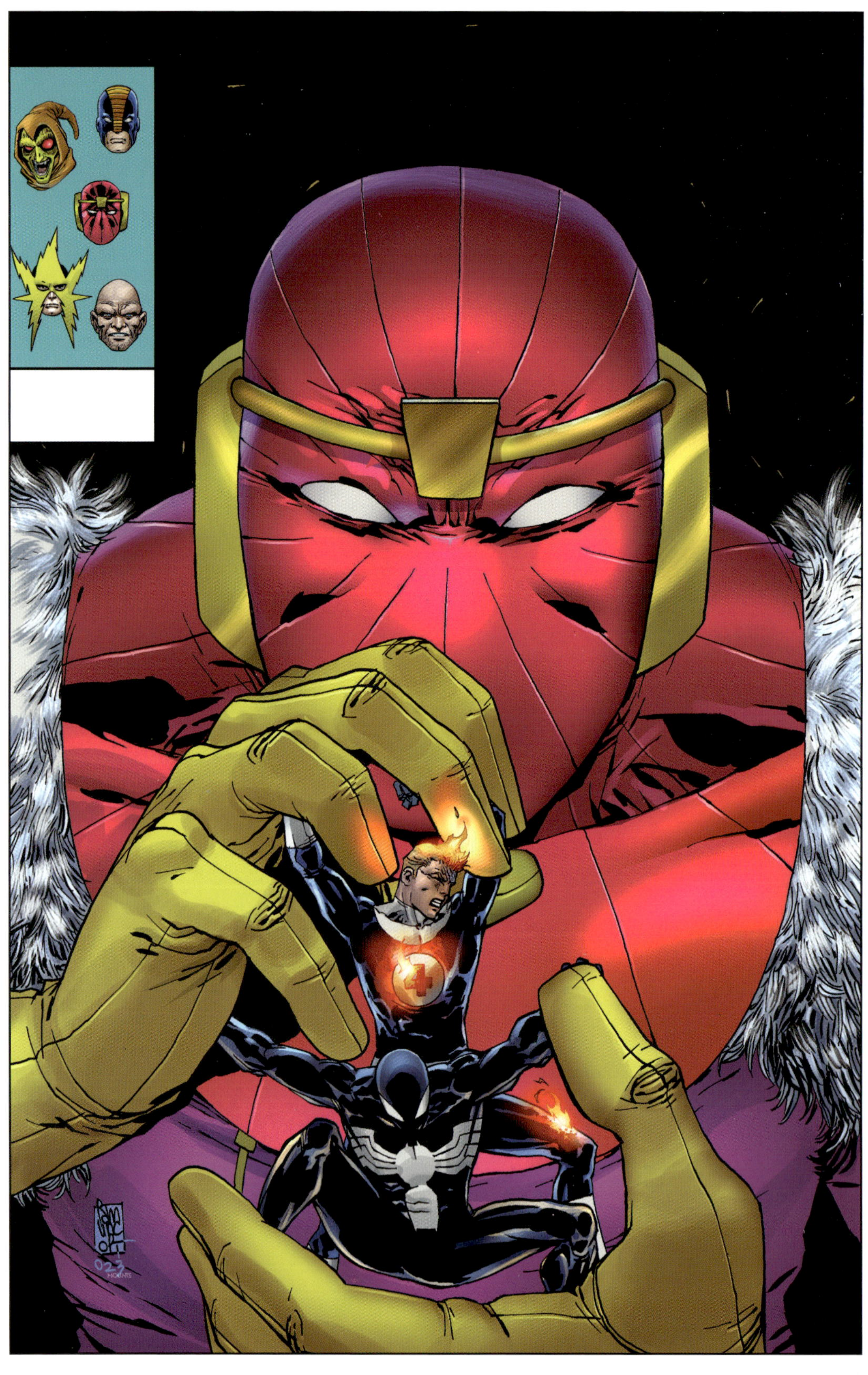

Marvel Super Heroes Secret Wars: Battleworld (2024) 3
Cover von **GIUSEPPE CAMUNCOLI**

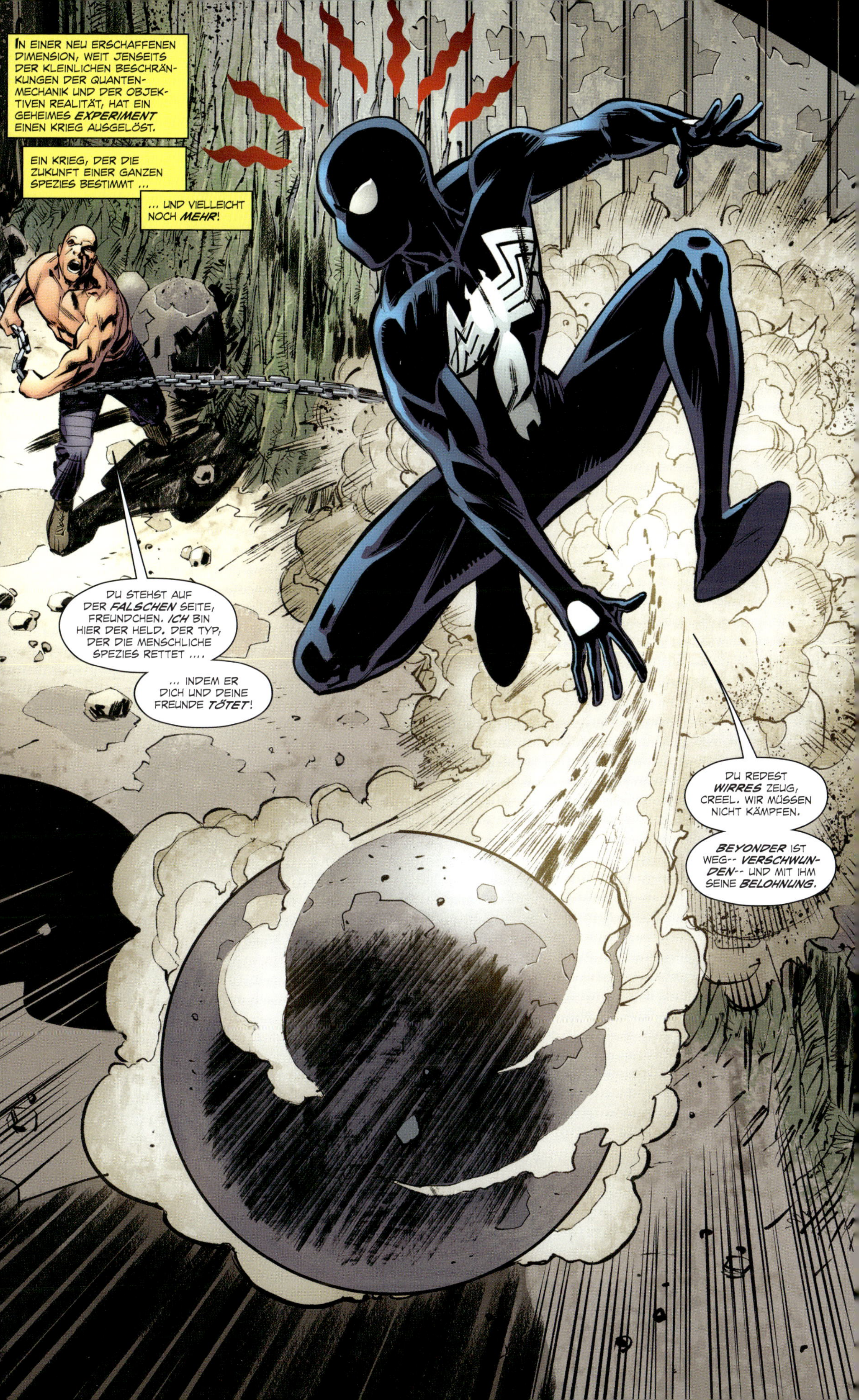
In einer neu erschaffenen Dimension, weit jenseits der kleinlichen Beschränkungen der Quantenmechanik und der objektiven Realität, hat ein geheimes *Experiment* einen Krieg ausgelöst.
Ein Krieg, der die Zukunft einer ganzen Spezies bestimmt ...
... und vielleicht noch *mehr*!
Du stehst auf der *falschen* Seite, Freundchen. *Ich* bin hier der Held. Der Typ, der die menschliche Spezies rettet ....
... indem er dich und deine Freunde *tötet*!
Du redest *wirres* Zeug, Creel. Wir müssen nicht kämpfen.
Beyonder ist weg-- *verschwunden*-- und mit ihm seine *Belohnung*.

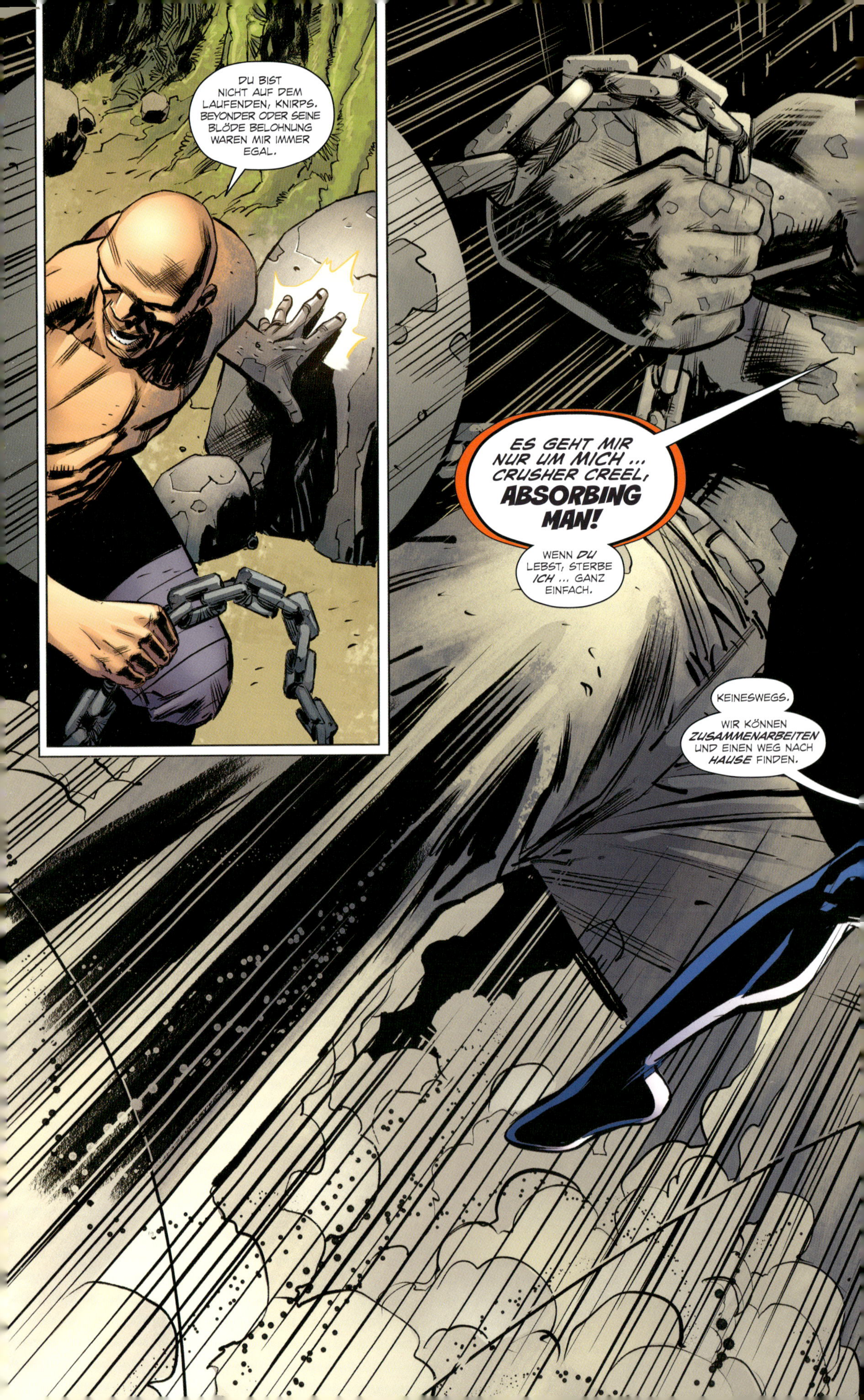
DU BIST NICHT AUF DEM LAUFENDEN, KNIRPS. BEYONDER ODER SEINE BLÖDE BELOHNUNG WAREN MIR IMMER EGAL.
ES GEHT MIR NUR UM MICH ... CRUSHER CREEL, ABSORBING MAN!
WENN DU LEBST, STERBE ICH ... GANZ EINFACH.
KEINESWEGS.
WIR KÖNNEN ZUSAMMENARBEITEN UND EINEN WEG NACH HAUSE FINDEN.

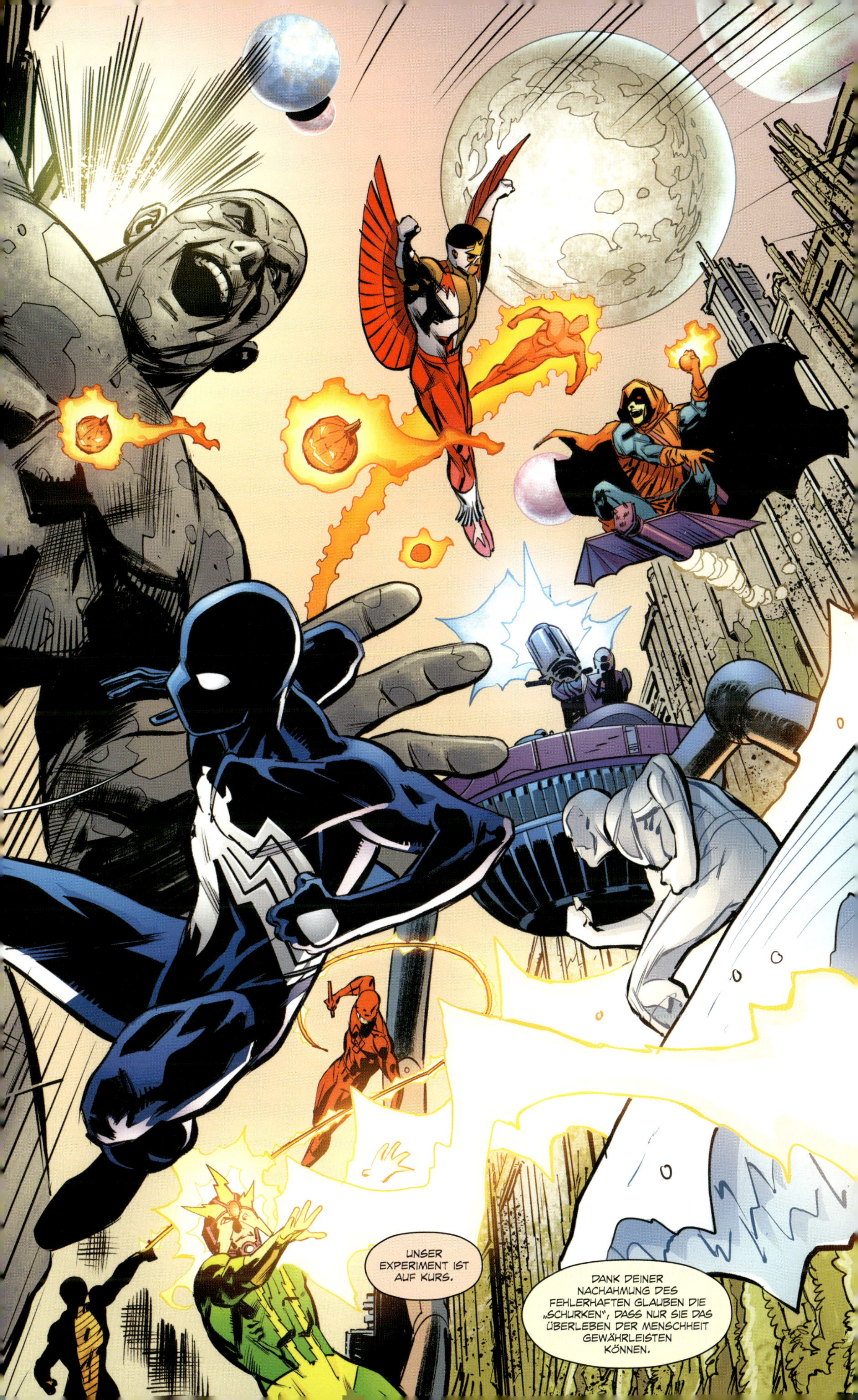
UNSER EXPERIMENT IST AUF KURS.
DANK DEINER NACHAHMUNG DES FEHLERHAFTEN GLAUBEN DIE „SCHURKEN", DASS NUR SIE DAS ÜBERLEBEN DER MENSCHHEIT GEWÄHRLEISTEN KÖNNEN.

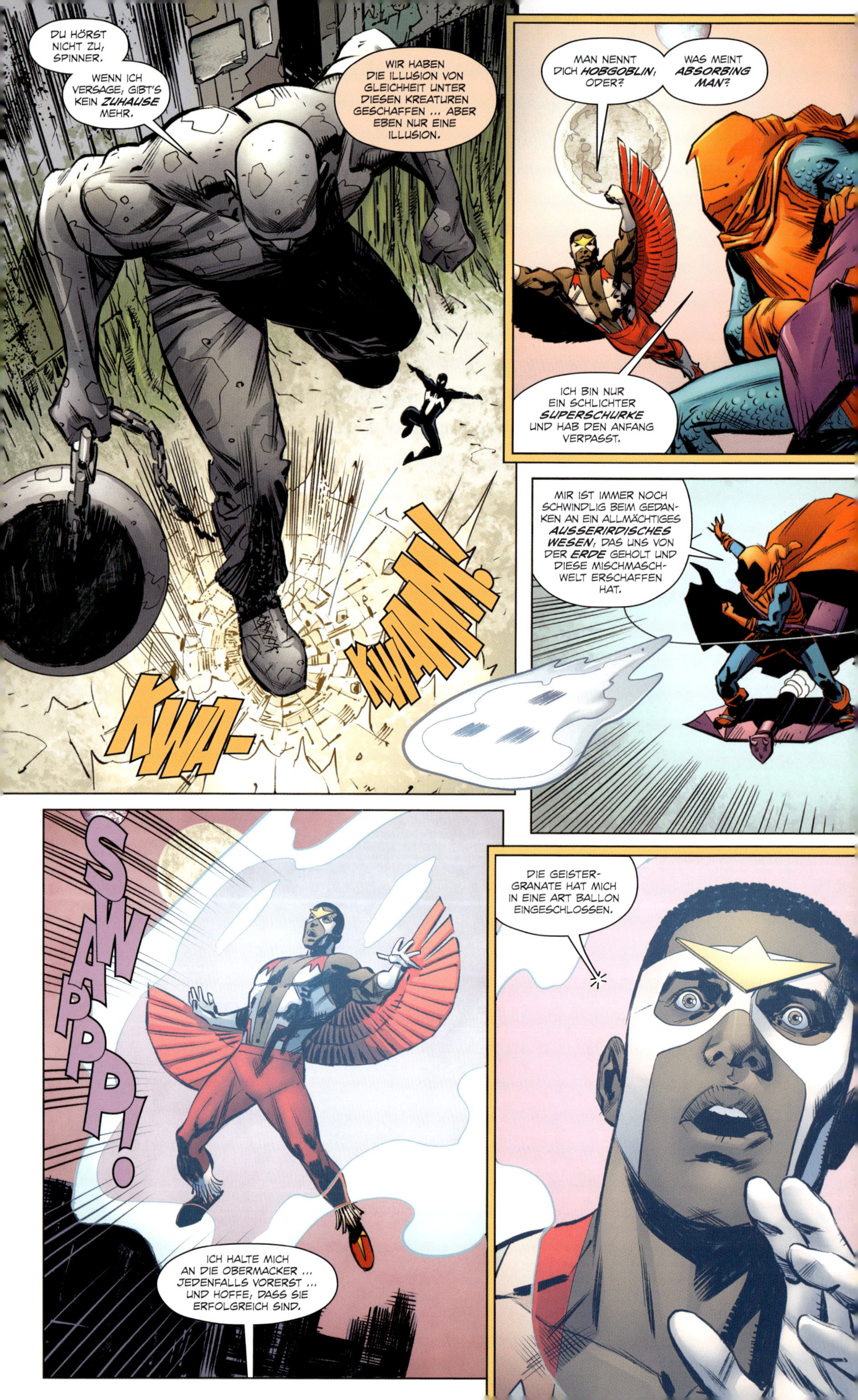

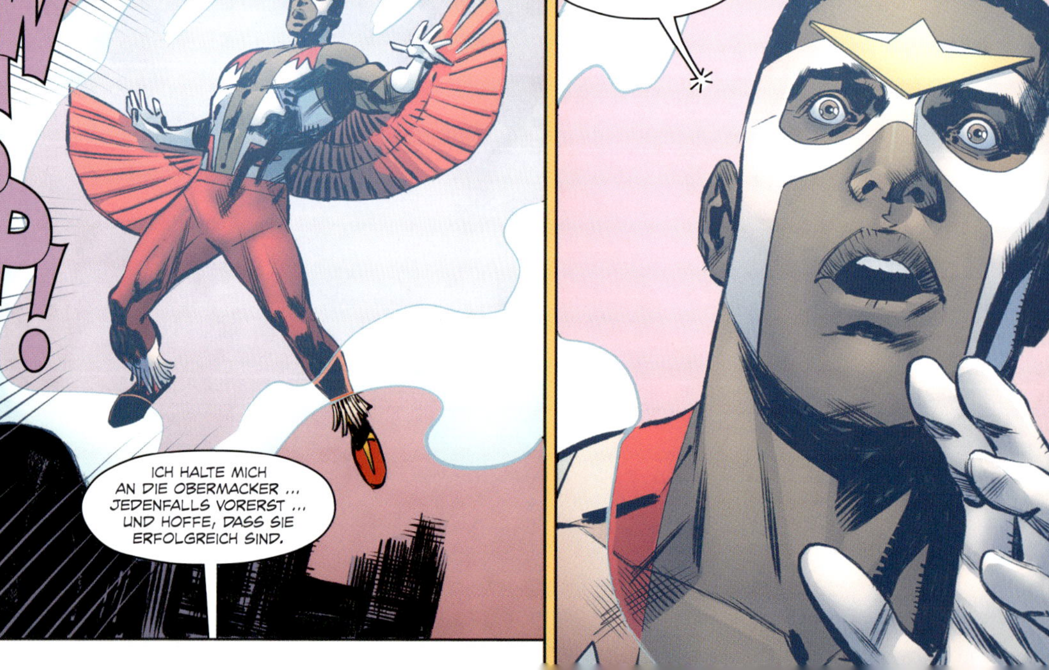
DU HÖRST NICHT ZU, SPINNER.
WENN ICH VERSAGE, GIBT'S KEIN *ZUHAUSE* MEHR.
WIR HABEN DIE ILLUSION VON GLEICHHEIT UNTER DIESEN KREATUREN GESCHAFFEN ... ABER EBEN NUR EINE ILLUSION.
KWA-
KWAMM!
MAN NENNT DICH *HOBGOBLIN*, ODER?
WAS MEINT *ABSORBING MAN*?
ICH BIN NUR EIN SCHLICHTER *SUPERSCHURKE* UND HAB DEN ANFANG VERPASST.
MIR IST IMMER NOCH SCHWINDLIG BEIM GEDANKEN AN EIN ALLMÄCHTIGES *AUSSERIRDISCHES WESEN*, DAS UNS VON DER *ERDE* GEHOLT UND DIESE MISCHMASCHWELT ERSCHAFFEN HAT.
SWAPP!
ICH HALTE MICH AN DIE OBERMACKER ... JEDENFALLS VORERST ... UND HOFFE, DASS SIE ERFOLGREICH SIND.
DIE GEISTERGRANATE HAT MICH IN EINE ART BALLON EINGESCHLOSSEN.

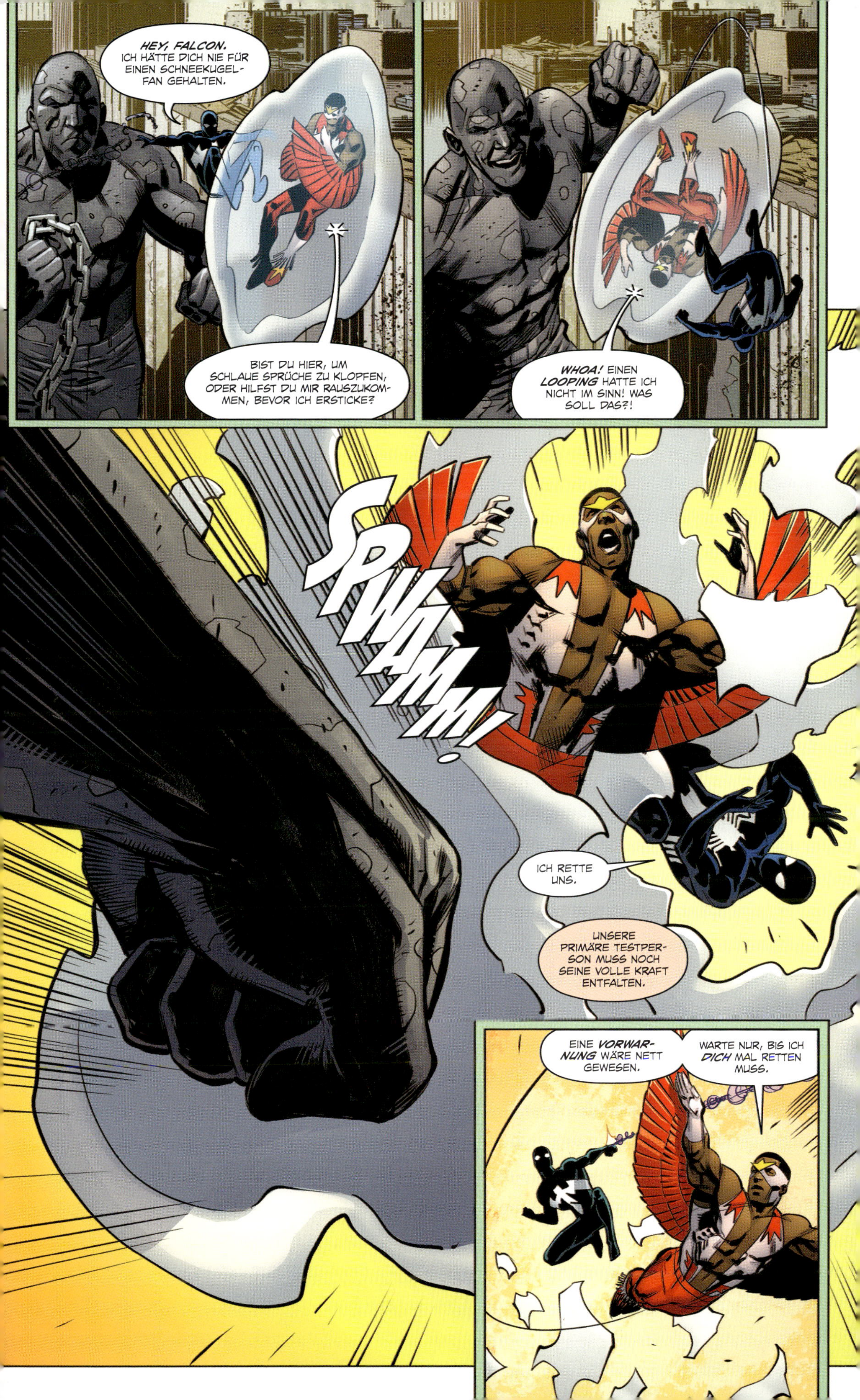
HEY, FALCON. ICH HÄTTE DICH NIE FÜR EINEN SCHNEEKUGEL-FAN GEHALTEN.
BIST DU HIER, UM SCHLAUE SPRÜCHE ZU KLOPFEN, ODER HILFST DU MIR RAUSZUKOMMEN, BEVOR ICH ERSTICKE?
WHOA! EINEN LOOPING HATTE ICH NICHT IM SINN! WAS SOLL DAS?!
SPWAMM!
ICH RETTE UNS.
UNSERE PRIMÄRE TESTPERSON MUSS NOCH SEINE VOLLE KRAFT ENTFALTEN.
EINE VORWARNUNG WÄRE NETT GEWESEN.
WARTE NUR, BIS ICH DICH MAL RETTEN MUSS.

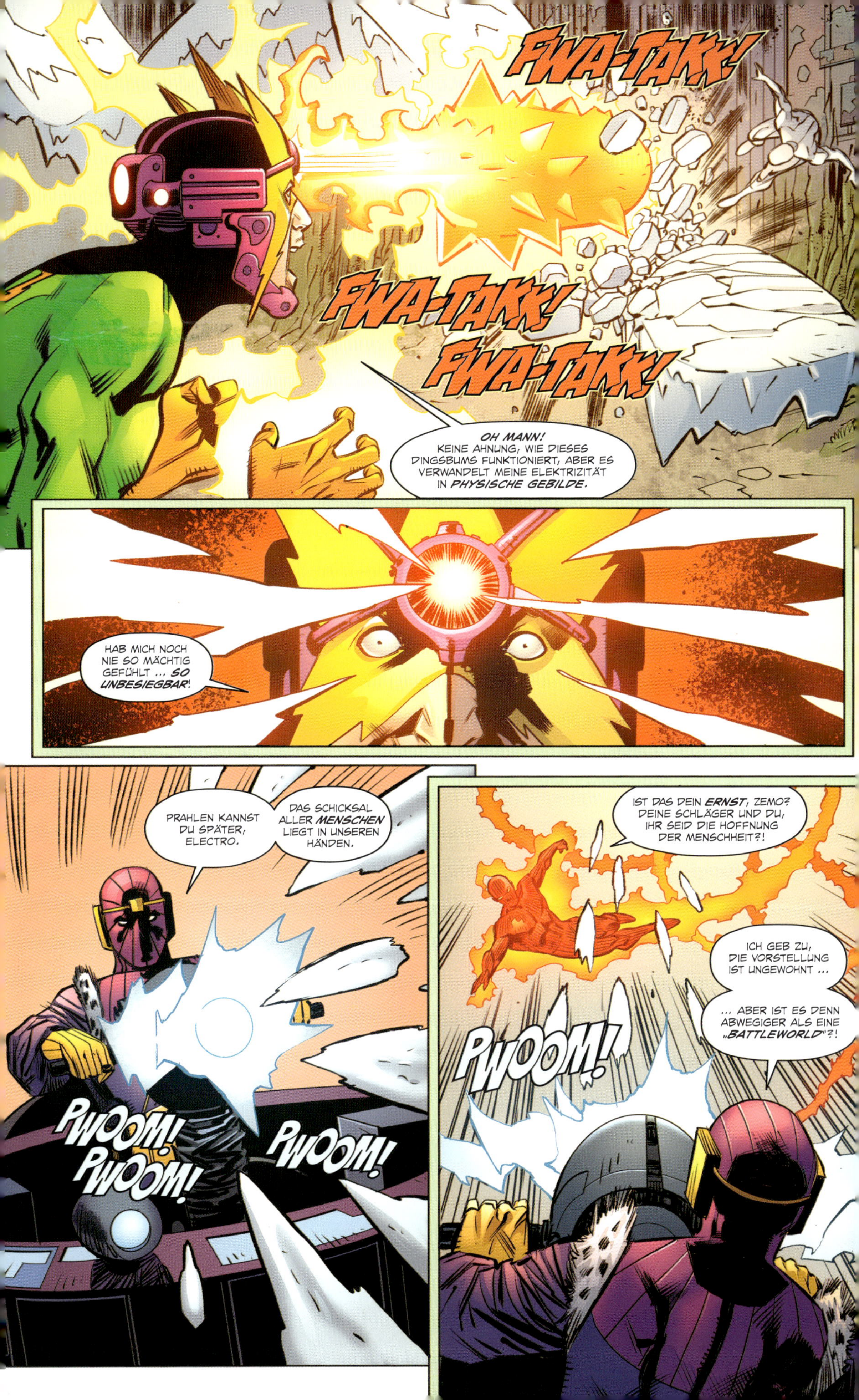

FWA-TAKK!
FWA-TAKK!
FWA-TAKK!
OH MANN! KEINE AHNUNG, WIE DIESES DINGSBUMS FUNKTIONIERT, ABER ES VERWANDELT MEINE ELEKTRIZITÄT IN *PHYSISCHE GEBILDE*.

HAB MICH NOCH NIE SO MÄCHTIG GEFÜHLT ... *SO UNBESIEGBAR*!

PRAHLEN KANNST DU SPÄTER, ELECTRO.
DAS SCHICKSAL ALLER *MENSCHEN* LIEGT IN UNSEREN HÄNDEN.
PWOOM!
PWOOM!
PWOOM!

IST DAS DEIN *ERNST*, ZEMO? DEINE SCHLÄGER UND DU, IHR SEID DIE HOFFNUNG DER MENSCHHEIT?!
ICH GEB ZU, DIE VORSTELLUNG IST UNGEWOHNT ...
... ABER IST ES DENN ABWEGIGER ALS EINE *„BATTLEWORLD“*?!
PWOOM!

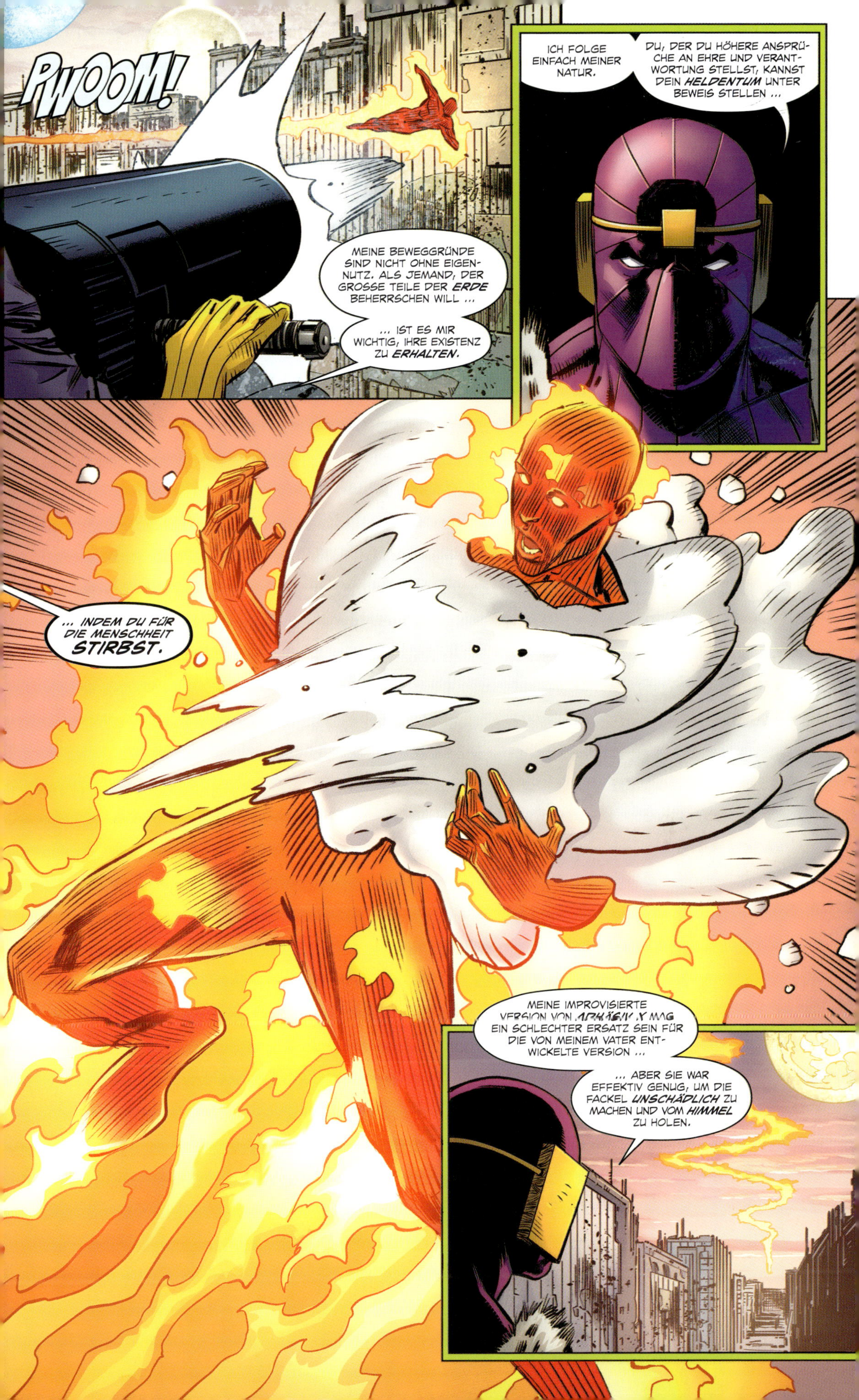
PWOOM!
ICH FOLGE EINFACH MEINER NATUR.
DU, DER DU HÖHERE ANSPRÜCHE AN EHRE UND VERANTWORTUNG STELLST, KANNST DEIN HELDENTUM UNTER BEWEIS STELLEN ...
MEINE BEWEGGRÜNDE SIND NICHT OHNE EIGENNUTZ. ALS JEMAND, DER GROSSE TEILE DER ERDE BEHERRSCHEN WILL ...
... IST ES MIR WICHTIG, IHRE EXISTENZ ZU ERHALTEN.
... INDEM DU FÜR DIE MENSCHHEIT STIRBST.
MEINE IMPROVISIERTE VERSION VON X MAG EIN SCHLECHTER ERSATZ SEIN FÜR DIE VON MEINEM VATER ENTWICKELTE VERSION ...
... ABER SIE WAR EFFEKTIV GENUG, UM DIE FACKEL UNSCHÄDLICH ZU MACHEN UND VOM HIMMEL ZU HOLEN.

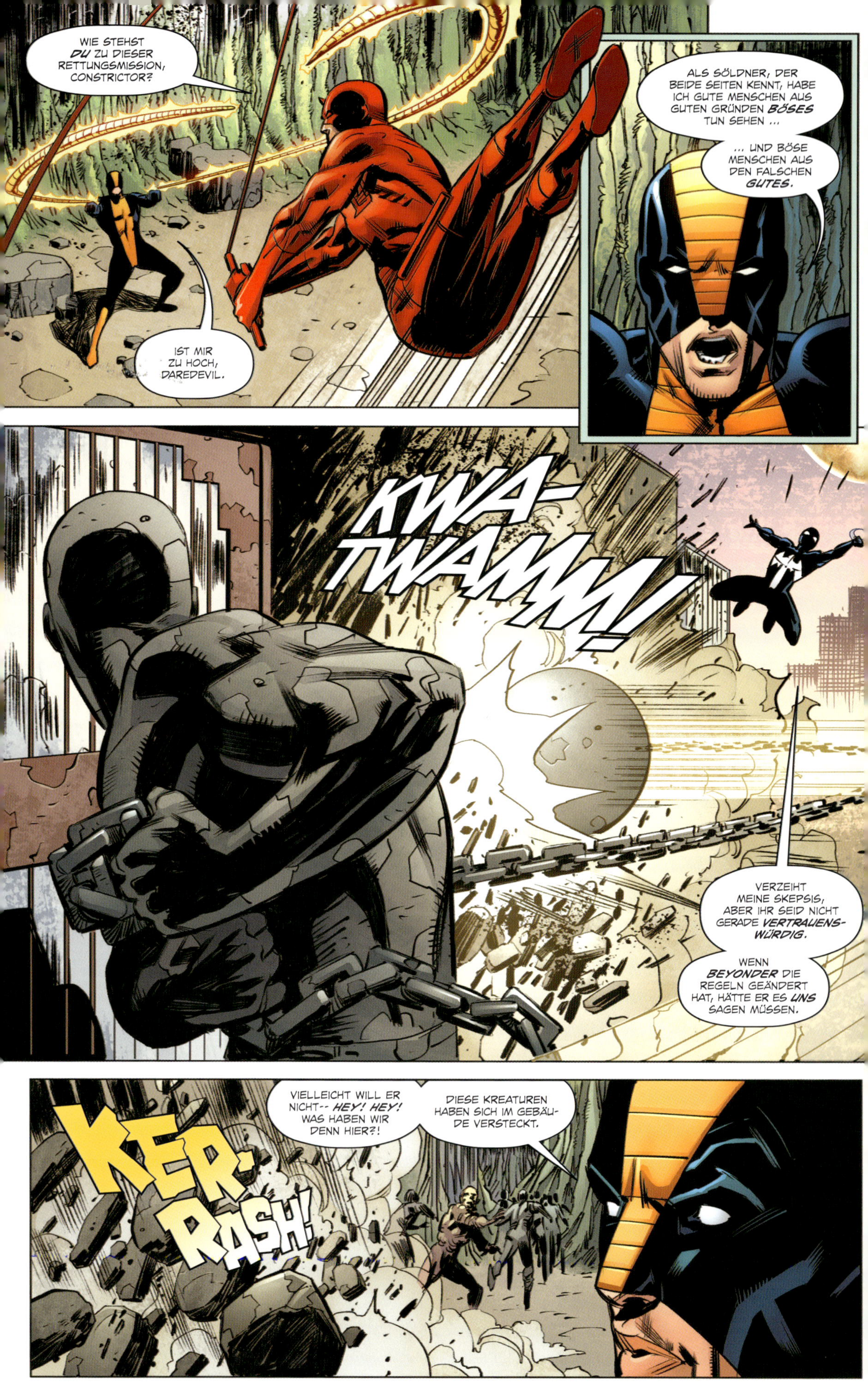

WIE STEHST *DU* ZU DIESER RETTUNGSMISSION, CONSTRICTOR?
IST MIR ZU HOCH, DAREDEVIL.
ALS SÖLDNER, DER BEIDE SEITEN KENNT, HABE ICH GUTE MENSCHEN AUS GUTEN GRÜNDEN ***BÖSES*** TUN SEHEN ...
... UND BÖSE MENSCHEN AUS DEN FALSCHEN ***GUTES.***
KWA-TWAMM!
VERZEIHT MEINE SKEPSIS, ABER IHR SEID NICHT GERADE ***VERTRAUENS-WÜRDIG.***
WENN ***BEYONDER*** DIE REGELN GEÄNDERT HAT, HÄTTE ER ES ***UNS*** SAGEN MÜSSEN.

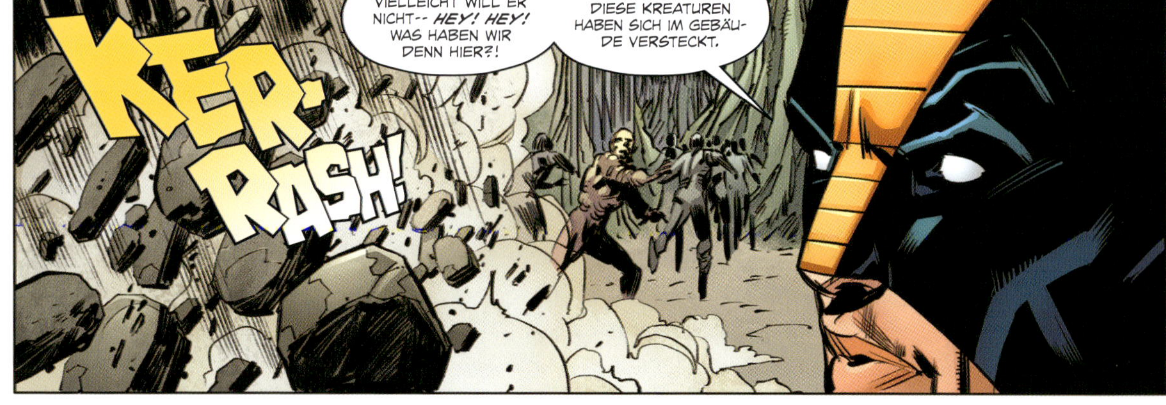
KER-RASH!
VIELLEICHT WILL ER NICHT-- ***HEY! HEY!*** WAS HABEN WIR DENN HIER?!
DIESE KREATUREN HABEN SICH IM GEBÄU-DE VERSTECKT.

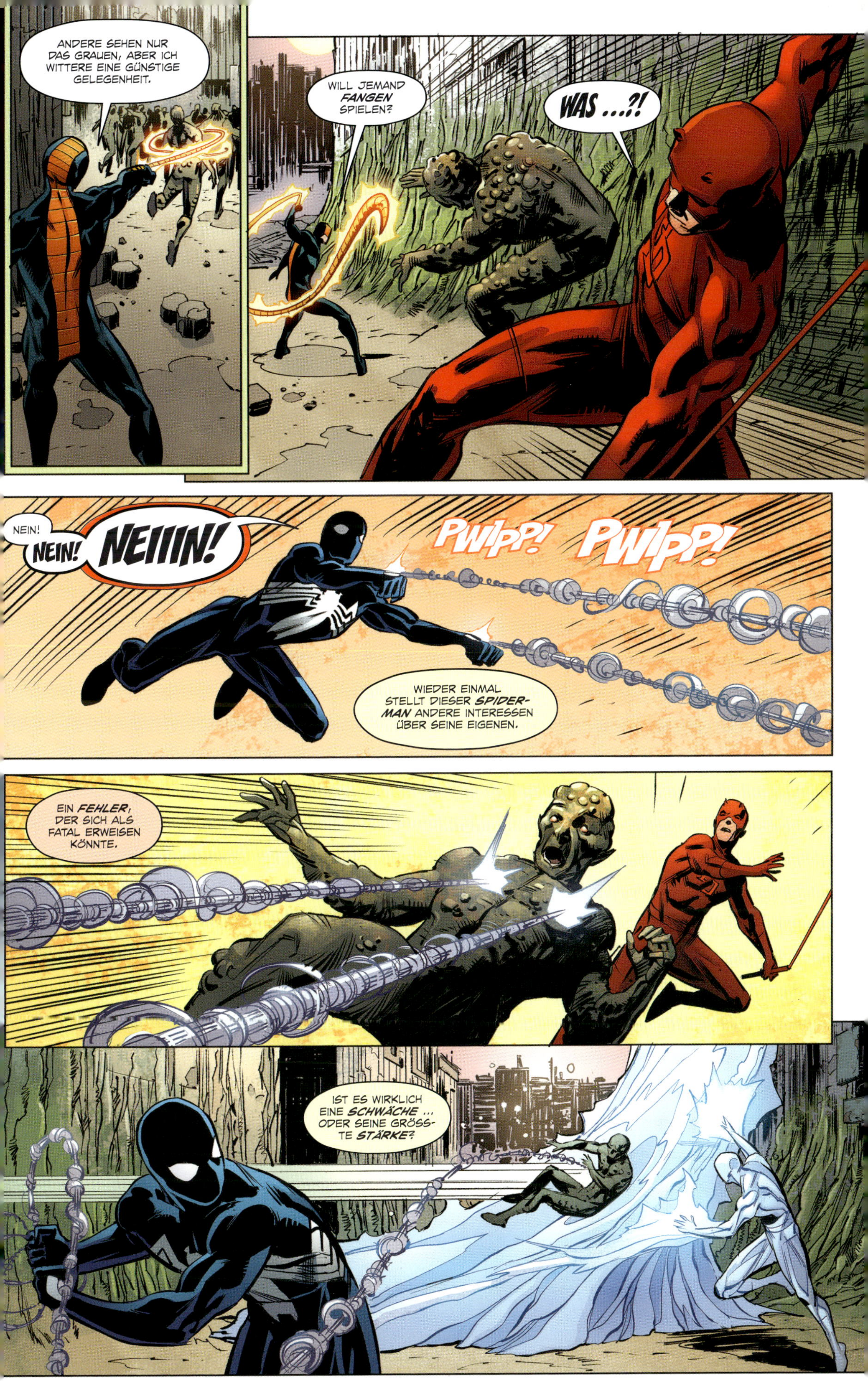

ANDERE SEHEN NUR DAS GRAUEN, ABER ICH WITTERE EINE GÜNSTIGE GELEGENHEIT.

WILL JEMAND *FANGEN* SPIELEN?

WAS ...?!

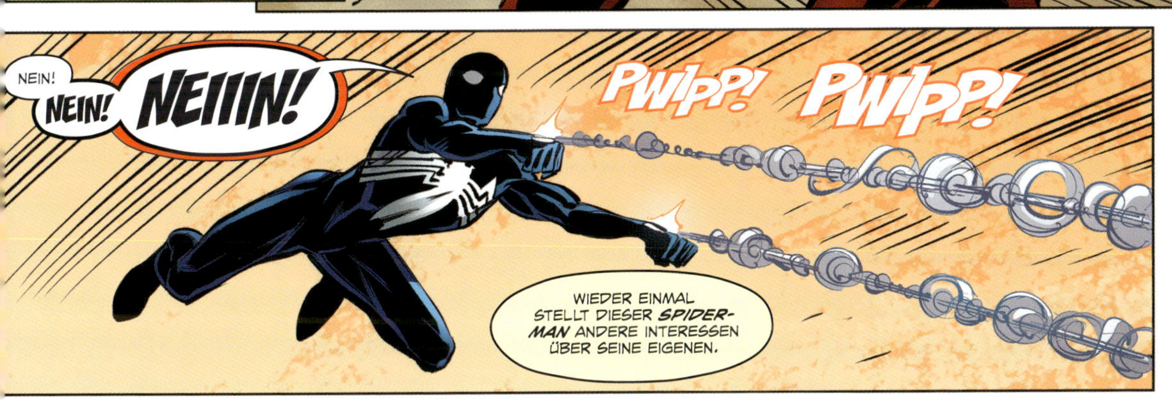

EIN *FEHLER*, DER SICH ALS FATAL ERWEISEN KÖNNTE.

IST ES WIRKLICH EINE *SCHWÄCHE* ... ODER SEINE GRÖSSTE *STÄRKE*?

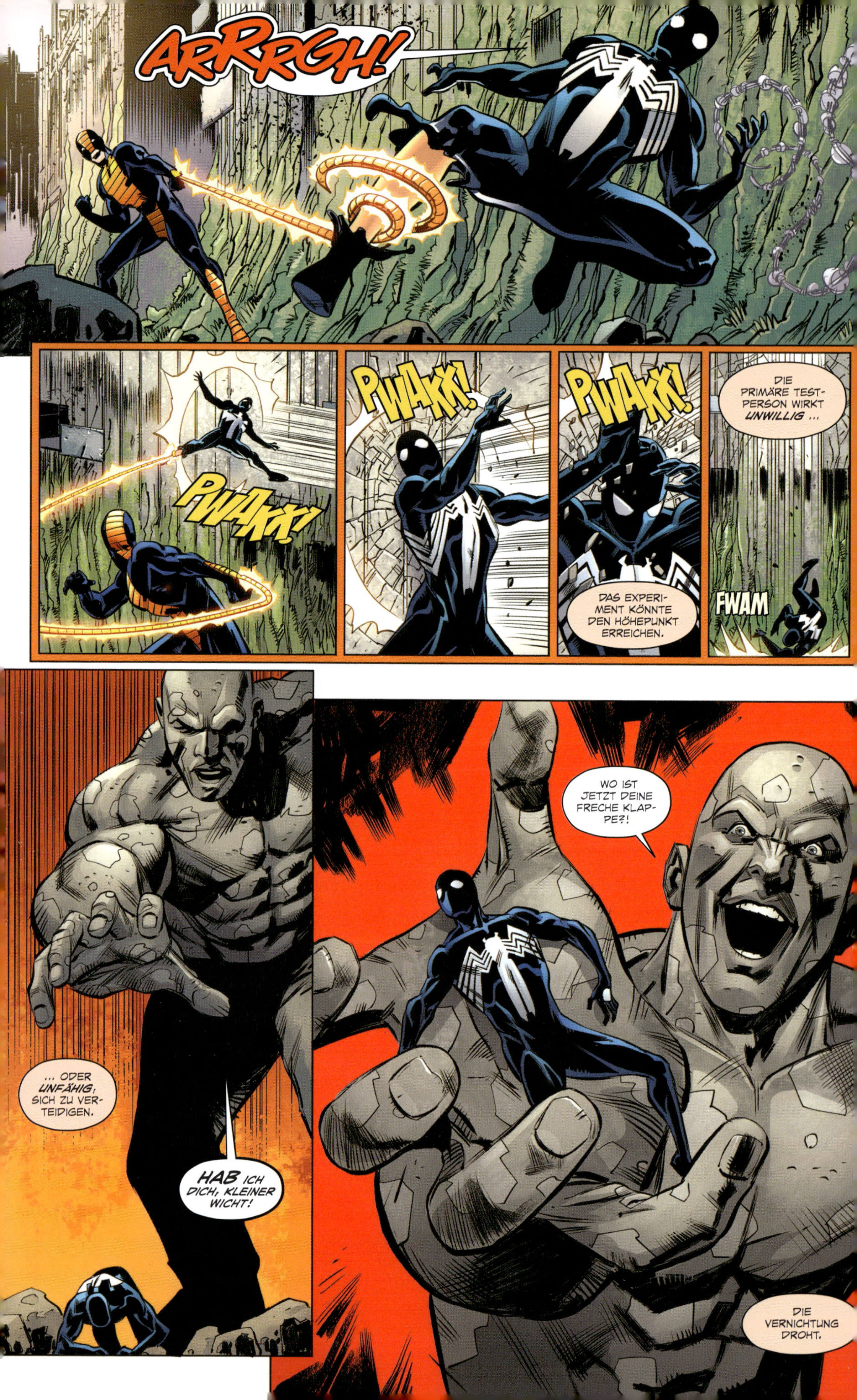

ARRRGH!
PWAKK!
PWAKK!
PWAKK!
DIE PRIMÄRE TEST-PERSON WIRKT *UNWILLIG* ...
DAS EXPERIMENT KÖNNTE DEN HÖHEPUNKT ERREICHEN.
FWAM
... ODER *UNFÄHIG*, SICH ZU VERTEIDIGEN.
HAB ICH DICH, KLEINER WICHT!
WO IST JETZT DEINE FRECHE KLAPPE?!
DIE VERNICHTUNG DROHT.

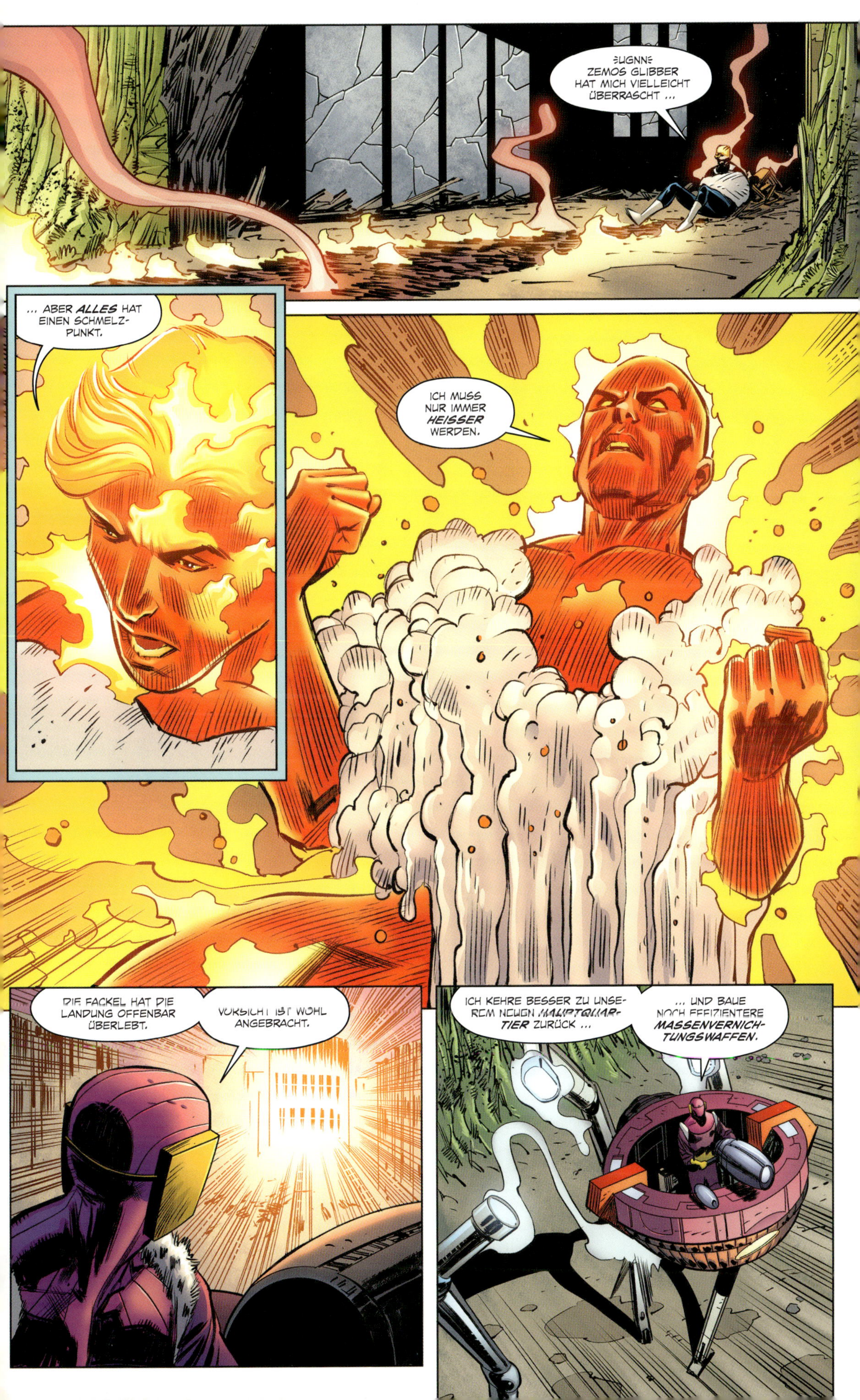
ÜGNN! ZEMOS GLIBBER HAT MICH VIELLEICHT ÜBERRASCHT ...
... ABER ALLES HAT EINEN SCHMELZ-PUNKT.
ICH MUSS NUR IMMER HEISSER WERDEN.
DIE FACKEL HAT DIE LANDUNG OFFENBAR ÜBERLEBT.
VORSICHT IST WOHL ANGEBRACHT.
ICH KEHRE BESSER ZU UNSE-REM NEUEN HAUPTQUAR-TIER ZURÜCK ...
... UND BAUE NOCH EFFIZIENTERE MASSENVERNICH-TUNGSWAFFEN.

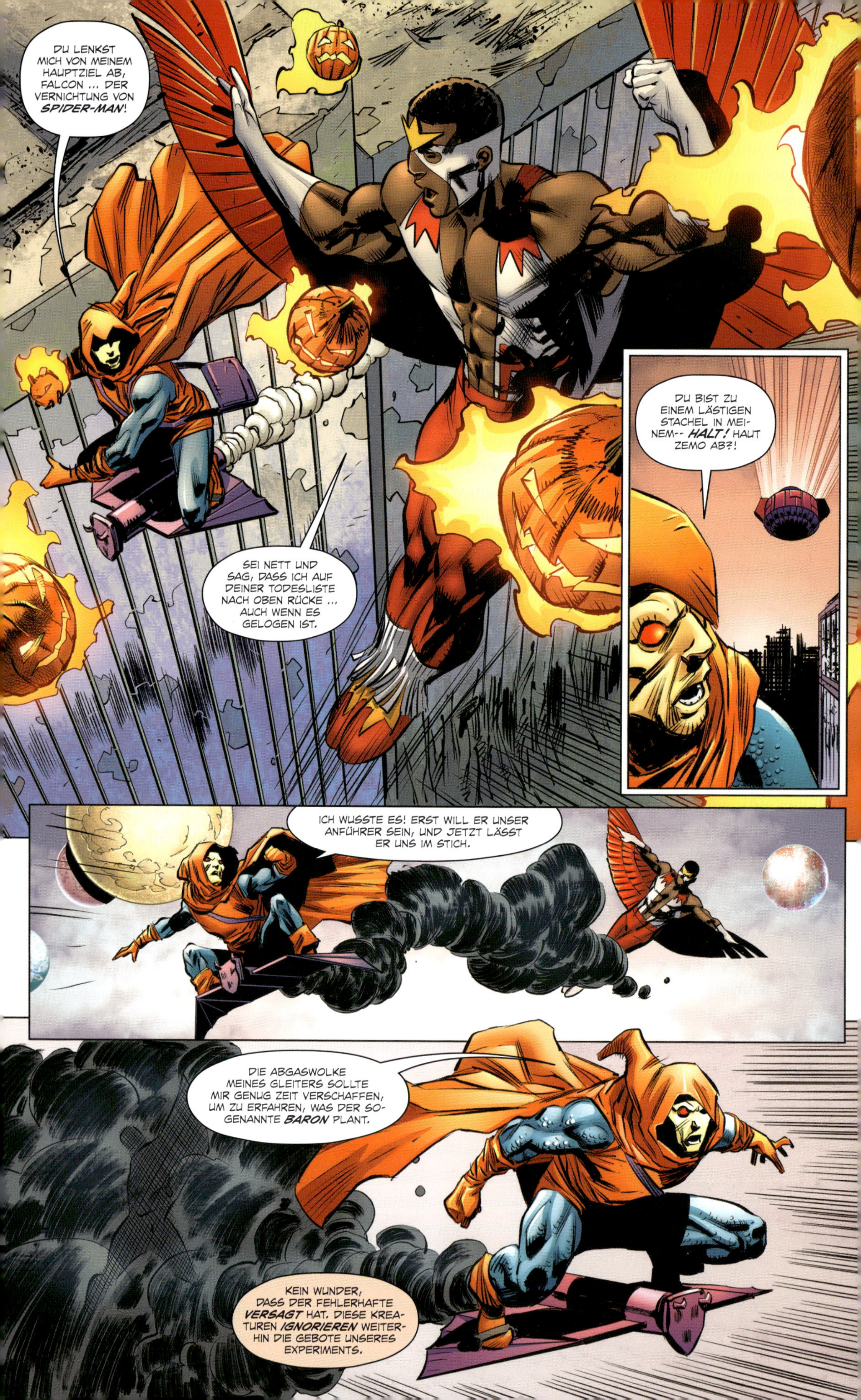
DU LENKST MICH VON MEINEM HAUPTZIEL AB, FALCON ... DER VERNICHTUNG VON SPIDER-MAN!
SEI NETT UND SAG, DASS ICH AUF DEINER TODESLISTE NACH OBEN RÜCKE ... AUCH WENN ES GELOGEN IST.
DU BIST ZU EINEM LÄSTIGEN STACHEL IN MEI-NEM-- HALT! HAUT ZEMO AB?!
ICH WUSSTE ES! ERST WILL ER UNSER ANFÜHRER SEIN, UND JETZT LÄSST ER UNS IM STICH.
DIE ABGASWOLKE MEINES GLEITERS SOLLTE MIR GENUG ZEIT VERSCHAFFEN, UM ZU ERFAHREN, WAS DER SO-GENANNTE BARON PLANT.
KEIN WUNDER, DASS DER FEHLERHAFTE VERSAGT HAT. DIESE KREA-TUREN IGNORIEREN WEITER-HIN DIE GEBOTE UNSERES EXPERIMENTS.

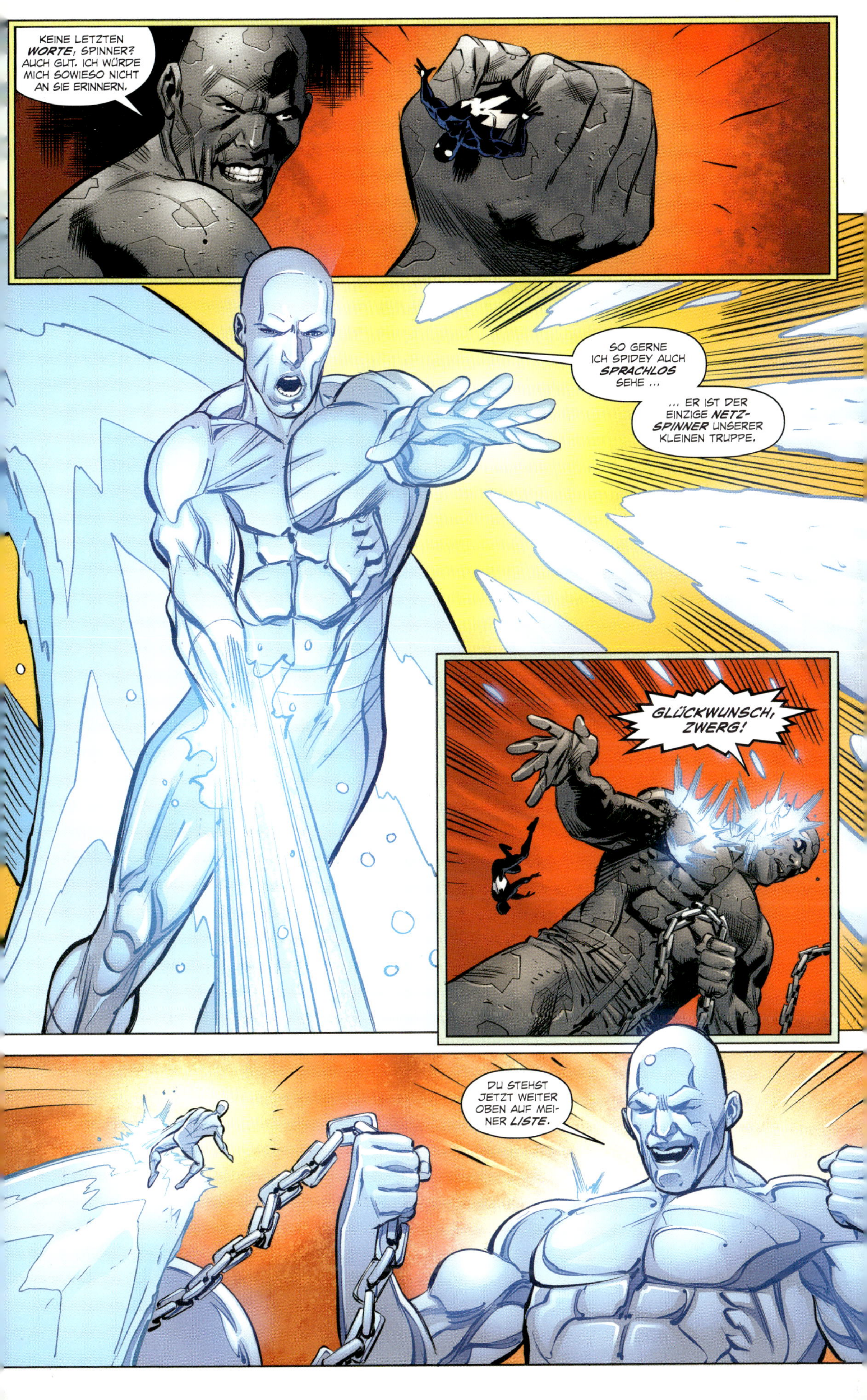
KEINE LETZTEN WORTE, SPINNER? AUCH GUT. ICH WÜRDE MICH SOWIESO NICHT AN SIE ERINNERN.
SO GERNE ICH SPIDEY AUCH SPRACHLOS SEHE ...
... ER IST DER EINZIGE NETZ-SPINNER UNSERER KLEINEN TRUPPE.
GLÜCKWUNSCH, ZWERG!
DU STEHST JETZT WEITER OBEN AUF MEINER LISTE.

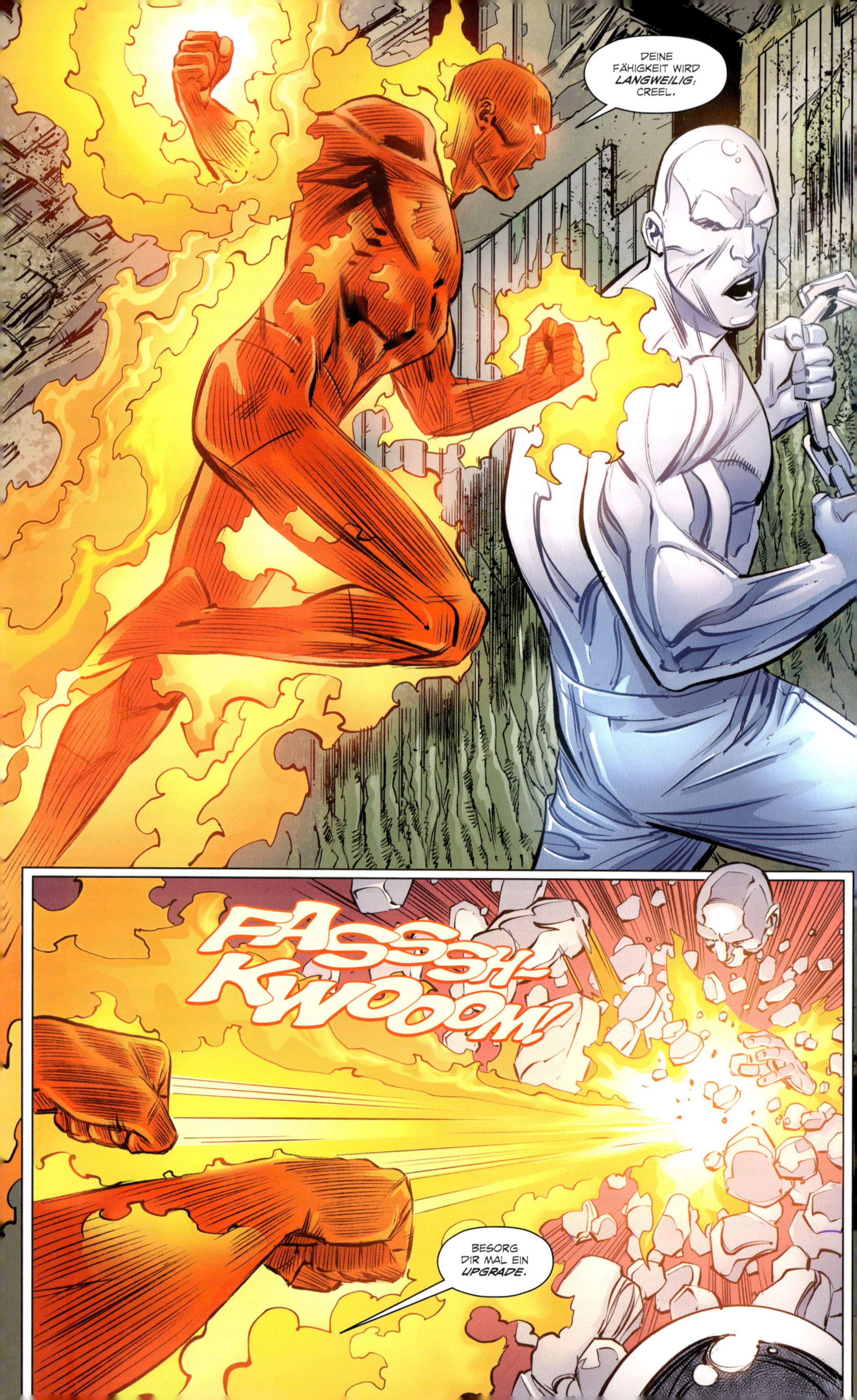
DEINE FÄHIGKEIT WIRD LANGWEILIG, CREEL.
FASSSH-KWOOOM!
BESORG DIR MAL EIN UPGRADE.

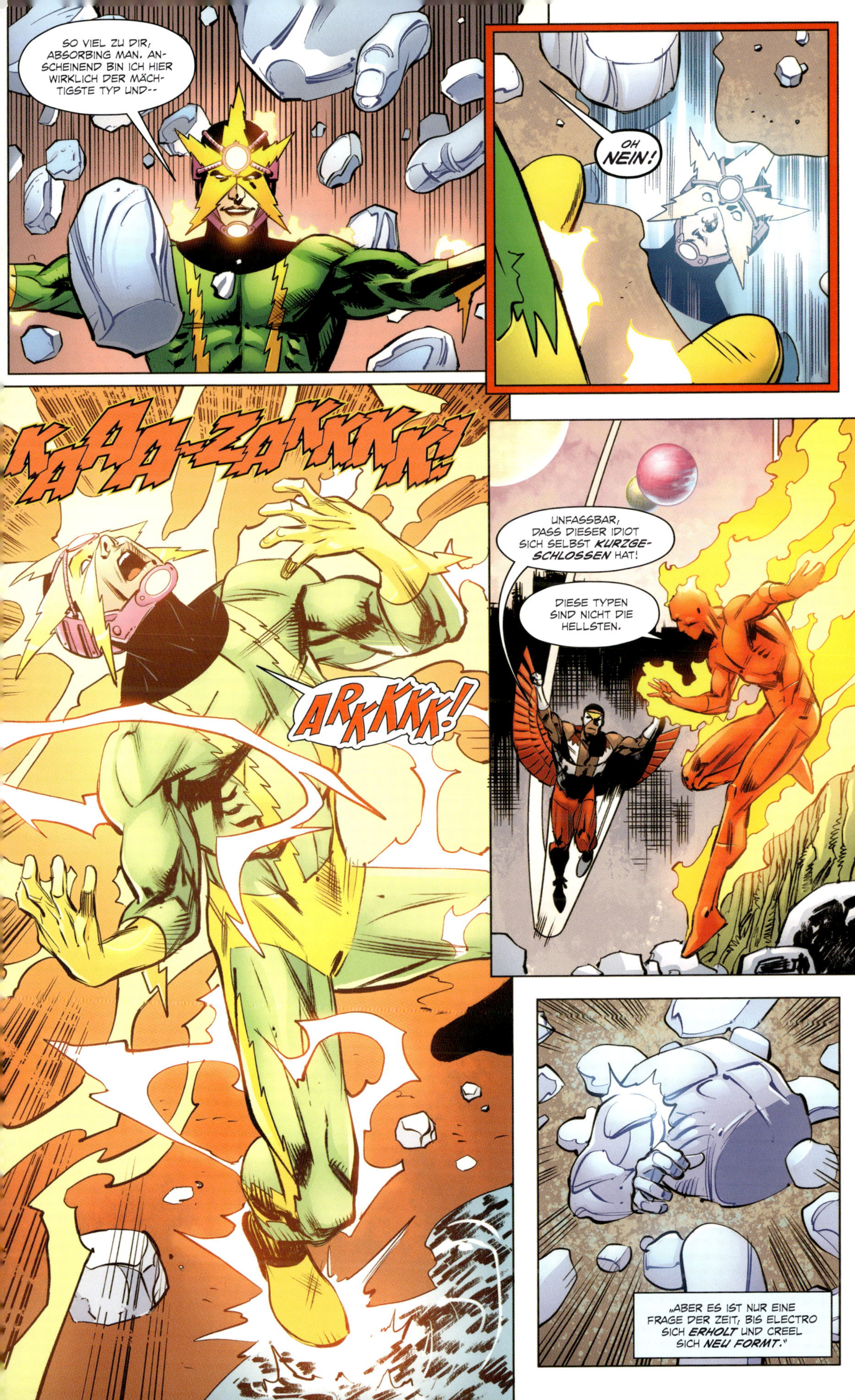
SO VIEL ZU DIR, ABSORBING MAN. ANSCHEINEND BIN ICH HIER WIRKLICH DER MÄCHTIGSTE TYP UND--
OH NEIN!
KAA-ZAKKKK!
ARKKKK!
UNFASSBAR, DASS DIESER IDIOT SICH SELBST KURZGESCHLOSSEN HAT!
DIESE TYPEN SIND NICHT DIE HELLSTEN.
„ABER ES IST NUR EINE FRAGE DER ZEIT, BIS ELECTRO SICH ERHOLT UND CREEL SICH NEU FORMT."

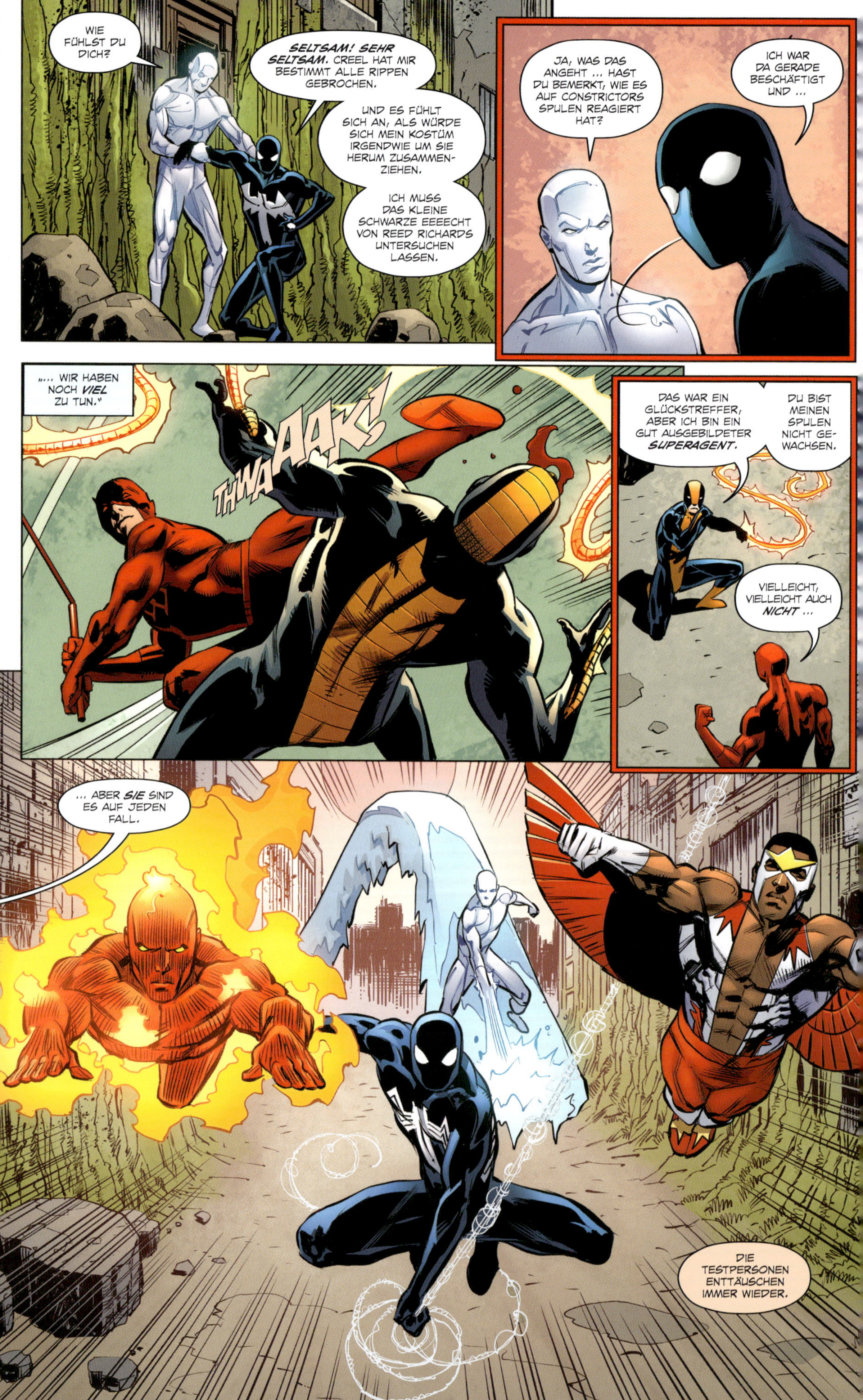
WIE FÜHLST DU DICH?
SELTSAM! SEHR SELTSAM. CREEL HAT MIR BESTIMMT ALLE RIPPEN GEBROCHEN.
UND ES FÜHLT SICH AN, ALS WÜRDE SICH MEIN KOSTÜM IRGENDWIE UM SIE HERUM ZUSAMMENZIEHEN.
ICH MUSS DAS KLEINE SCHWARZE EEEECHT VON REED RICHARDS UNTERSUCHEN LASSEN.
JA, WAS DAS ANGEHT ... HAST DU BEMERKT, WIE ES AUF CONSTRICTORS SPULEN REAGIERT HAT?
ICH WAR DA GERADE BESCHÄFTIGT UND ...
„... WIR HABEN NOCH VIEL ZU TUN."
THWAAAK!
DU BIST MEINEN SPULEN NICHT GEWACHSEN.
DAS WAR EIN GLÜCKSTREFFER, ABER ICH BIN EIN GUT AUSGEBILDETER SUPERAGENT.
VIELLEICHT, VIELLEICHT AUCH NICHT ...
... ABER SIE SIND ES AUF JEDEN FALL.
DIE TESTPERSONEN ENTTÄUSCHEN IMMER WIEDER.

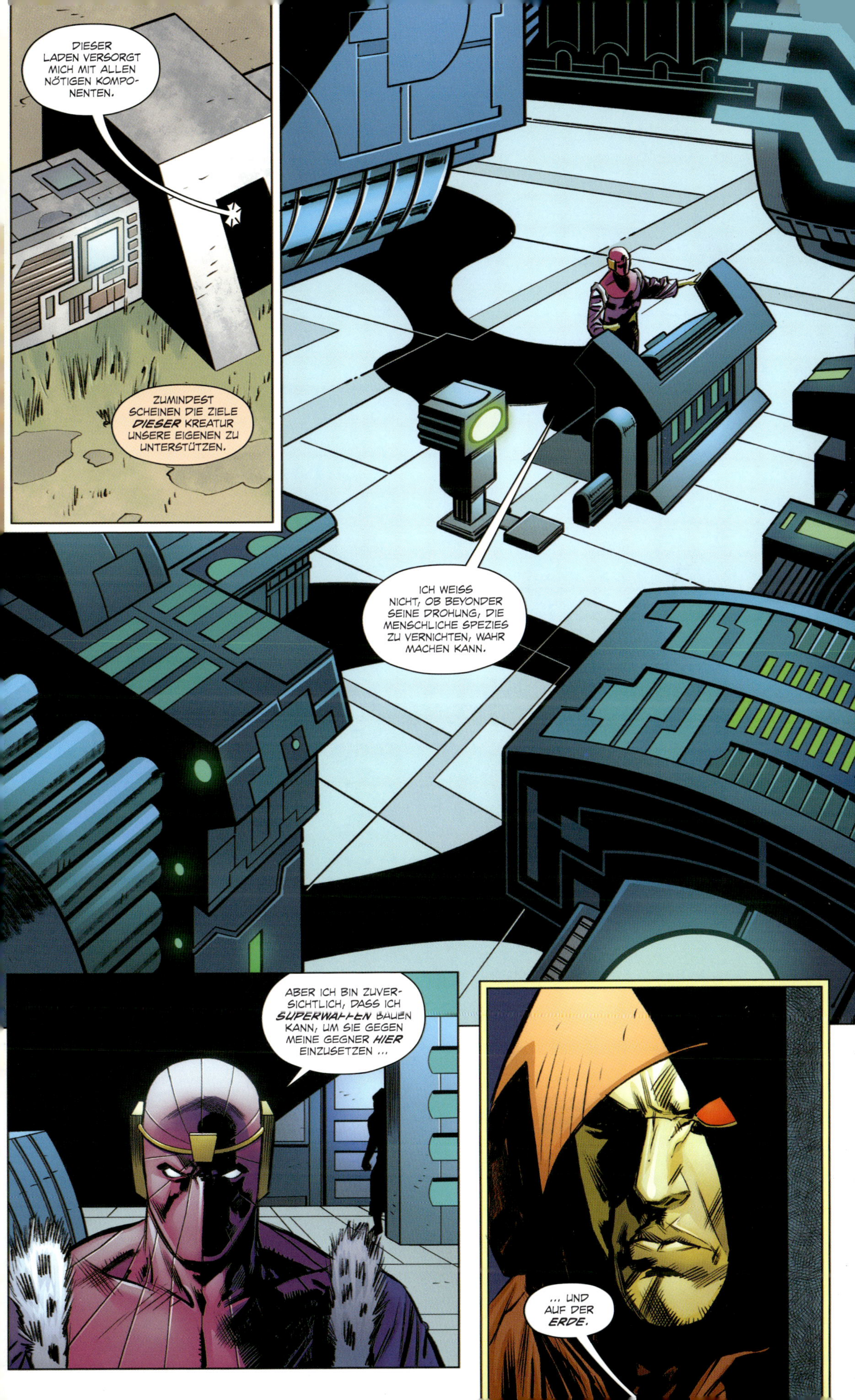
DIESER LADEN VERSORGT MICH MIT ALLEN NÖTIGEN KOMPONENTEN.
ZUMINDEST SCHEINEN DIE ZIELE DIESER KREATUR UNSERE EIGENEN ZU UNTERSTÜTZEN.
ICH WEISS NICHT, OB BEYONDER SEINE DROHUNG, DIE MENSCHLICHE SPEZIES ZU VERNICHTEN, WAHR MACHEN KANN.
ABER ICH BIN ZUVERSICHTLICH, DASS ICH SUPERWAFFEN BAUEN KANN, UM SIE GEGEN MEINE GEGNER HIER EINZUSETZEN ...
... UND AUF DER ERDE.

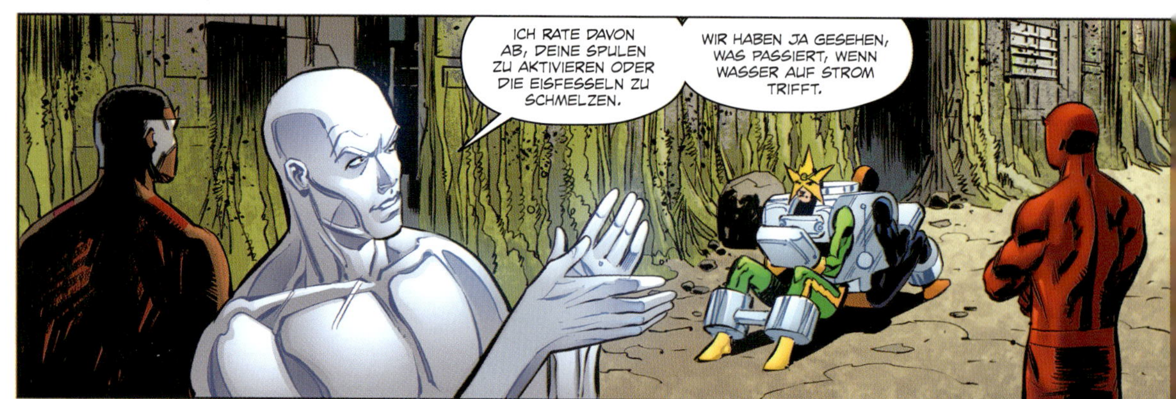
ICH RATE DAVON AB, DEINE SPULEN ZU AKTIVIEREN ODER DIE EISFESSELN ZU SCHMELZEN.
WIR HABEN JA GESEHEN, WAS PASSIERT, WENN WASSER AUF STROM TRIFFT.

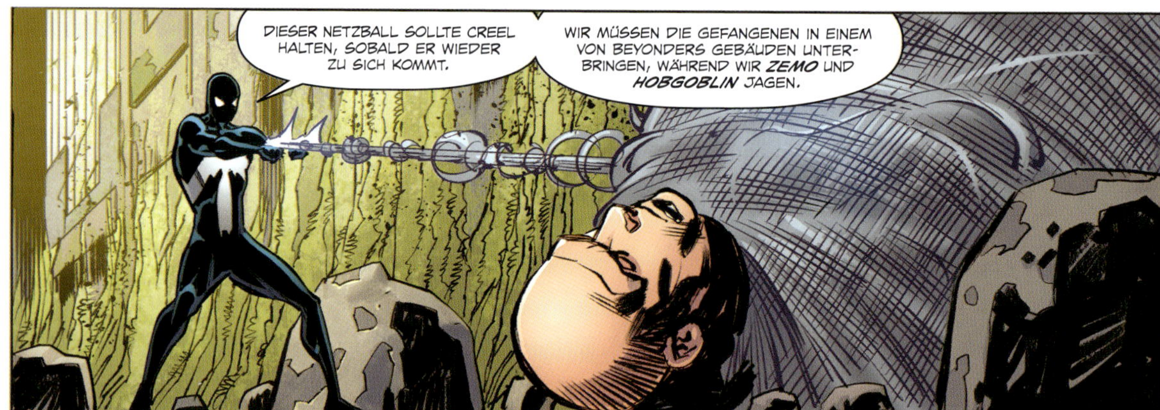
DIESER NETZBALL SOLLTE CREEL HALTEN, SOBALD ER WIEDER ZU SICH KOMMT.
WIR MÜSSEN DIE GEFANGENEN IN EINEM VON BEYONDERS GEBÄUDEN UNTER-BRINGEN, WÄHREND WIR ZEMO UND HOBGOBLIN JAGEN.

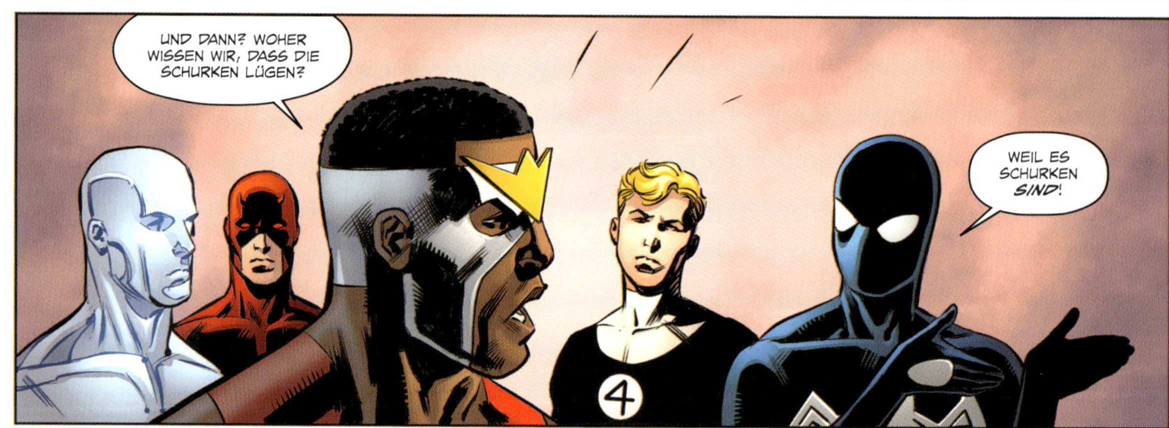
UND DANN? WOHER WISSEN WIR, DASS DIE SCHURKEN LÜGEN?
WEIL ES SCHURKEN SIND!

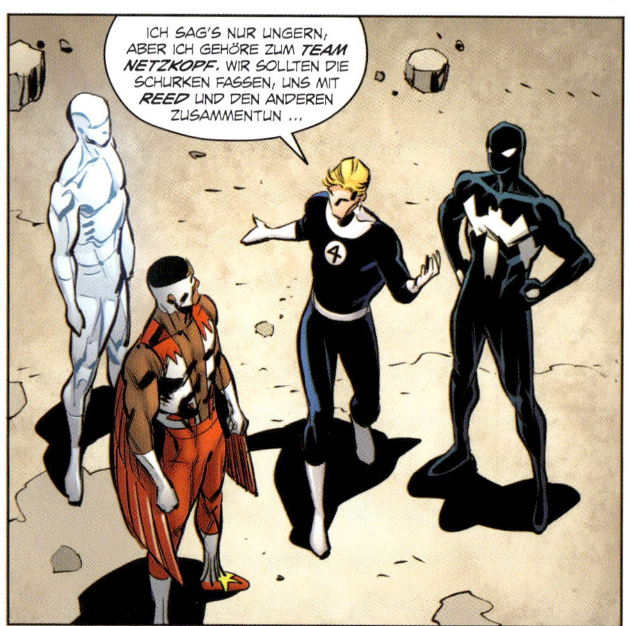
ICH SAG'S NUR UNGERN, ABER ICH GEHÖRE ZUM TEAM NETZKOPF. WIR SOLLTEN DIE SCHURKEN FASSEN, UNS MIT REED UND DEN ANDEREN ZUSAMMENTUN ...

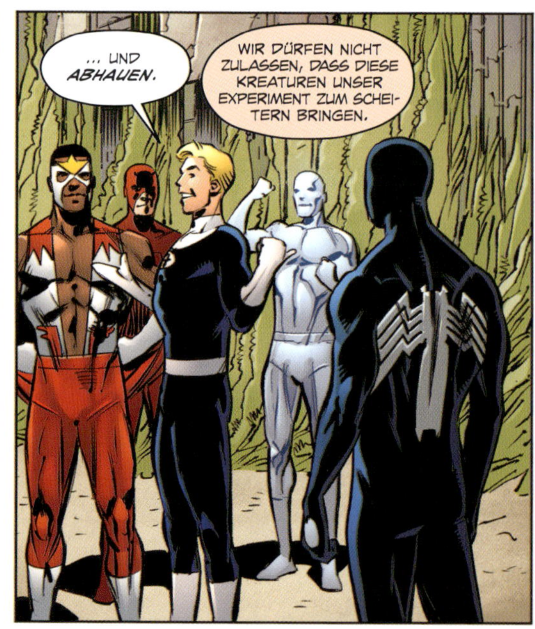
... UND ABHAUEN.
WIR DÜRFEN NICHT ZULASSEN, DASS DIESE KREATUREN UNSER EXPERIMENT ZUM SCHEI-TERN BRINGEN.

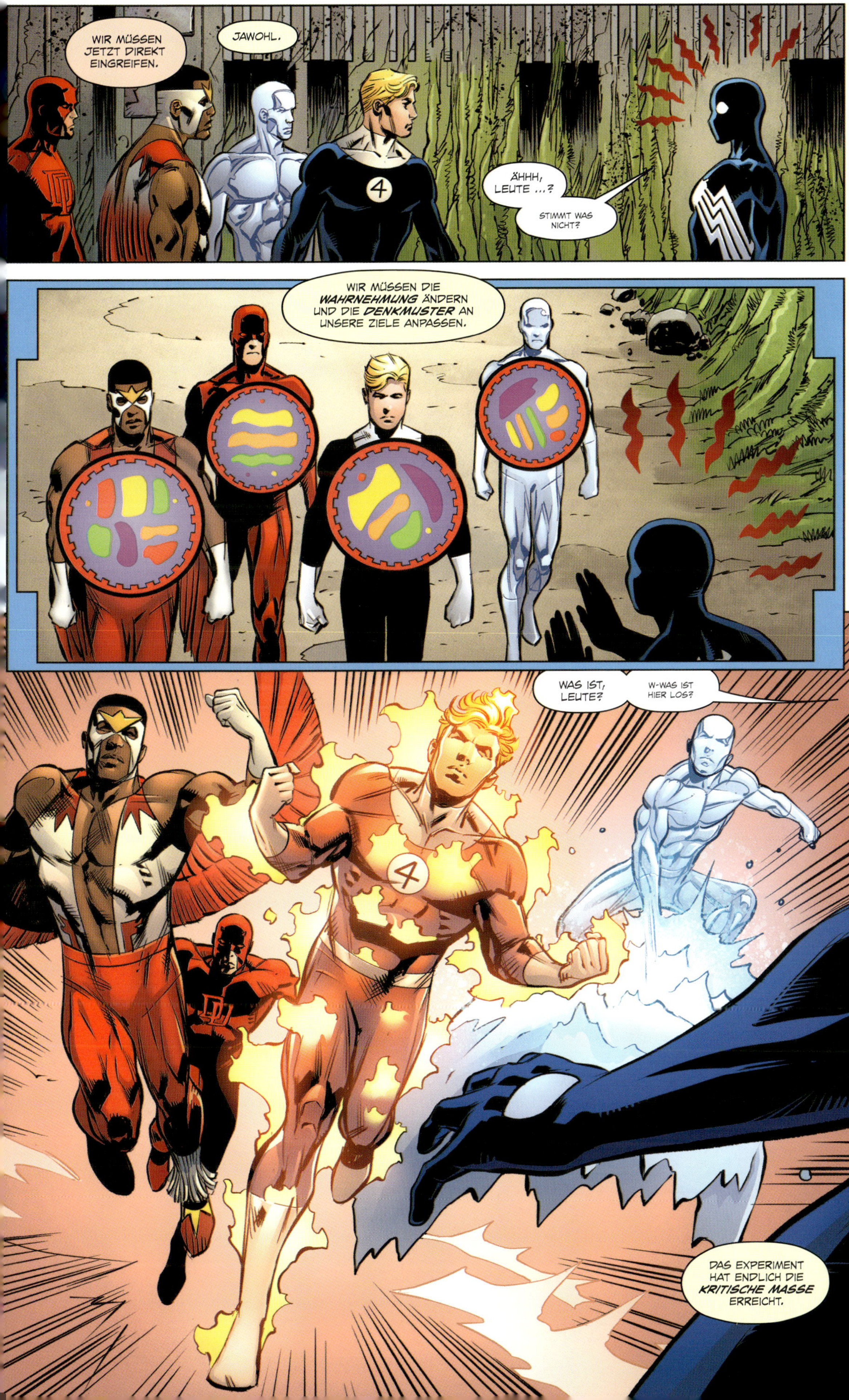

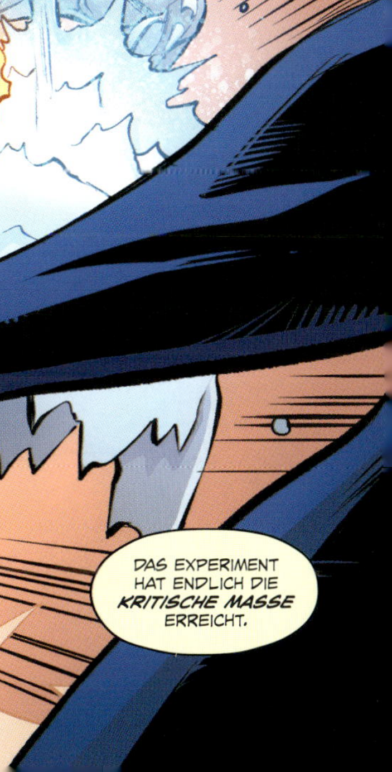
WIR MÜSSEN JETZT DIREKT EINGREIFEN.
JAWOHL.
ÄHHH, LEUTE ...?
STIMMT WAS NICHT?
WIR MÜSSEN DIE WAHRNEHMUNG ÄNDERN UND DIE DENKMUSTER AN UNSERE ZIELE ANPASSEN.
WAS IST, LEUTE?
W-WAS IST HIER LOS?
DAS EXPERIMENT HAT ENDLICH DIE KRITISCHE MASSE ERREICHT.

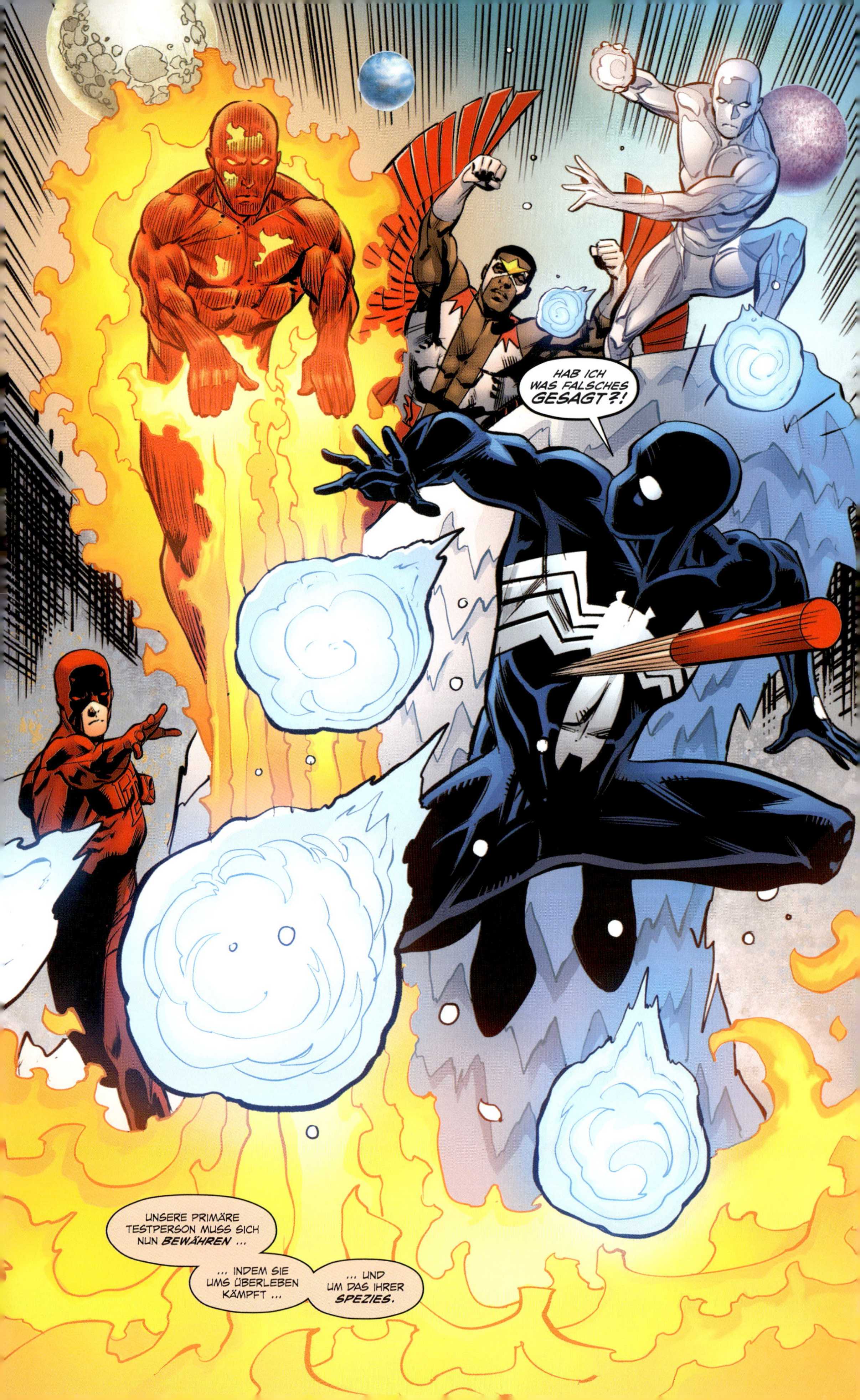
HAB ICH WAS FALSCHES GESAGT?!
UNSERE PRIMÄRE TESTPERSON MUSS SICH NUN BEWÄHREN ...
... INDEM SIE UMS ÜBERLEBEN KÄMPFT ...
... UND UM DAS IHRER SPEZIES.

SELBST HELDEN KÖNNEN STERBEN!

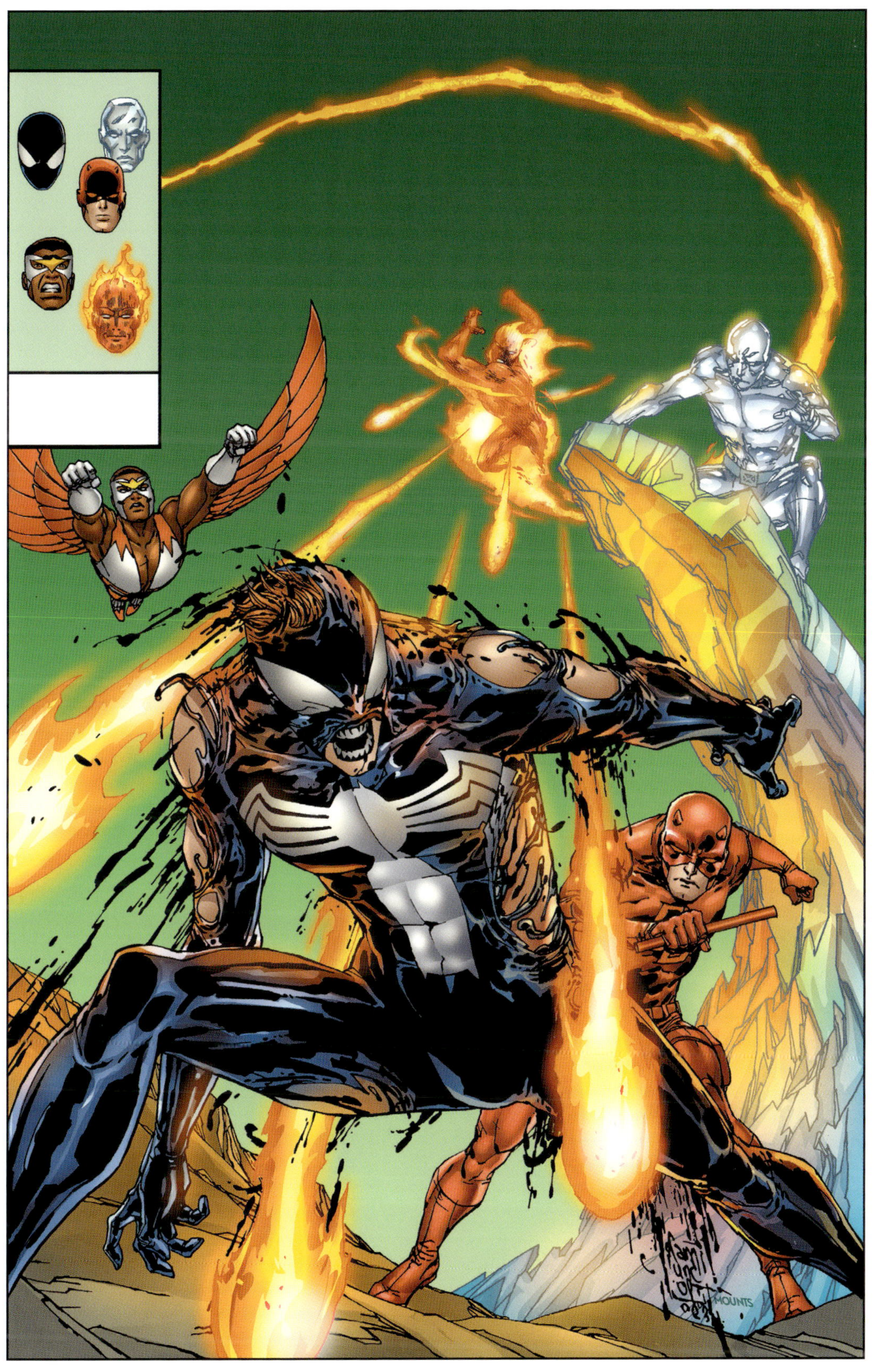

Marvel Super Heroes Secret Wars: Battleworld (2024) 4
Cover von **GIUSEPPE CAMUNCOLI**

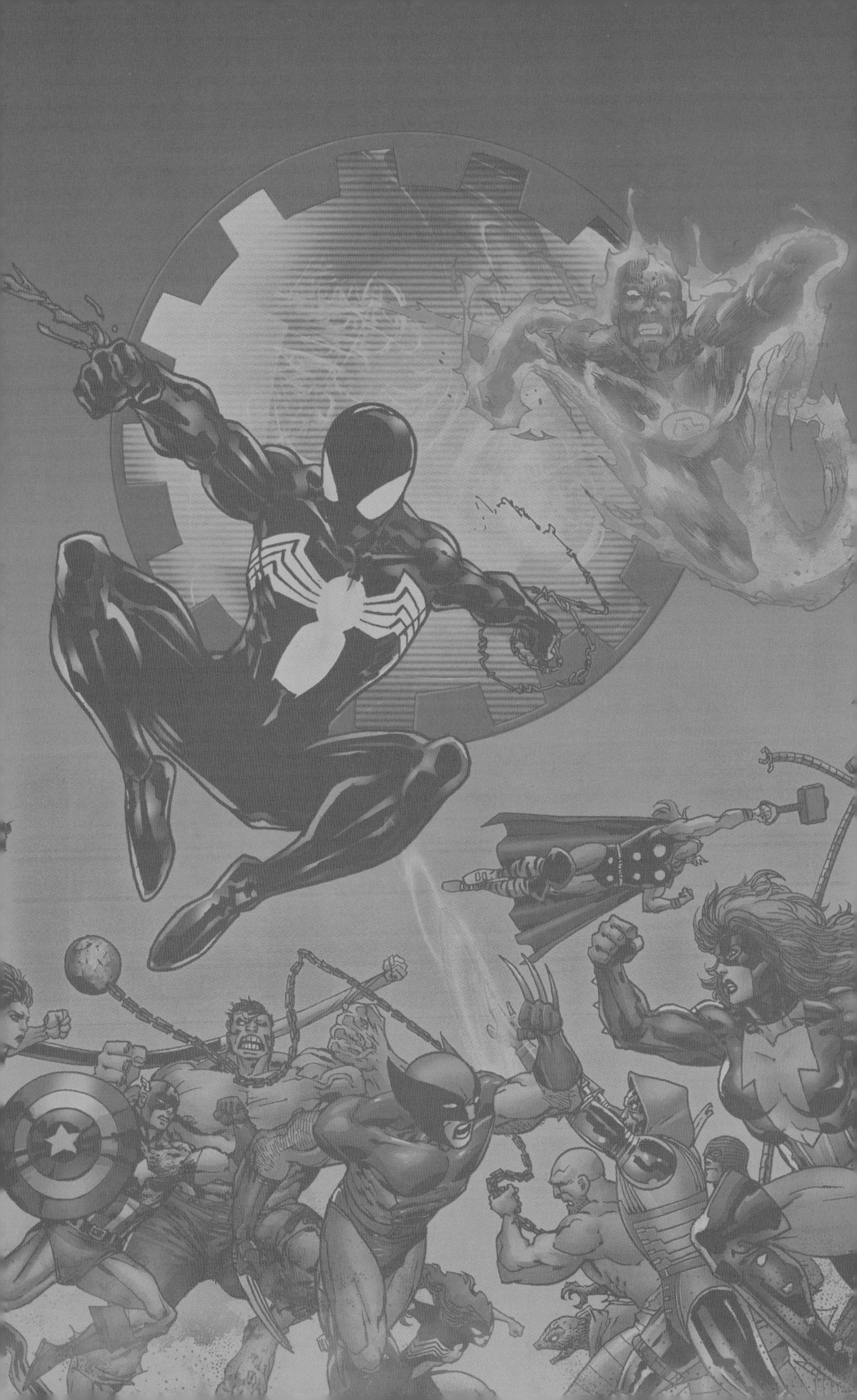

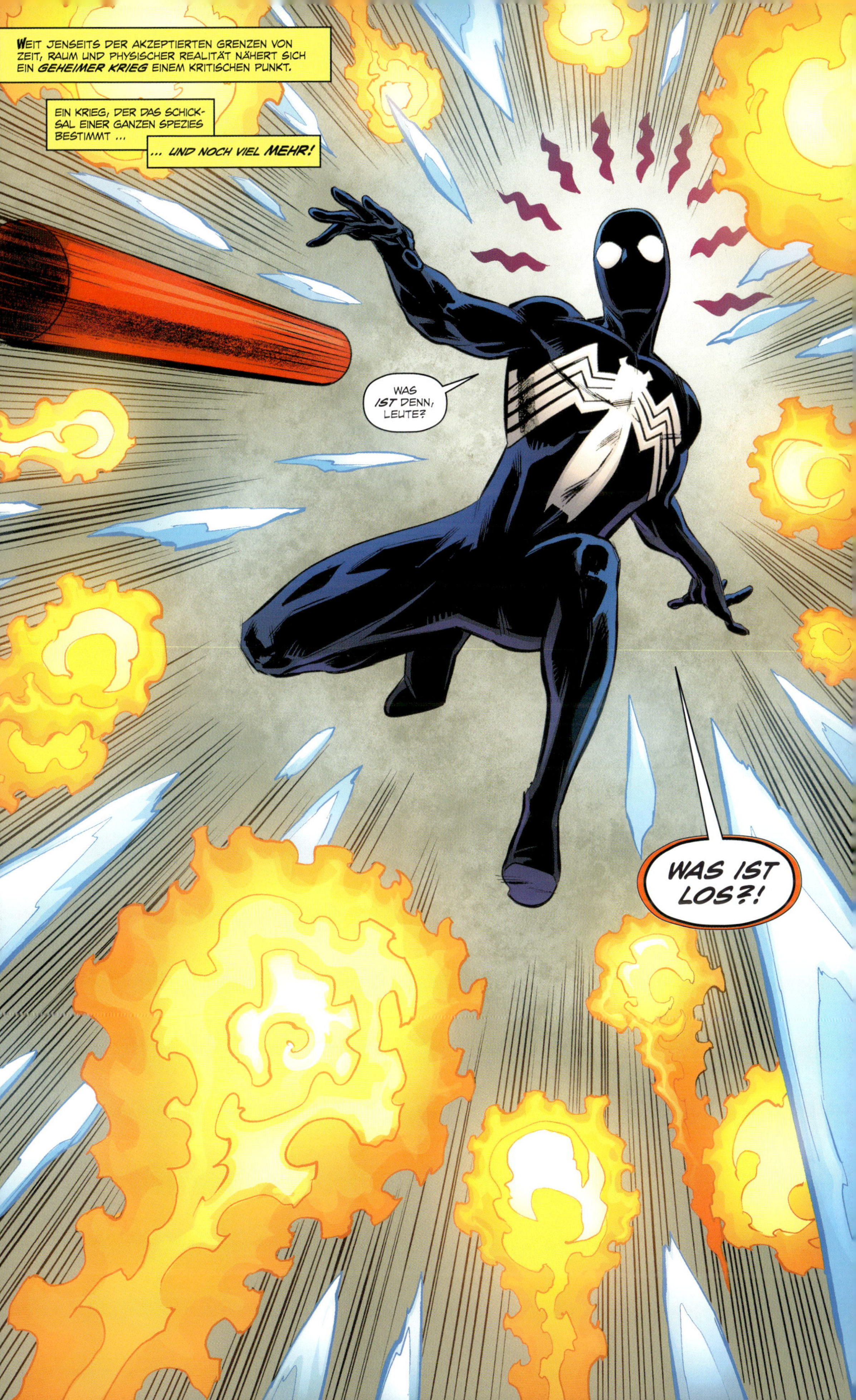
WEIT JENSEITS DER AKZEPTIERTEN GRENZEN VON ZEIT, RAUM UND PHYSISCHER REALITÄT NÄHERT SICH EIN GEHEIMER KRIEG EINEM KRITISCHEN PUNKT.
EIN KRIEG, DER DAS SCHICKSAL EINER GANZEN SPEZIES BESTIMMT ...
... UND NOCH VIEL MEHR!
WAS IST DENN, LEUTE?
WAS IST LOS?!

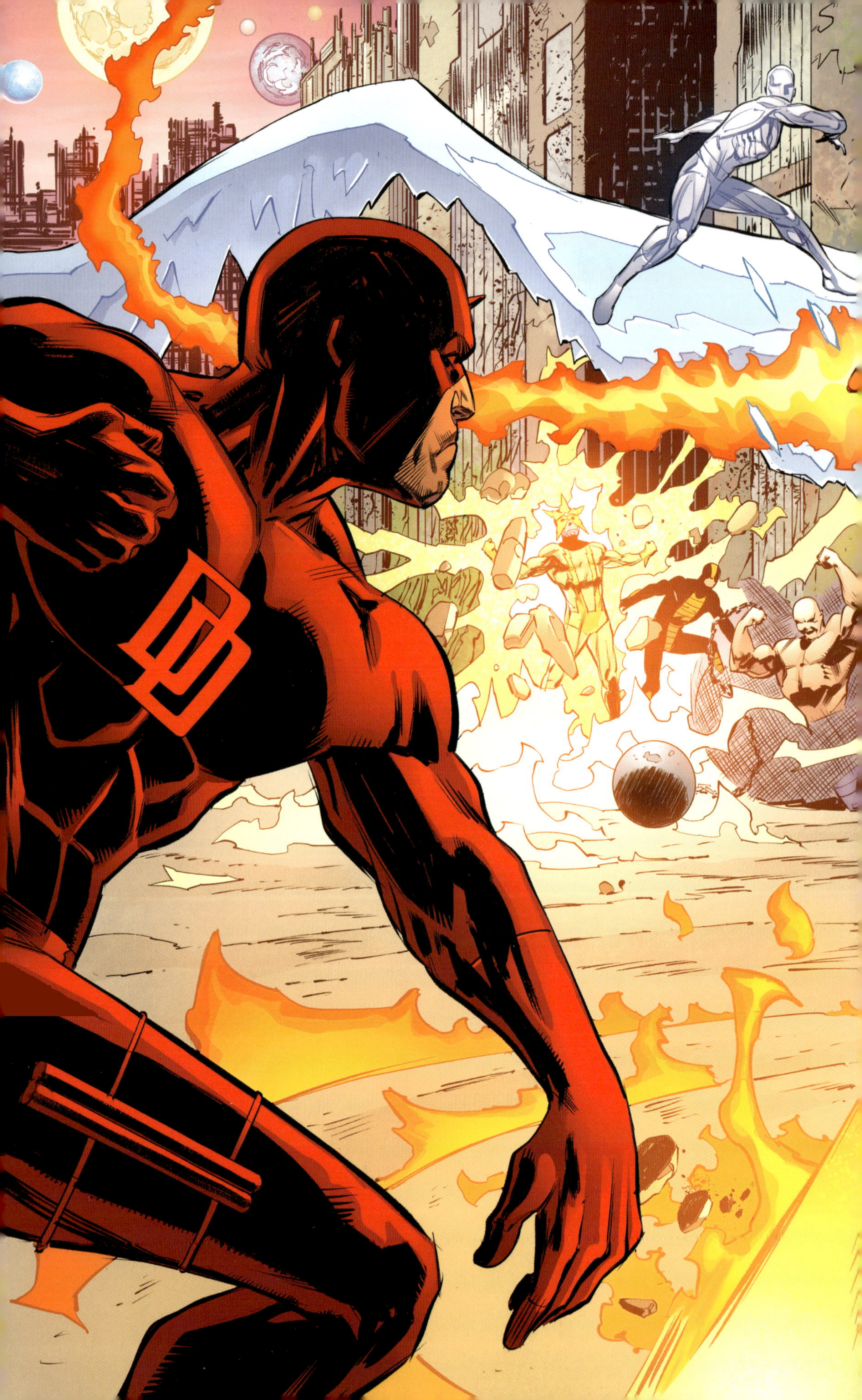

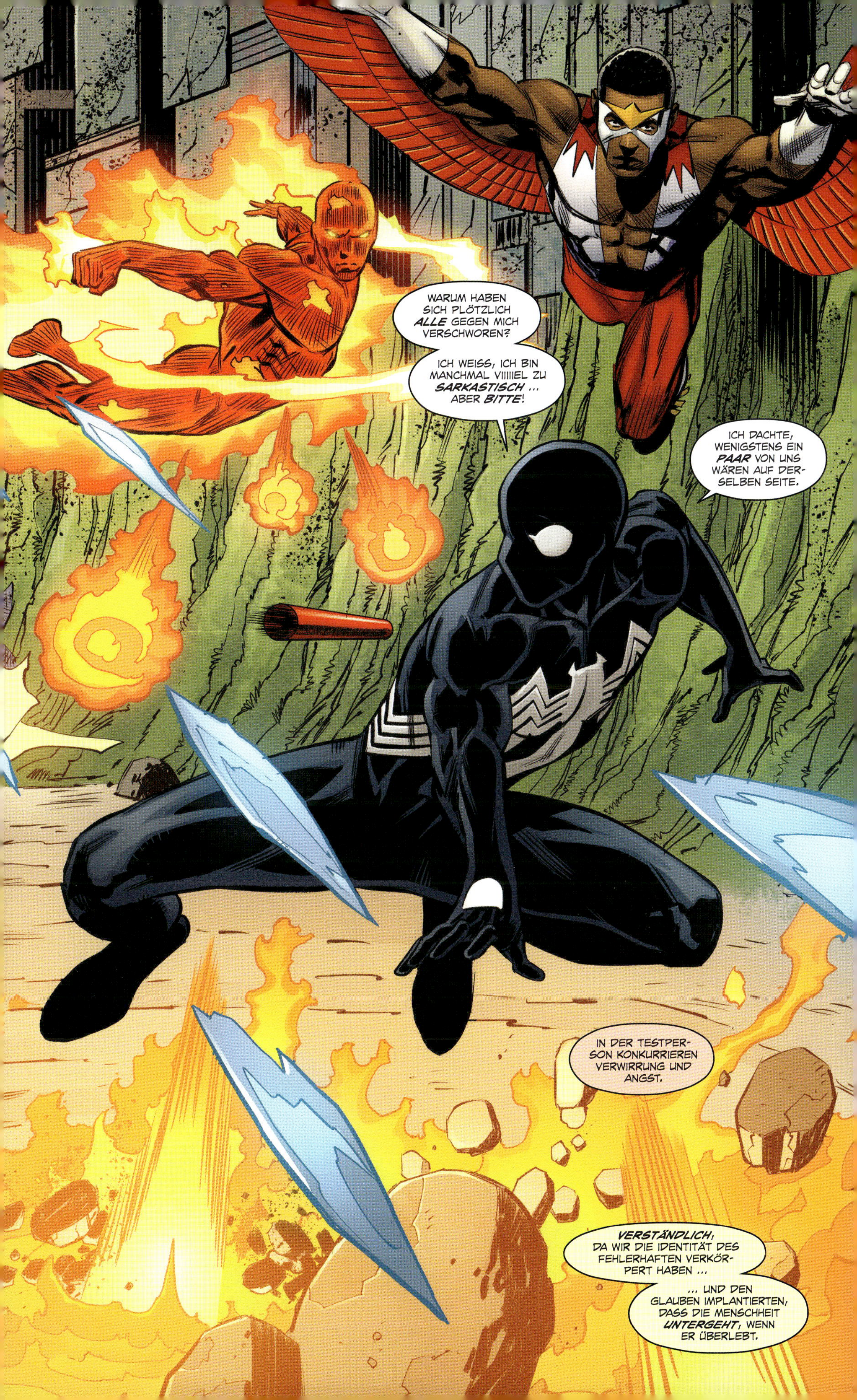
WARUM HABEN SICH PLÖTZLICH ALLE GEGEN MICH VERSCHWOREN?
ICH WEISS, ICH BIN MANCHMAL VIIIIIEL ZU SARKASTISCH ... ABER BITTE!
ICH DACHTE, WENIGSTENS EIN PAAR VON UNS WÄREN AUF DER-SELBEN SEITE.
IN DER TESTPER-SON KONKURRIEREN VERWIRRUNG UND ANGST.
VERSTÄNDLICH, DA WIR DIE IDENTITÄT DES FEHLERHAFTEN VERKÖR-PERT HABEN ...
... UND DEN GLAUBEN IMPLANTIERTEN, DASS DIE MENSCHHEIT UNTERGEHT, WENN ER ÜBERLEBT.

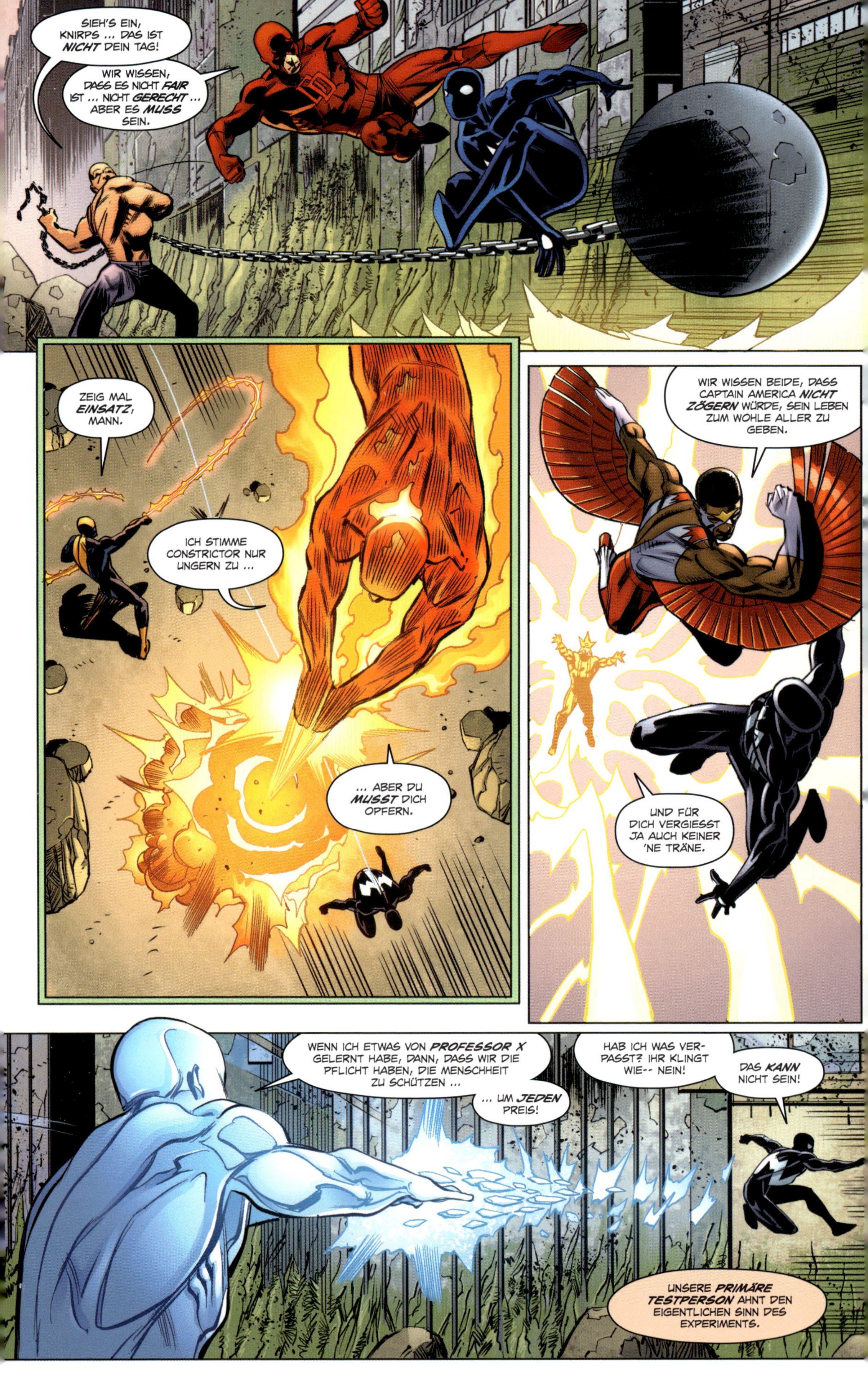
SIEH'S EIN, KNIRPS ... DAS IST NICHT DEIN TAG!
WIR WISSEN, DASS ES NICHT FAIR IST ... NICHT GERECHT ... ABER ES MUSS SEIN.
ZEIG MAL EINSATZ, MANN.
ICH STIMME CONSTRICTOR NUR UNGERN ZU ...
... ABER DU MUSST DICH OPFERN.
WIR WISSEN BEIDE, DASS CAPTAIN AMERICA NICHT ZÖGERN WÜRDE, SEIN LEBEN ZUM WOHLE ALLER ZU GEBEN.
UND FÜR DICH VERGIESST JA AUCH KEINER 'NE TRÄNE.
WENN ICH ETWAS VON PROFESSOR X GELERNT HABE, DANN, DASS WIR DIE PFLICHT HABEN, DIE MENSCHHEIT ZU SCHÜTZEN ...
... UM JEDEN PREIS!
HAB ICH WAS VERPASST? IHR KLINGT WIE-- NEIN!
DAS KANN NICHT SEIN!
UNSERE PRIMÄRE TESTPERSON AHNT DEN EIGENTLICHEN SINN DES EXPERIMENTS.

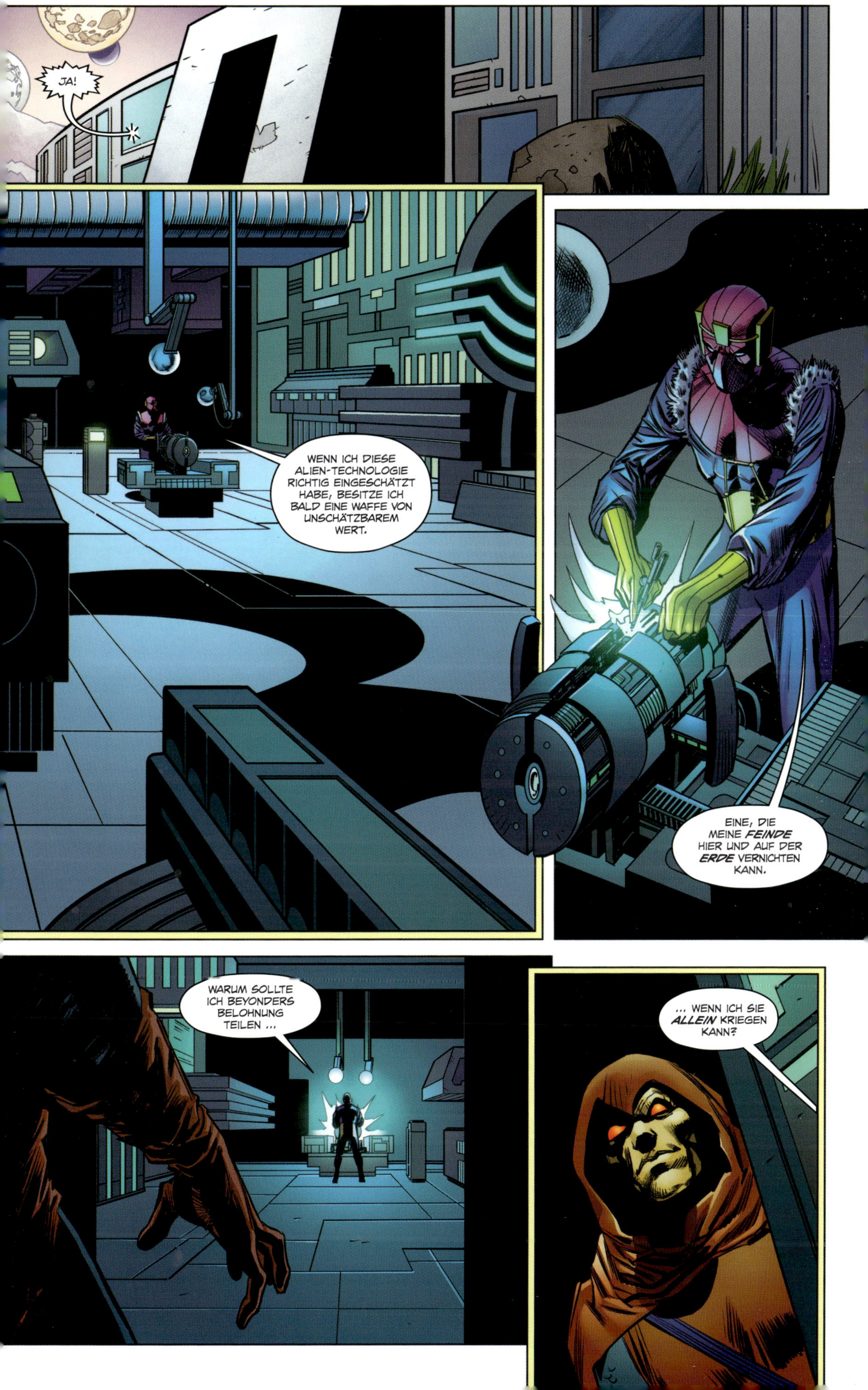

JA!

WENN ICH DIESE ALIEN-TECHNOLOGIE RICHTIG EINGESCHÄTZT HABE, BESITZE ICH BALD EINE WAFFE VON UNSCHÄTZBAREM WERT.

EINE, DIE MEINE *FEINDE* HIER UND AUF DER *ERDE* VERNICHTEN KANN.

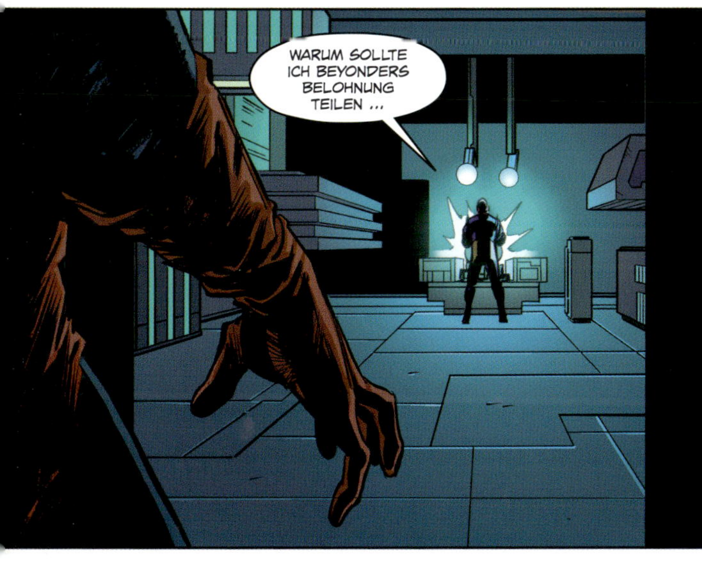

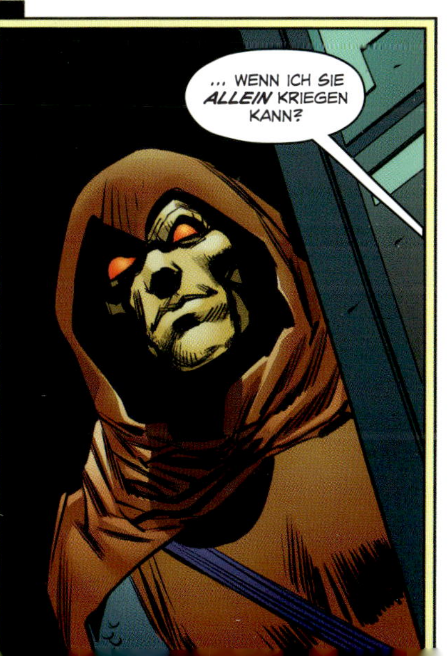

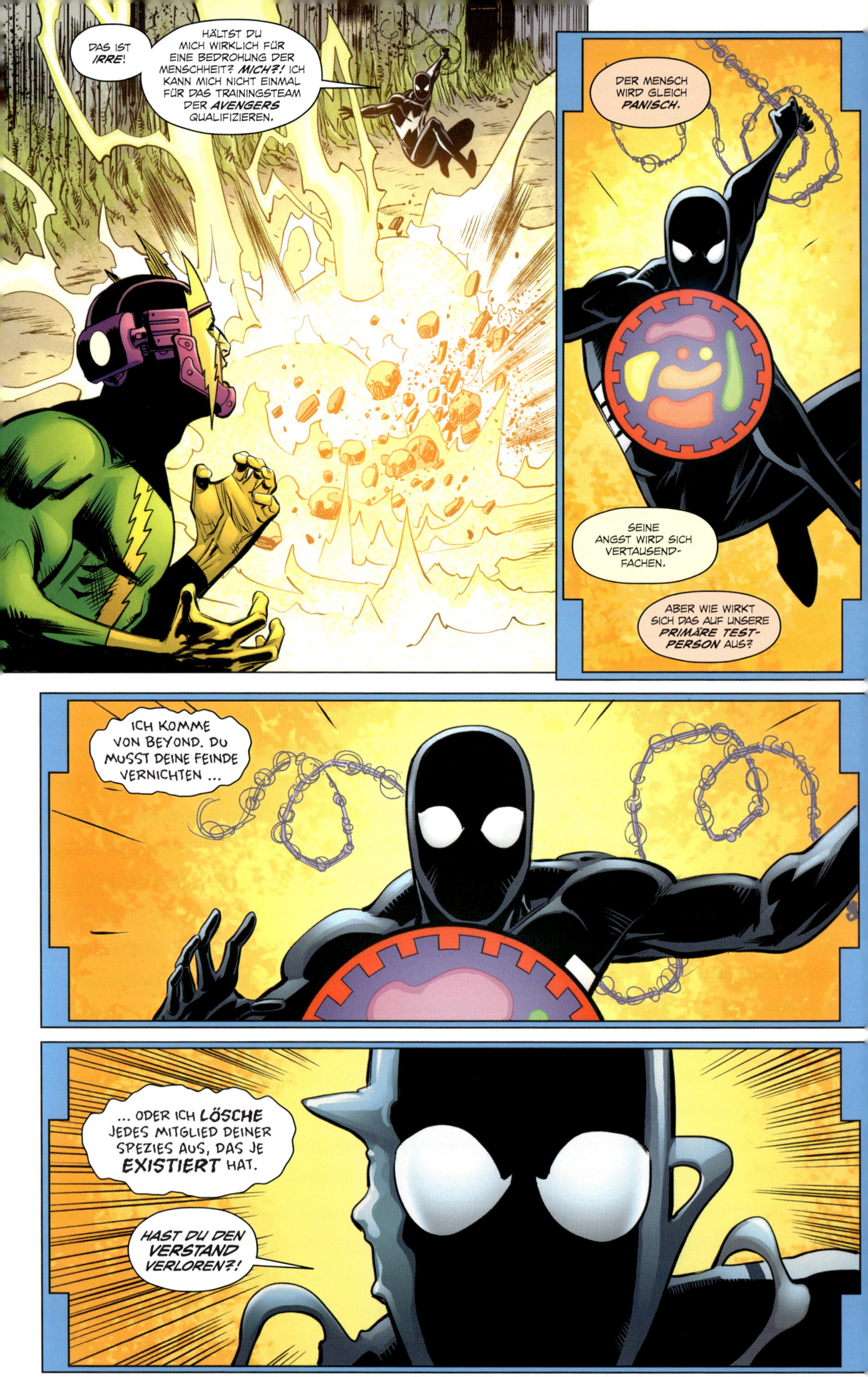

DAS IST *IRRE*!
HÄLTST DU MICH WIRKLICH FÜR EINE BEDROHUNG DER MENSCHHEIT? *MICH?!* ICH KANN MICH NICHT EINMAL FÜR DAS TRAININGSTEAM DER ***AVENGERS*** QUALIFIZIEREN.

DER MENSCH WIRD GLEICH ***PANISCH.***

SEINE ANGST WIRD SICH VERTAUSEND-FACHEN.

ABER WIE WIRKT SICH DAS AUF UNSERE ***PRIMÄRE TEST-PERSON*** AUS?

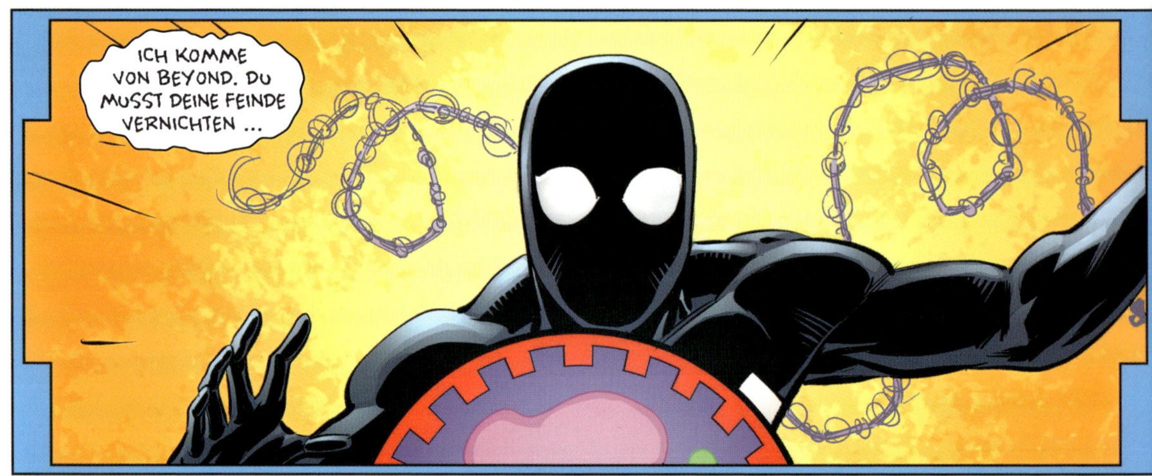

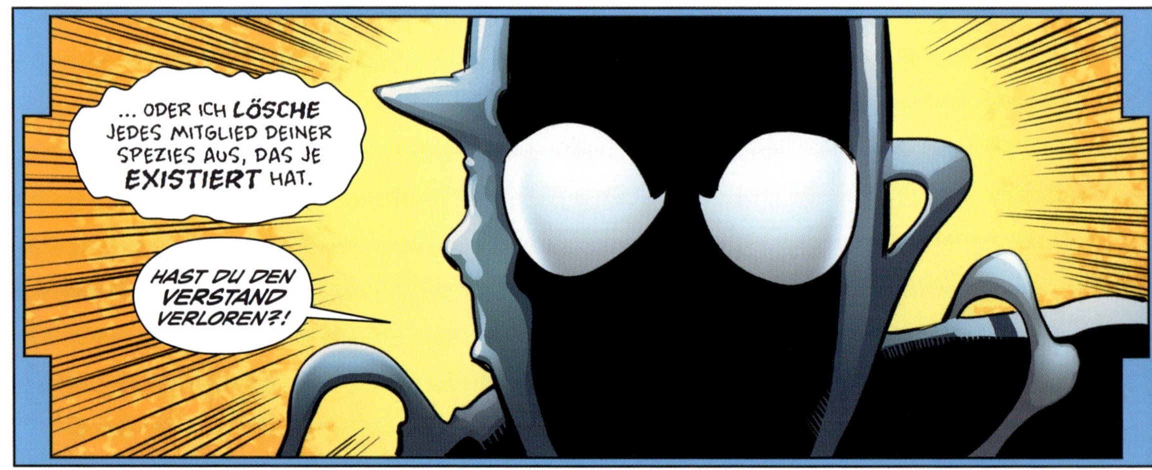

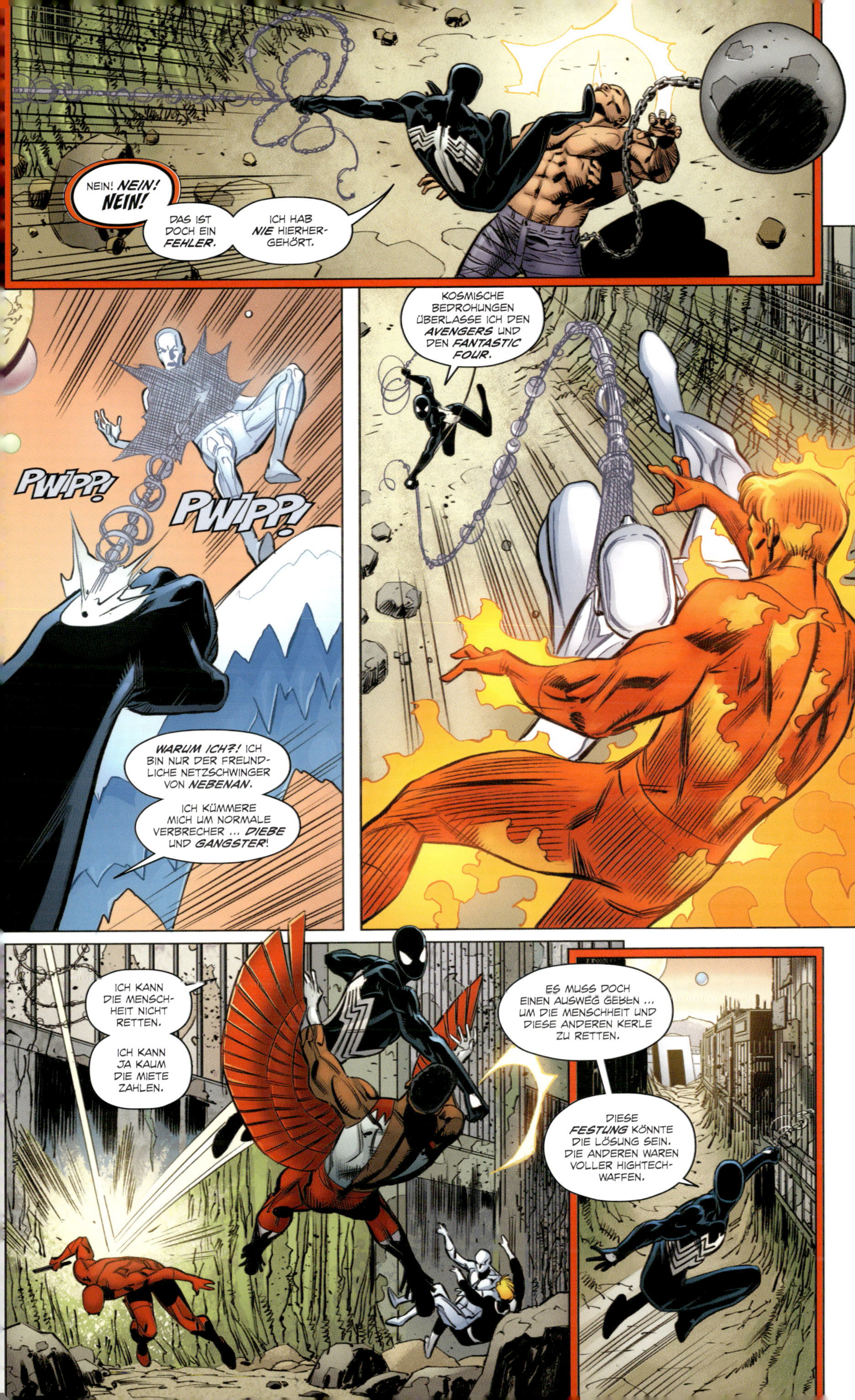
NEIN! NEIN! NEIN!
DAS IST DOCH EIN FEHLER.
ICH HAB NIE HIERHERGEHÖRT.
PWIPP!
PWIPP!
KOSMISCHE BEDROHUNGEN ÜBERLASSE ICH DEN AVENGERS UND DEN FANTASTIC FOUR.
WARUM ICH?! ICH BIN NUR DER FREUNDLICHE NETZSCHWINGER VON NEBENAN.
ICH KÜMMERE MICH UM NORMALE VERBRECHER ... DIEBE UND GANGSTER!
ICH KANN DIE MENSCHHEIT NICHT RETTEN.
ICH KANN JA KAUM DIE MIETE ZAHLEN.
ES MUSS DOCH EINEN AUSWEG GEBEN ... UM DIE MENSCHHEIT UND DIESE ANDEREN KERLE ZU RETTEN.
DIESE FESTUNG KÖNNTE DIE LÖSUNG SEIN. DIE ANDEREN WAREN VOLLER HIGHTECHWAFFEN.

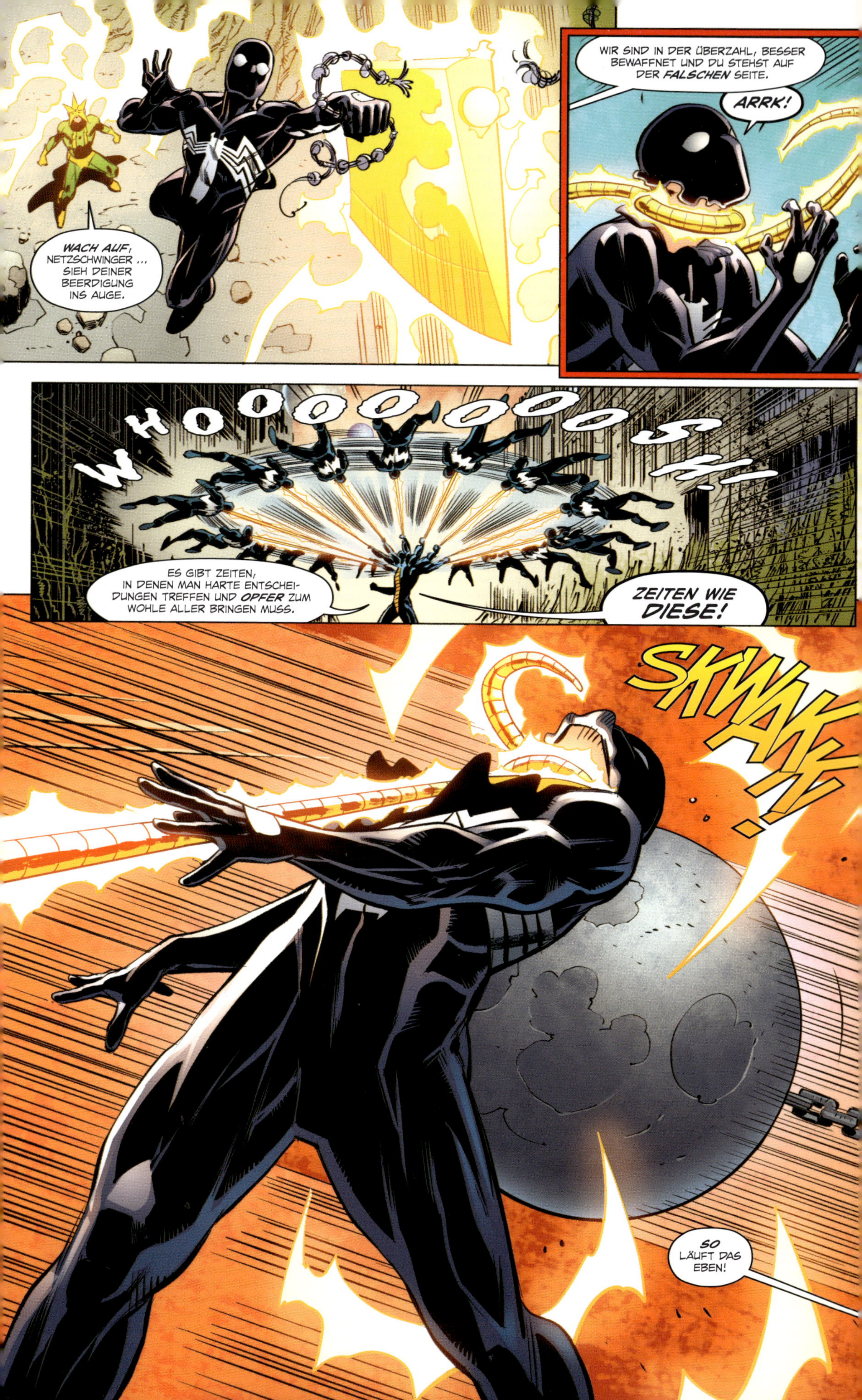
WACH AUF, NETZSCHWINGER ... SIEH DEINER BEERDIGUNG INS AUGE.
WIR SIND IN DER ÜBERZAHL, BESSER BEWAFFNET UND DU STEHST AUF DER FALSCHEN SEITE.
ARRK!
WHOOOOOOOSH!
ES GIBT ZEITEN, IN DENEN MAN HARTE ENTSCHEIDUNGEN TREFFEN UND OPFER ZUM WOHLE ALLER BRINGEN MUSS.
ZEITEN WIE DIESE!
SKWAKK!
SO LÄUFT DAS EBEN!

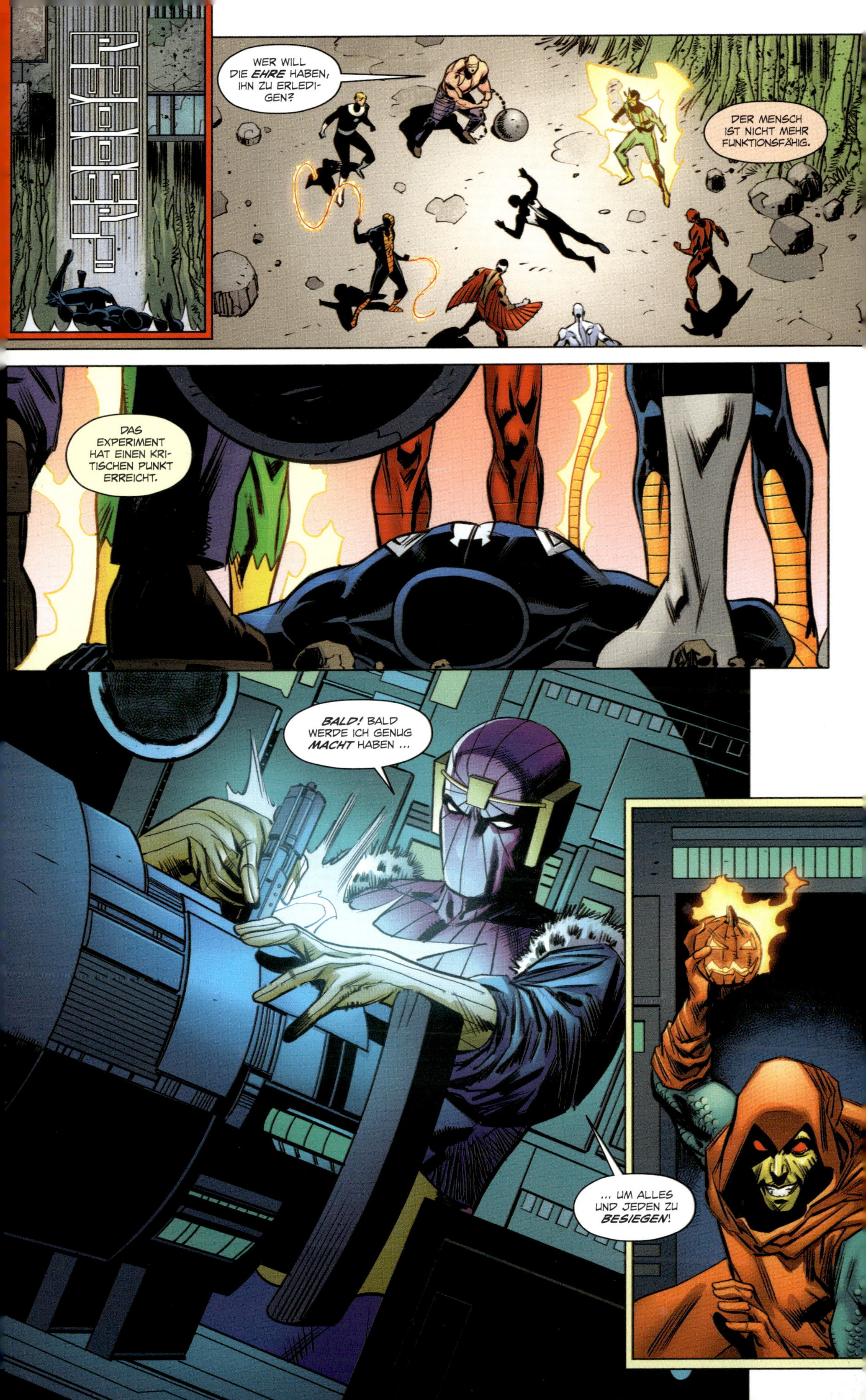
WER WILL DIE EHRE HABEN, IHN ZU ERLEDIGEN?
DER MENSCH IST NICHT MEHR FUNKTIONSFÄHIG.
DAS EXPERIMENT HAT EINEN KRITISCHEN PUNKT ERREICHT.
BALD! BALD WERDE ICH GENUG MACHT HABEN ...
... UM ALLES UND JEDEN ZU BESIEGEN!

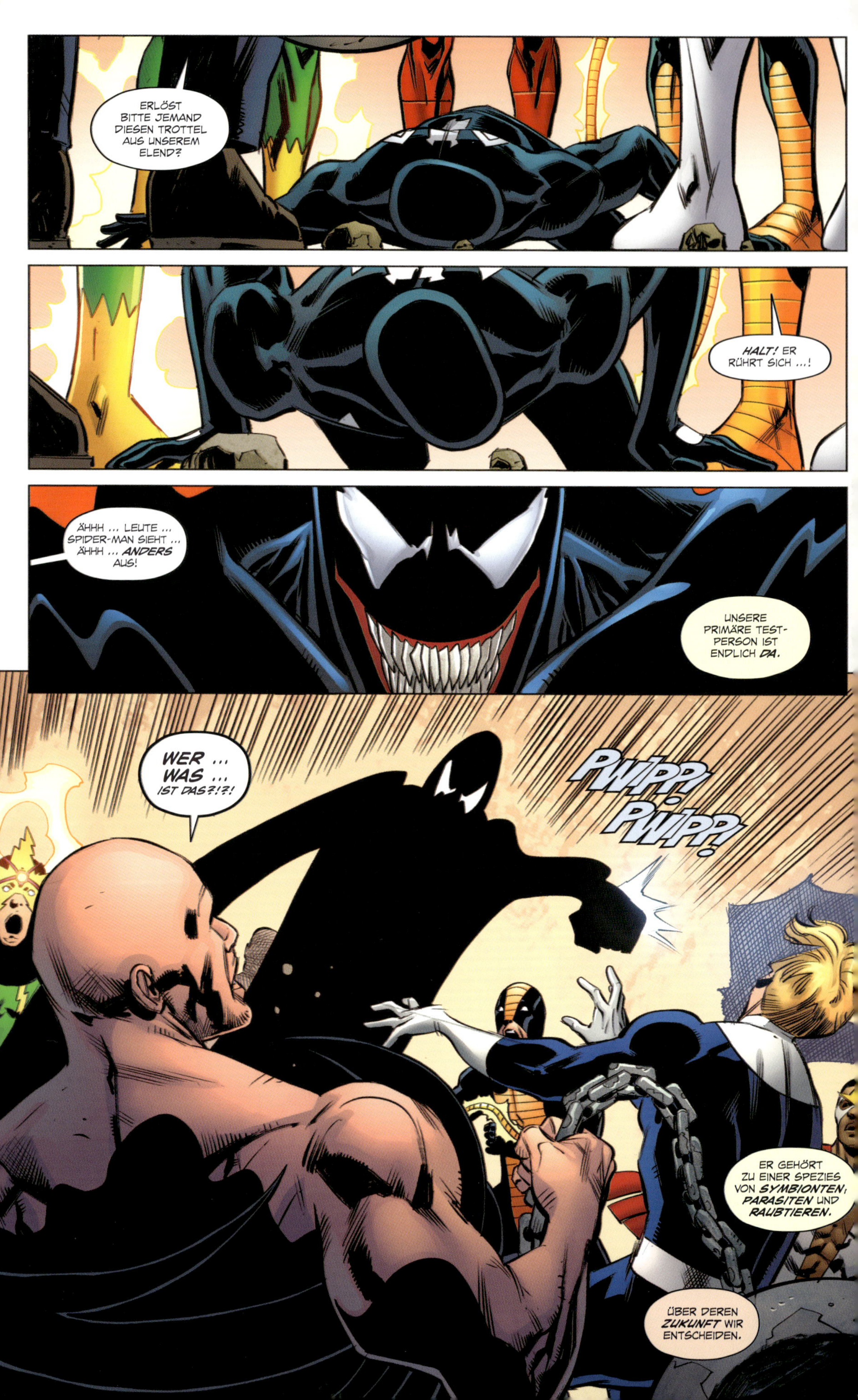
ERLÖST BITTE JEMAND DIESEN TROTTEL AUS UNSEREM ELEND?
HALT! ER RÜHRT SICH ...!
ÄHHH ... LEUTE ... SPIDER-MAN SIEHT ... ÄHHH ... ANDERS AUS!
UNSERE PRIMÄRE TEST-PERSON IST ENDLICH DA.
WER ... WAS ... IST DAS?!?!
PWIPP! PWIPP!
ER GEHÖRT ZU EINER SPEZIES VON SYMBIONTEN, PARASITEN UND RAUBTIEREN.
ÜBER DEREN ZUKUNFT WIR ENTSCHEIDEN.

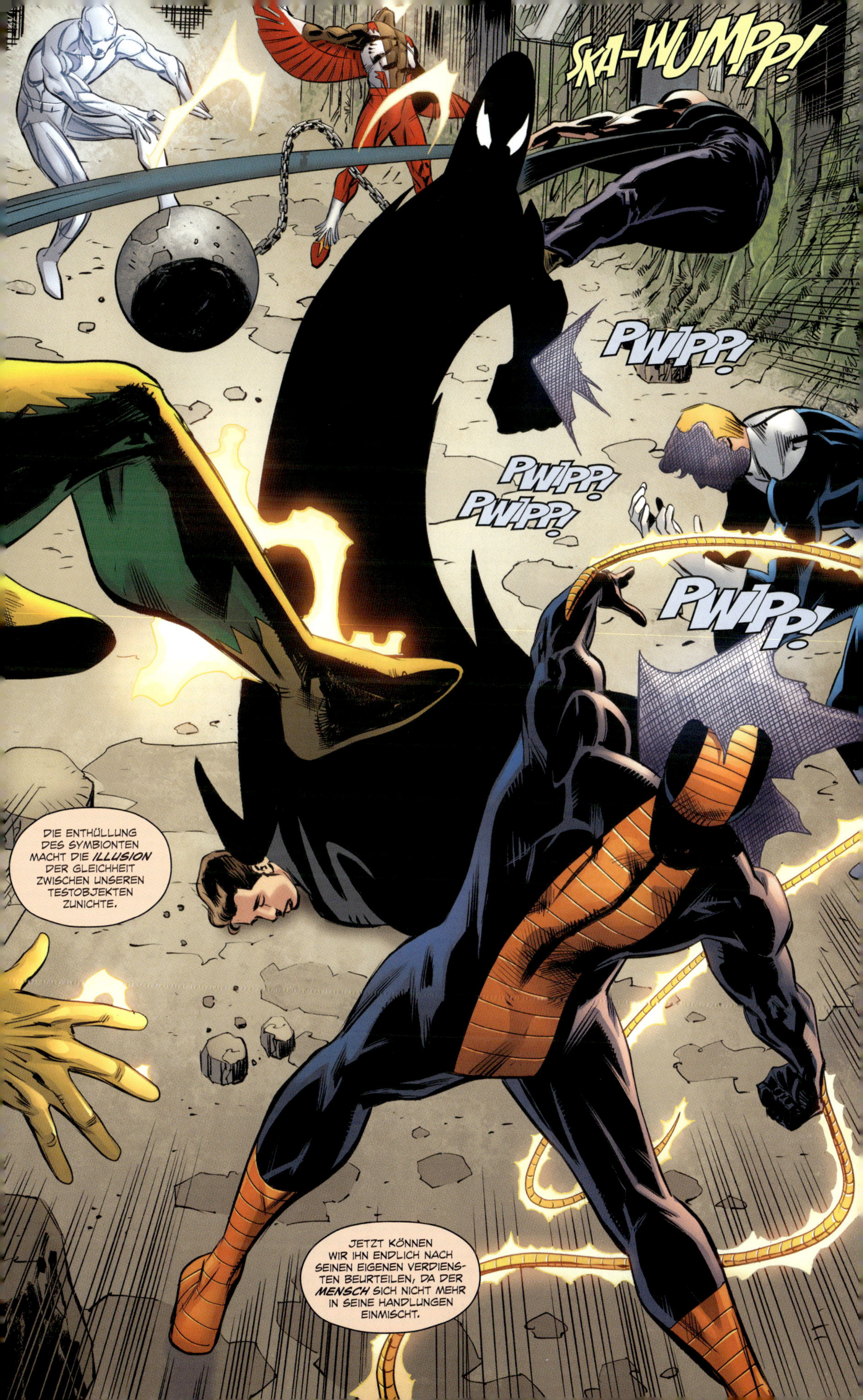
SKA-WUMPP!
PWIPP!
PWIPP!
PWIPP!
PWIPP!
DIE ENTHÜLLUNG DES SYMBIONTEN MACHT DIE *ILLUSION* DER GLEICHHEIT ZWISCHEN UNSEREN TESTOBJEKTEN ZUNICHTE.
JETZT KÖNNEN WIR IHN ENDLICH NACH SEINEN EIGENEN VERDIENSTEN BEURTEILEN, DA DER *MENSCH* SICH NICHT MEHR IN SEINE HANDLUNGEN EINMISCHT.

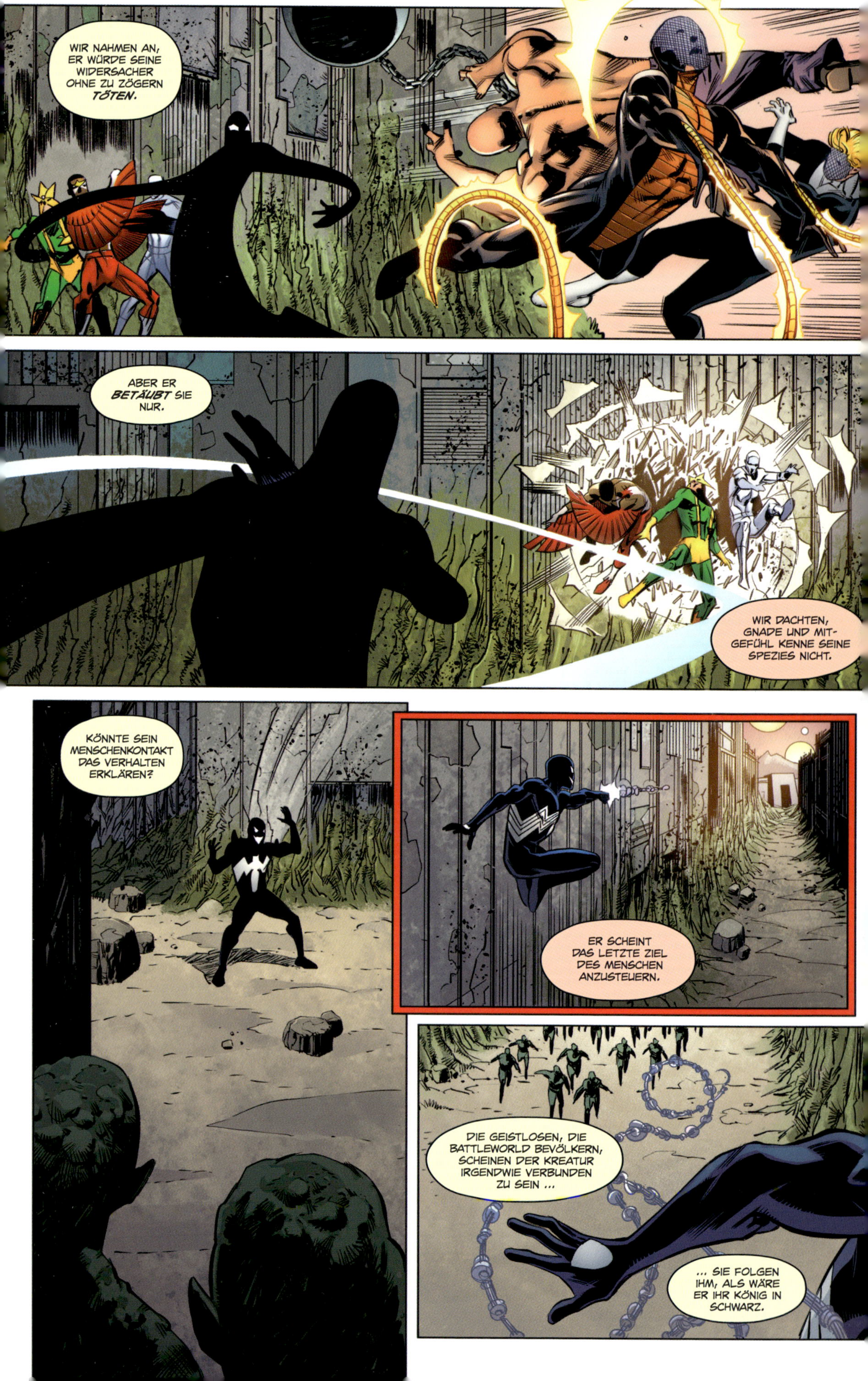

WIR NAHMEN AN, ER WÜRDE SEINE WIDERSACHER OHNE ZU ZÖGERN *TÖTEN*.
ABER ER *BETÄUBT* SIE NUR.
WIR DACHTEN, GNADE UND MIT-GEFÜHL KENNE SEINE SPEZIES NICHT.
KÖNNTE SEIN MENSCHENKONTAKT DAS VERHALTEN ERKLÄREN?
ER SCHEINT DAS LETZTE ZIEL DES MENSCHEN ANZUSTEUERN.
DIE GEISTLOSEN, DIE BATTLEWORLD BEVÖLKERN, SCHEINEN DER KREATUR IRGENDWIE VERBUNDEN ZU SEIN ...
... SIE FOLGEN IHM, ALS WÄRE ER IHR KÖNIG IN SCHWARZ.

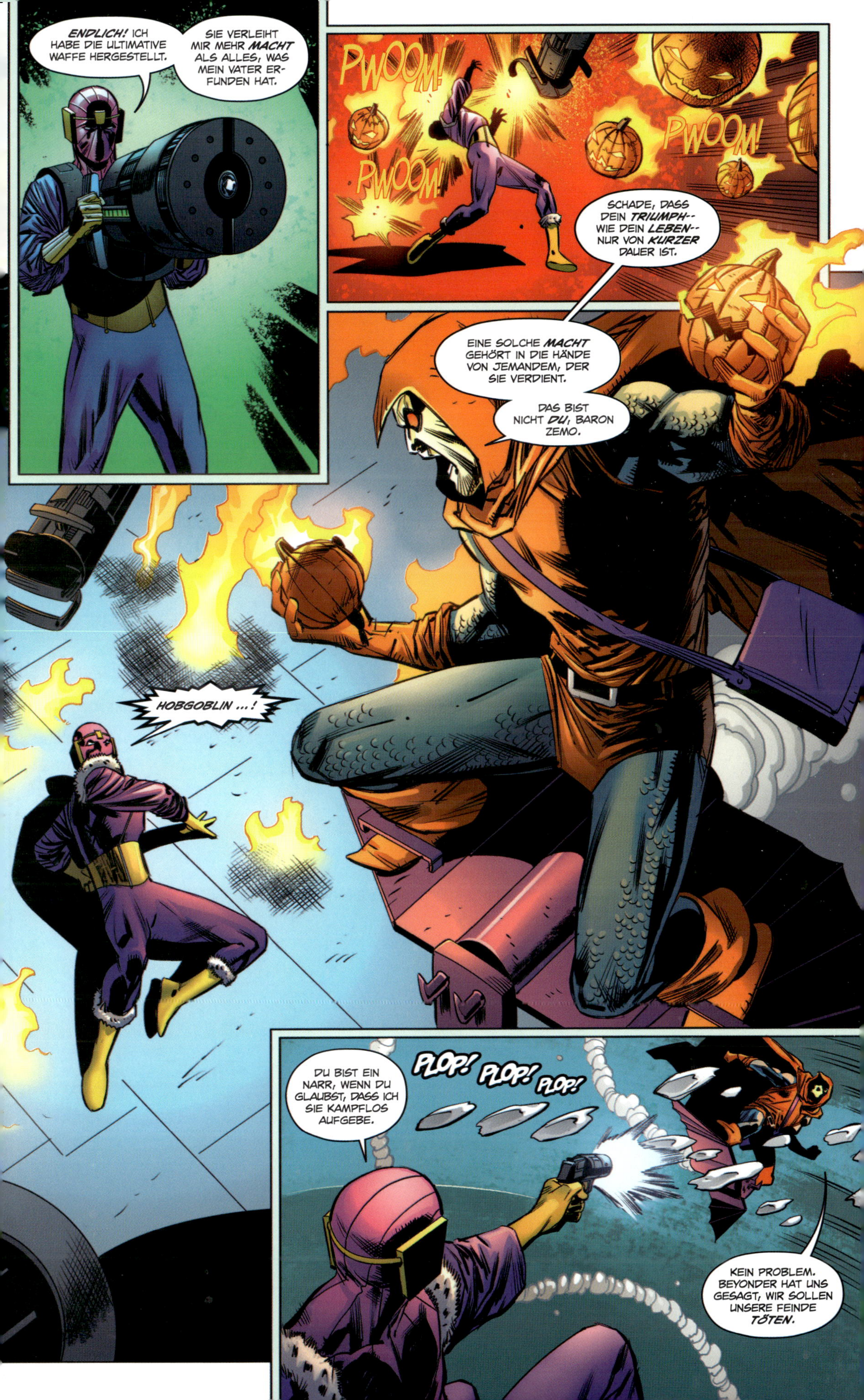
ENDLICH! ICH HABE DIE ULTIMATIVE WAFFE HERGESTELLT.
SIE VERLEIHT MIR MEHR MACHT ALS ALLES, WAS MEIN VATER ERFUNDEN HAT.
PWOOM!
PWOOM!
PWOOM!
SCHADE, DASS DEIN TRIUMPH-- WIE DEIN LEBEN-- NUR VON KURZER DAUER IST.
EINE SOLCHE MACHT GEHÖRT IN DIE HÄNDE VON JEMANDEM, DER SIE VERDIENT.
DAS BIST NICHT DU, BARON ZEMO.
HOBGOBLIN ...!
DU BIST EIN NARR, WENN DU GLAUBST, DASS ICH SIE KAMPFLOS AUFGEBE.
PLOP! PLOP! PLOP!
KEIN PROBLEM. BEYONDER HAT UNS GESAGT, WIR SOLLEN UNSERE FEINDE TÖTEN.

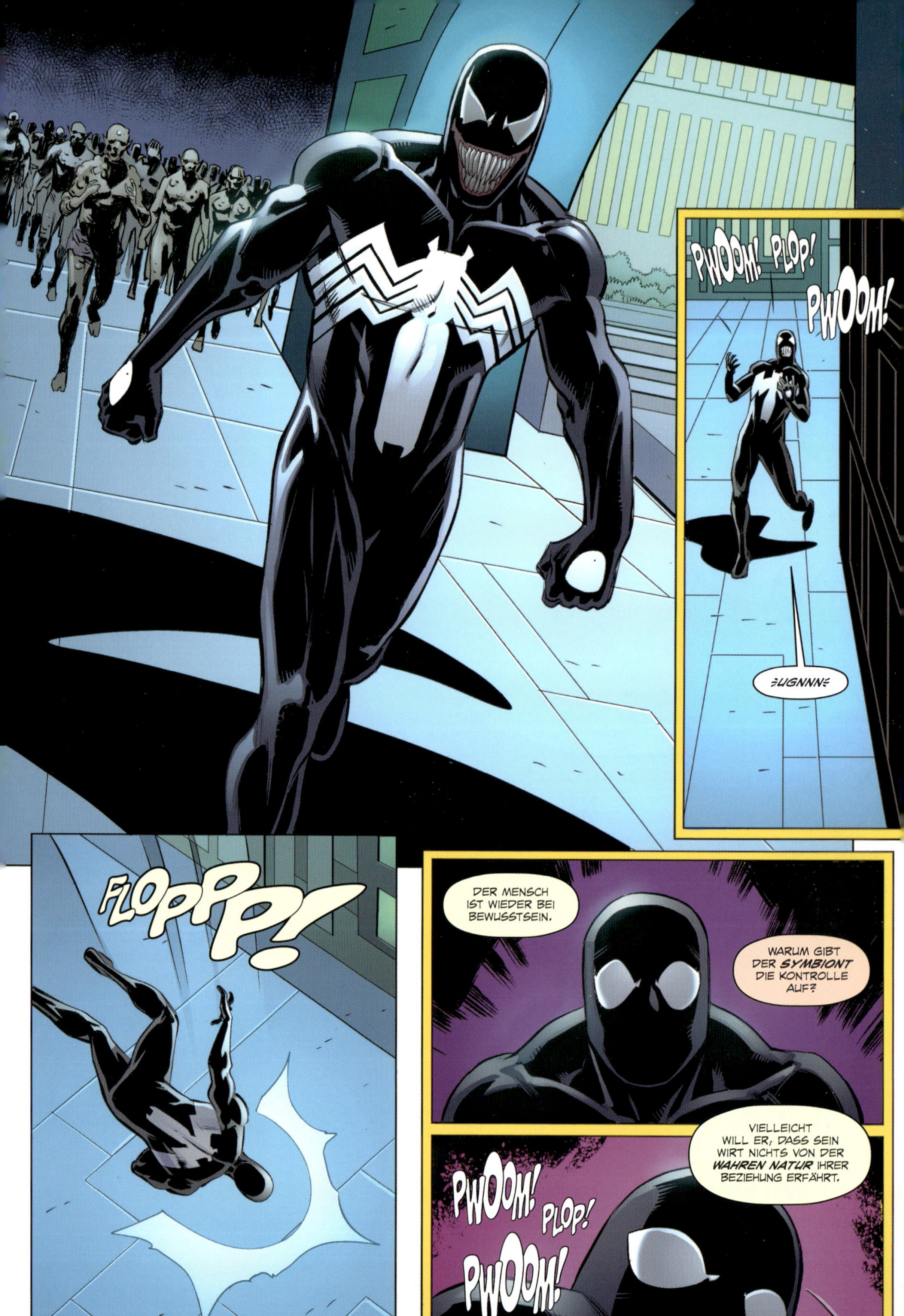
PWOOM! PLOP!
PWOOM!
UGNNN
FLOPPP!
DER MENSCH IST WIEDER BEI BEWUSSTSEIN.
WARUM GIBT DER SYMBIONT DIE KONTROLLE AUF?
VIELLEICHT WILL ER, DASS SEIN WIRT NICHTS VON DER WAHREN NATUR IHRER BEZIEHUNG ERFÄHRT.
PWOOM! PLOP!
PWOOM!

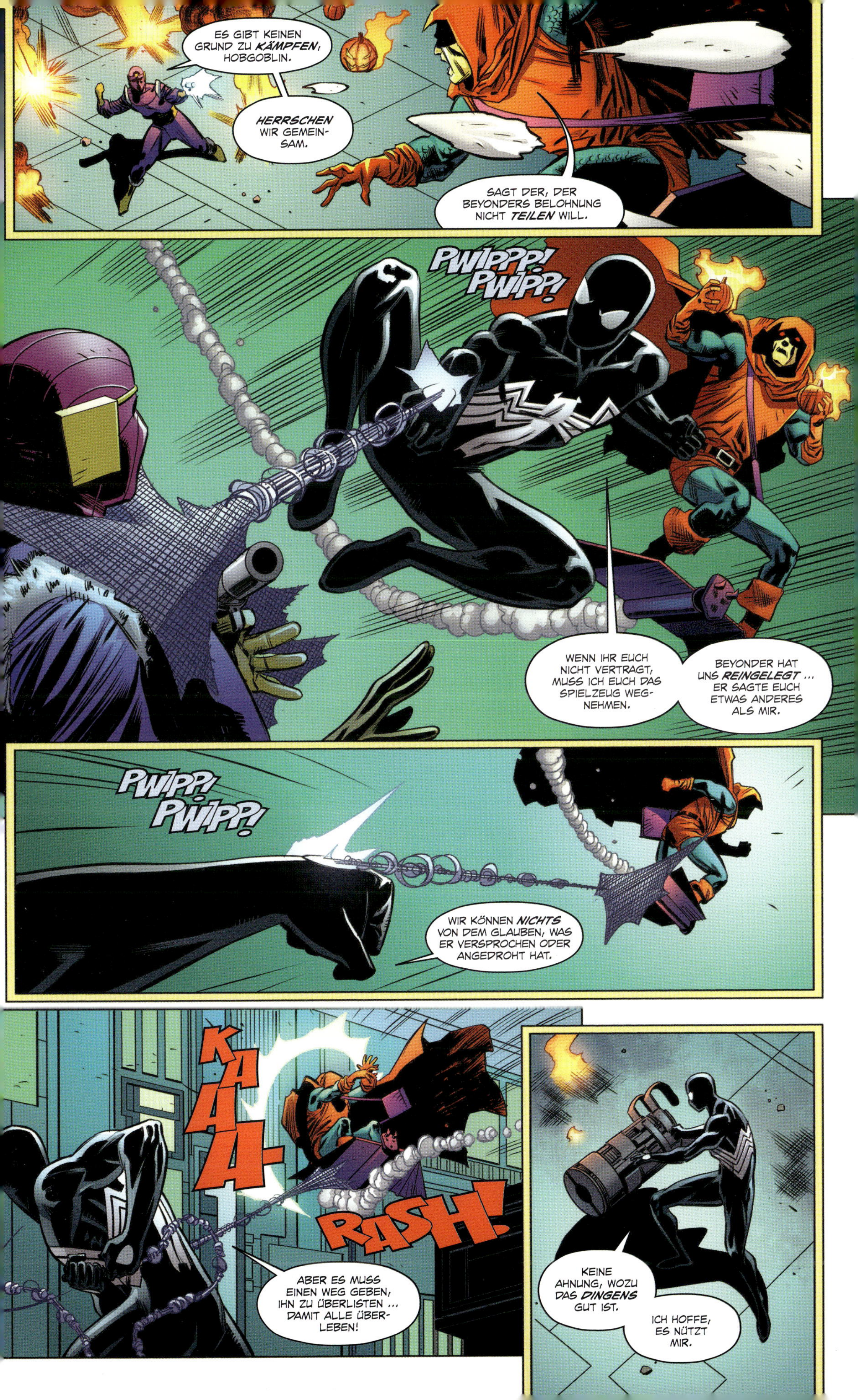

ES GIBT KEINEN GRUND ZU *KÄMPFEN*, HOBGOBLIN.

HERRSCHEN WIR GEMEIN-SAM.

SAGT DER, DER BEYONDERS BELOHNUNG NICHT *TEILEN* WILL.

PWIPPP! PWIPP!

WENN IHR EUCH NICHT VERTRAGT, MUSS ICH EUCH DAS SPIELZEUG WEG-NEHMEN.

BEYONDER HAT UNS *REINGELEGT* ... ER SAGTE EUCH ETWAS ANDERES ALS MIR.

PWIPP! PWIPP!

WIR KÖNNEN *NICHTS* VON DEM GLAUBEN, WAS ER VERSPROCHEN ODER ANGEDROHT HAT.

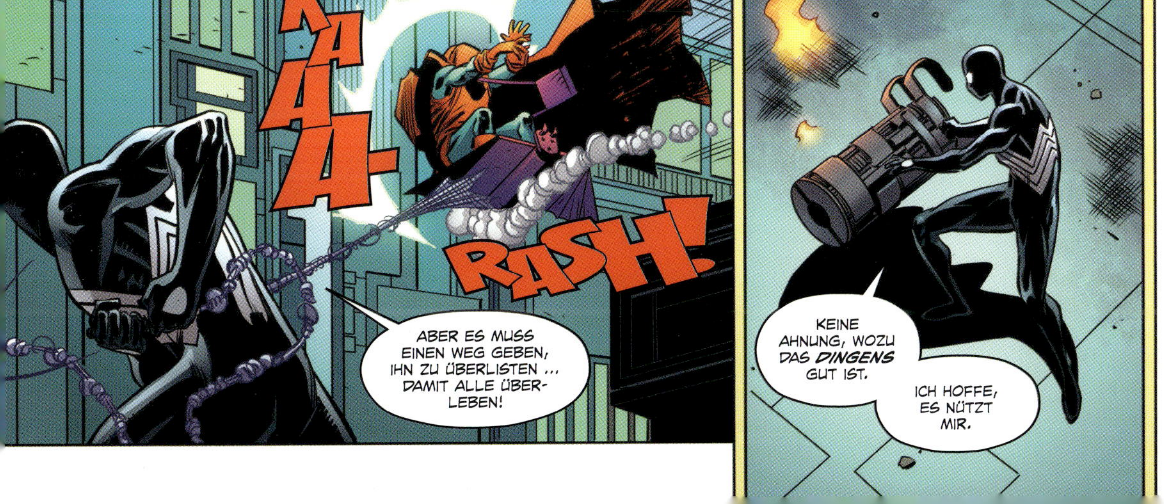

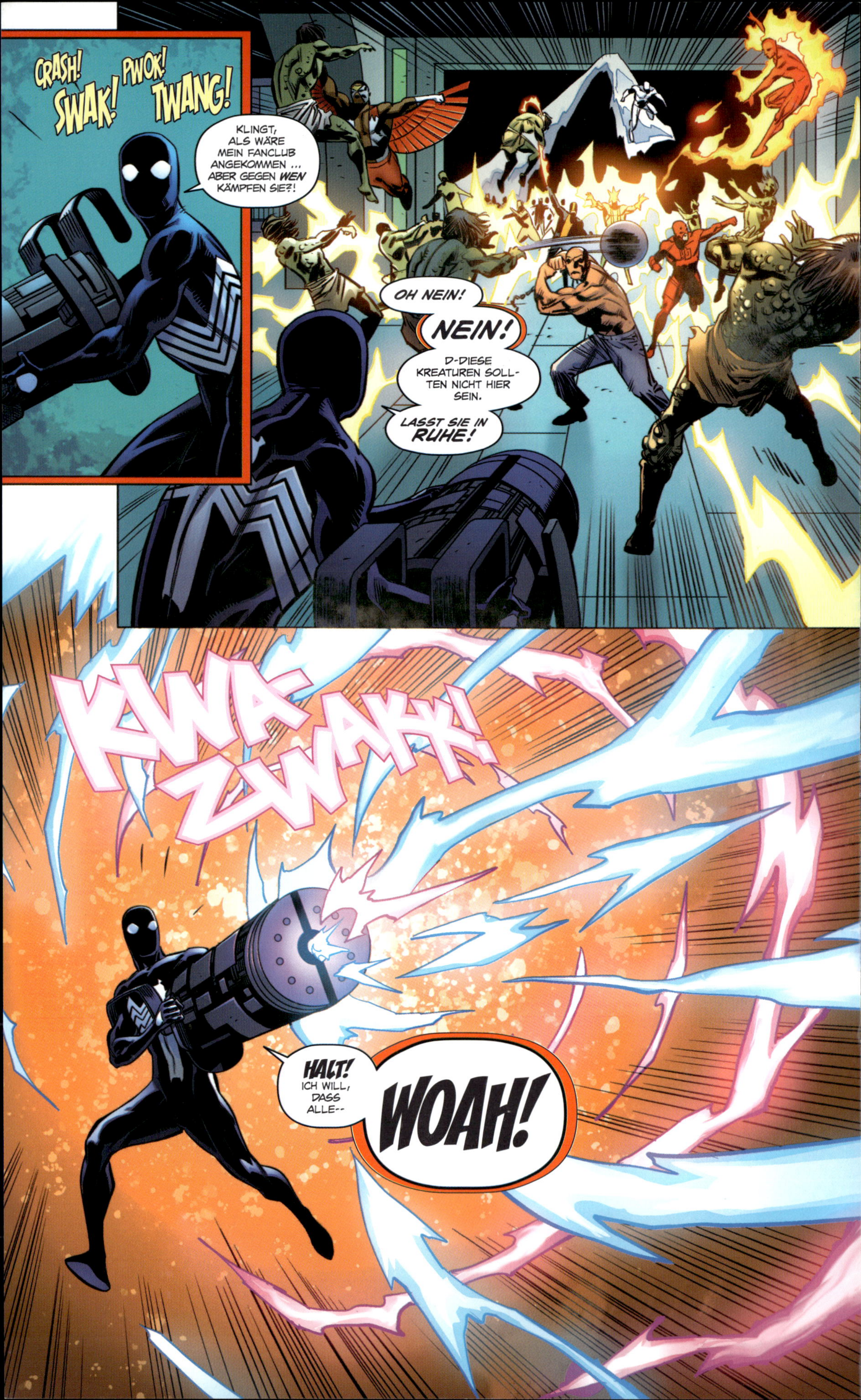
CRASH!
SWAK!
PWOK!
TWANG!
KLINGT, ALS WÄRE MEIN FANCLUB ANGEKOMMEN ... ABER GEGEN *WEN* KÄMPFEN SIE?!
OH NEIN!
NEIN!
D-DIESE KREATUREN SOLLTEN NICHT HIER SEIN.
LASST SIE IN RUHE!
KWA-ZWAKK!
HALT! ICH WILL, DASS ALLE--
WOAH!

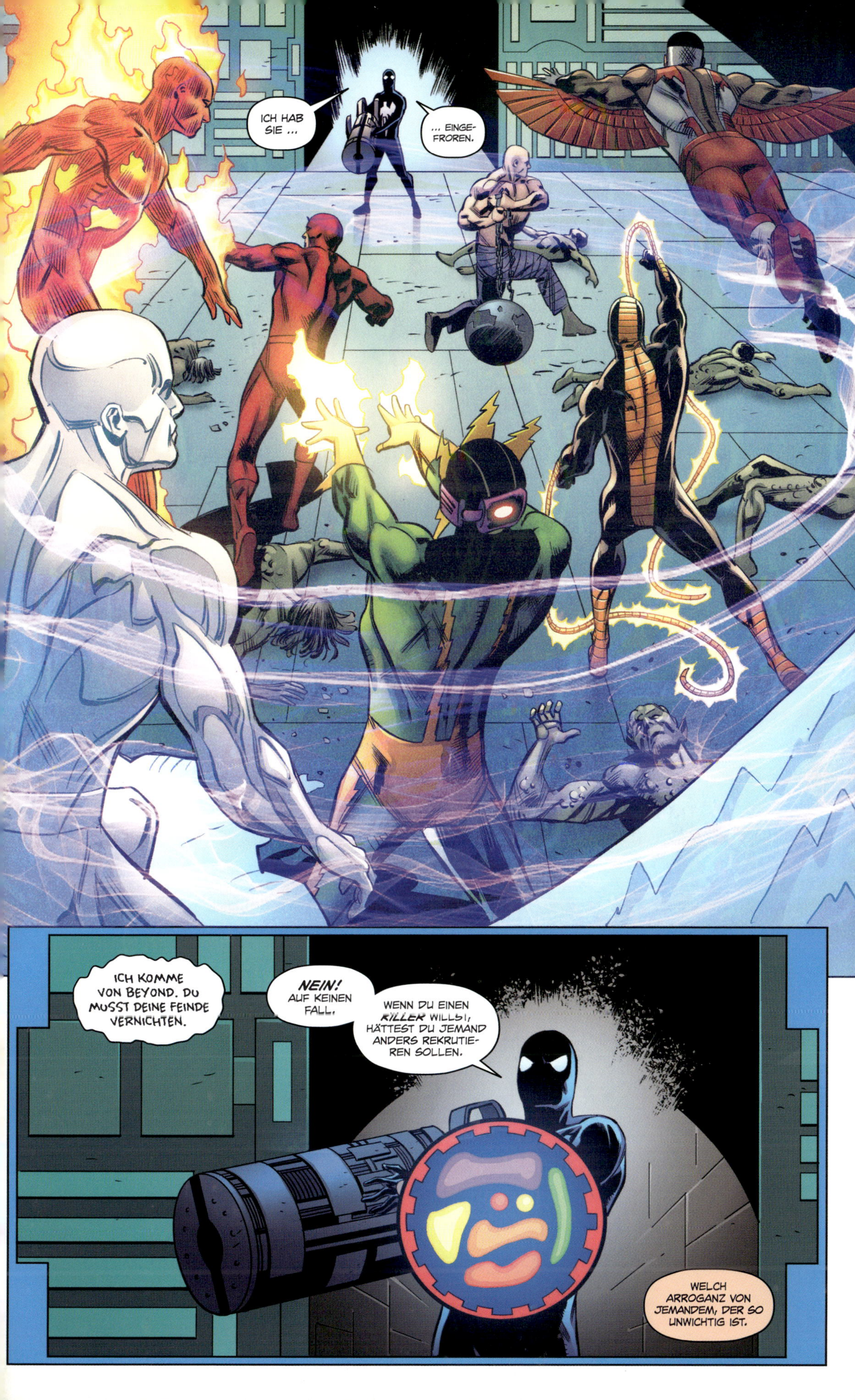
ICH HAB SIE ...
... EINGE-FROREN.
ICH KOMME VON BEYOND. DU MUSST DEINE FEINDE VERNICHTEN.
NEIN! AUF KEINEN FALL.
WENN DU EINEN KILLER WILLST, HÄTTEST DU JEMAND ANDERS REKRUTIEREN SOLLEN.
WELCH ARROGANZ VON JEMANDEM, DER SO UNWICHTIG IST.

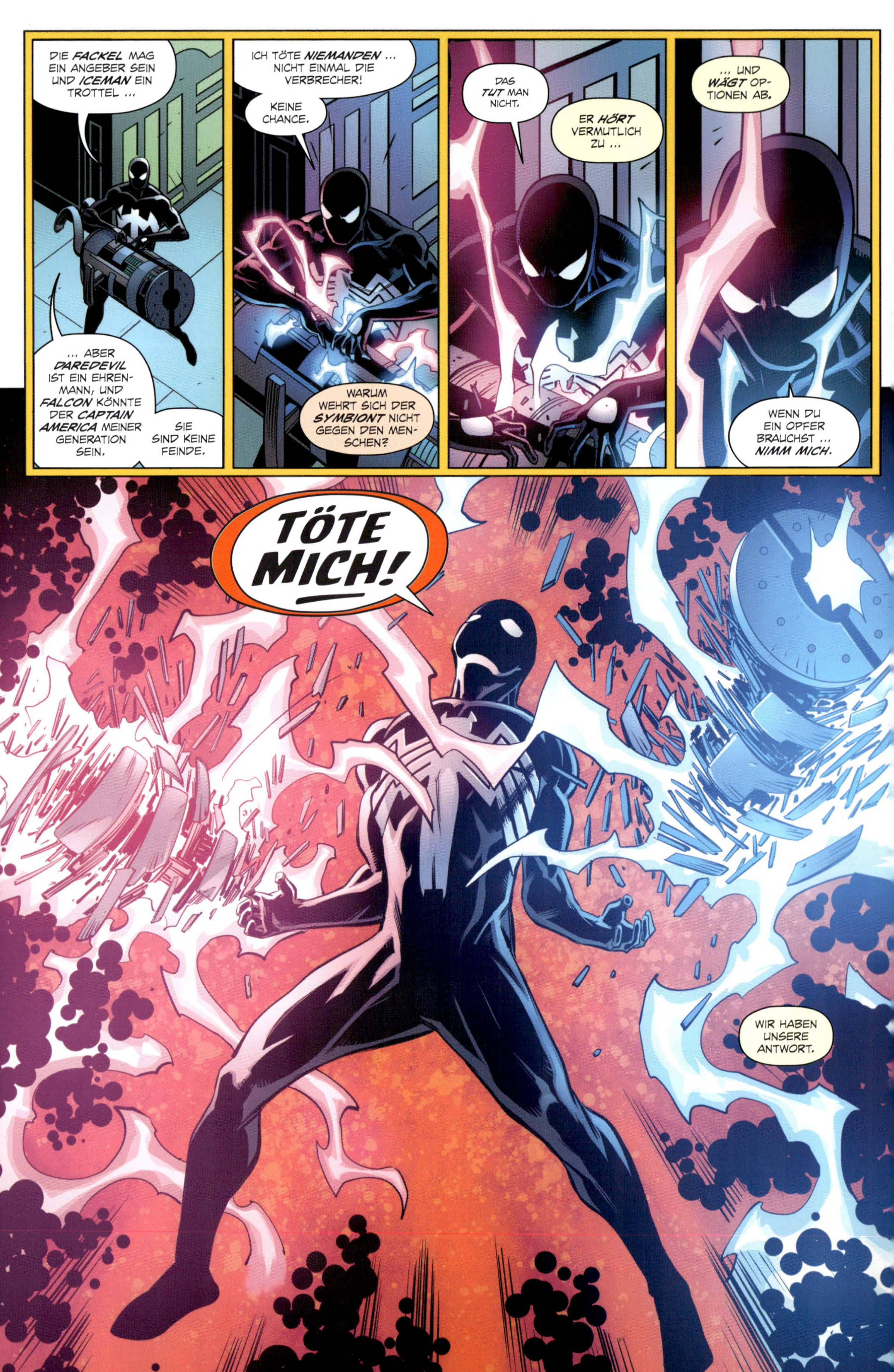
DIE FACKEL MAG EIN ANGEBER SEIN UND ICEMAN EIN TROTTEL ...
... ABER DAREDEVIL IST EIN EHRENMANN, UND FALCON KÖNNTE DER CAPTAIN AMERICA MEINER GENERATION SEIN.
SIE SIND KEINE FEINDE.
ICH TÖTE NIEMANDEN ... NICHT EINMAL DIE VERBRECHER!
KEINE CHANCE.
WARUM WEHRT SICH DER SYMBIONT NICHT GEGEN DEN MENSCHEN?
DAS TUT MAN NICHT.
ER HÖRT VERMUTLICH ZU ...
... UND WÄGT OPTIONEN AB.
WENN DU EIN OPFER BRAUCHST ... NIMM MICH.
TÖTE MICH!
WIR HABEN UNSERE ANTWORT.

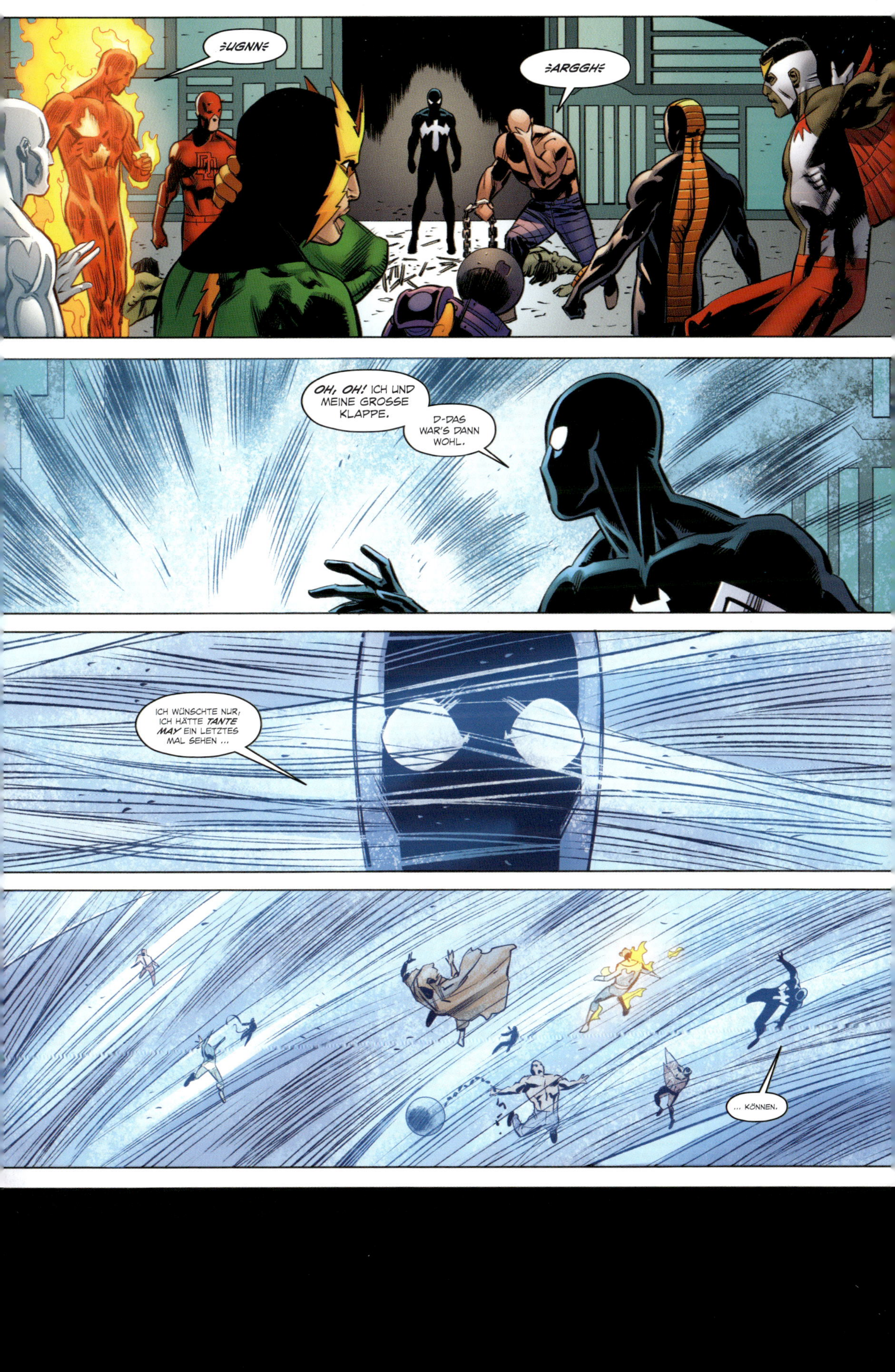
UGNN
ARGGH
OH, OH! ICH UND MEINE GROSSE KLAPPE.
D-DAS WAR'S DANN WOHL.
ICH WÜNSCHTE NUR, ICH HÄTTE TANTE MAY EIN LETZTES MAL SEHEN ...
... KÖNNEN.

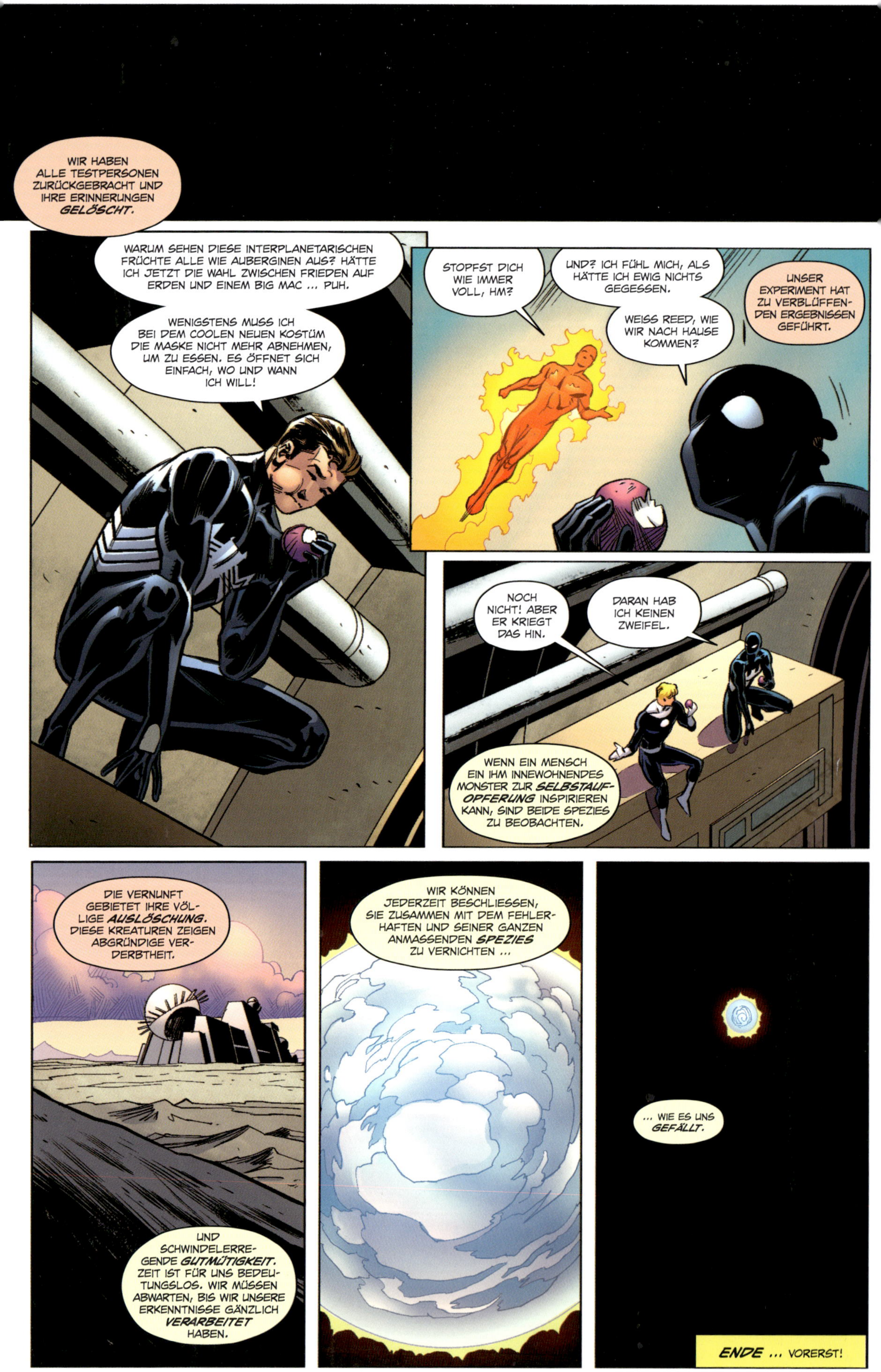

WIR HABEN ALLE TESTPERSONEN ZURÜCKGEBRACHT UND IHRE ERINNERUNGEN *GELÖSCHT.*

WARUM SEHEN DIESE INTERPLANETARISCHEN FRÜCHTE ALLE WIE AUBERGINEN AUS? HÄTTE ICH JETZT DIE WAHL ZWISCHEN FRIEDEN AUF ERDEN UND EINEM BIG MAC ... PUH.

WENIGSTENS MUSS ICH BEI DEM COOLEN NEUEN KOSTÜM DIE MASKE NICHT MEHR ABNEHMEN, UM ZU ESSEN. ES ÖFFNET SICH EINFACH, WO UND WANN ICH WILL!

STOPFST DICH WIE IMMER VOLL, HM?

UND? ICH FÜHL MICH, ALS HÄTTE ICH EWIG NICHTS GEGESSEN.

WEISS REED, WIE WIR NACH HAUSE KOMMEN?

UNSER EXPERIMENT HAT ZU VERBLÜFFENDEN ERGEBNISSEN GEFÜHRT.

NOCH NICHT! ABER ER KRIEGT DAS HIN.

DARAN HAB ICH KEINEN ZWEIFEL.

WENN EIN MENSCH EIN IHM INNEWOHNENDES MONSTER ZUR *SELBSTAUFOPFERUNG* INSPIRIEREN KANN, SIND BEIDE SPEZIES ZU BEOBACHTEN.

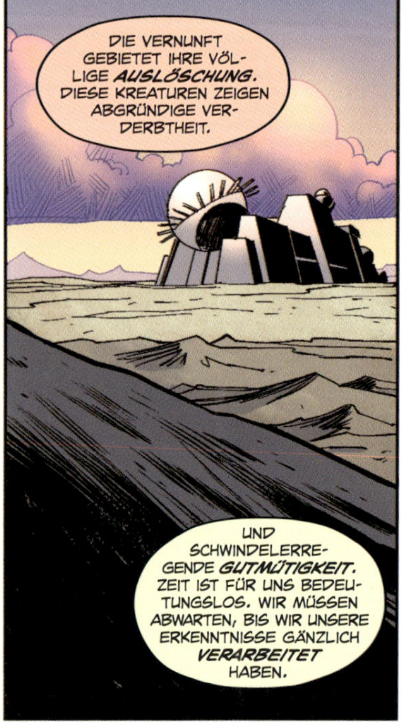

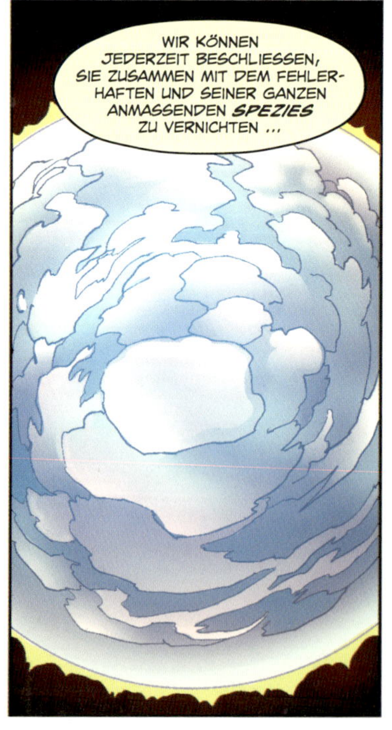

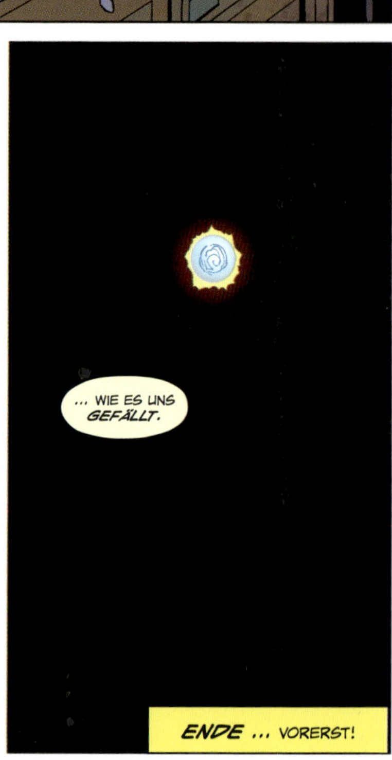

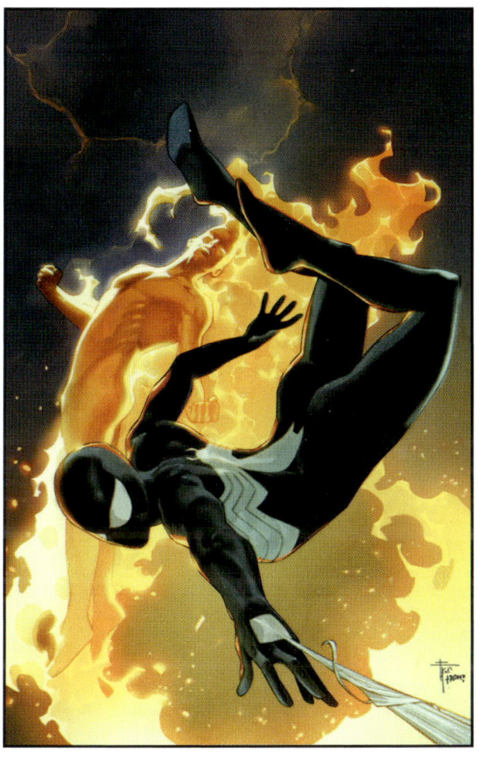

Marvel Super Heroes Secret Wars:
Battleworld (2024) 1
Variant-Cover von **FRANCESCO MOBILI**

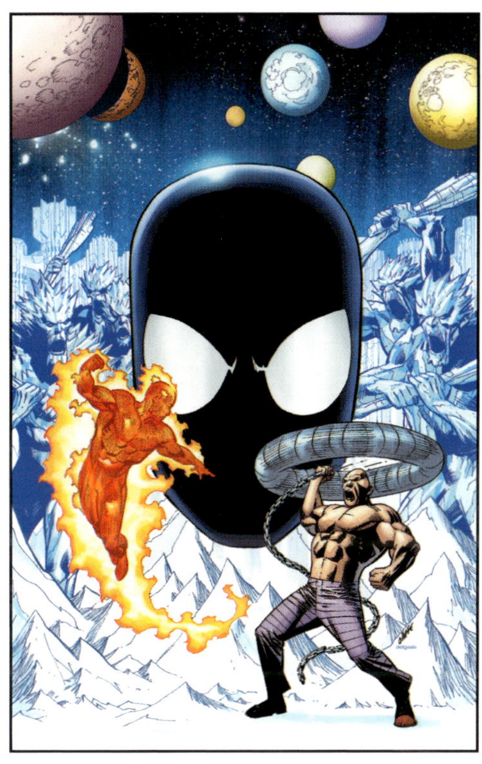

Marvel Super Heroes Secret Wars:
Battleworld (2024) 1
Variant-Cover von **PAT OLLIFFE**

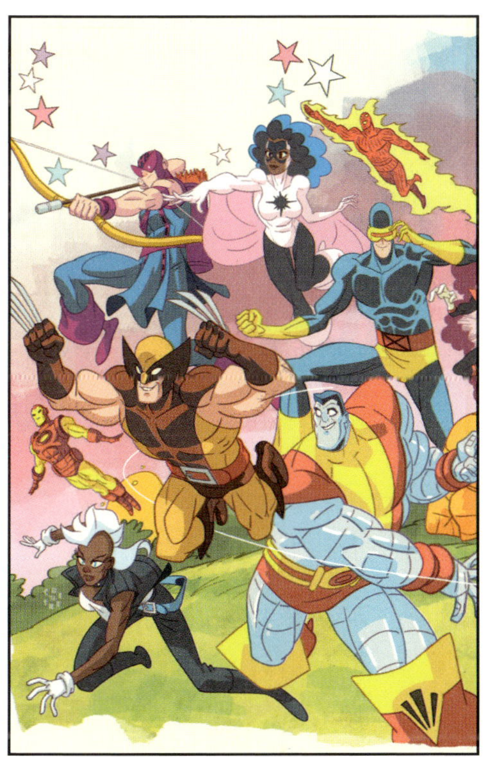

Marvel Super Heroes Secret Wars:
Battleworld (2024) 1
Variant-Cover von **SEAN GALLOWAY**

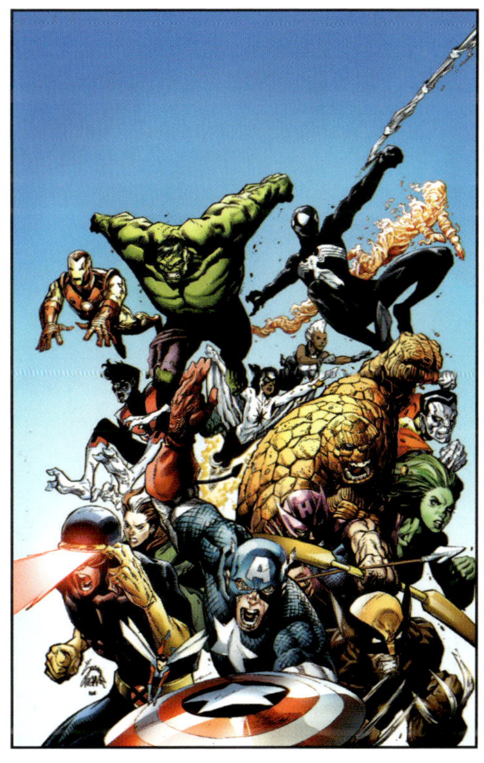

Marvel Super Heroes Secret Wars:
Battleworld (2024) 1
Variant-Cover von **RYAN STEGMAN**

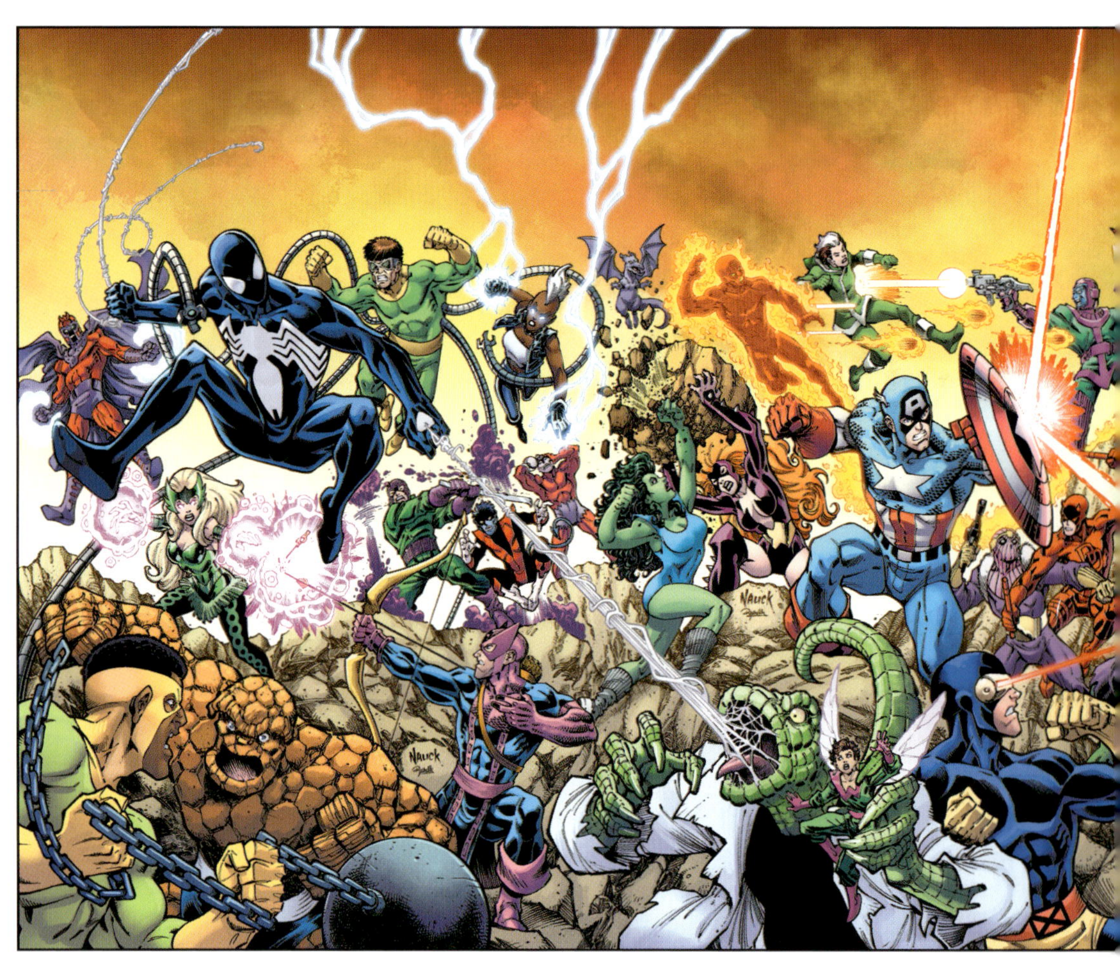

Marvel Super Heroes Secret Wars: Battleworld (2024) 1-4
Variant-Cover von **TODD NAUCK**

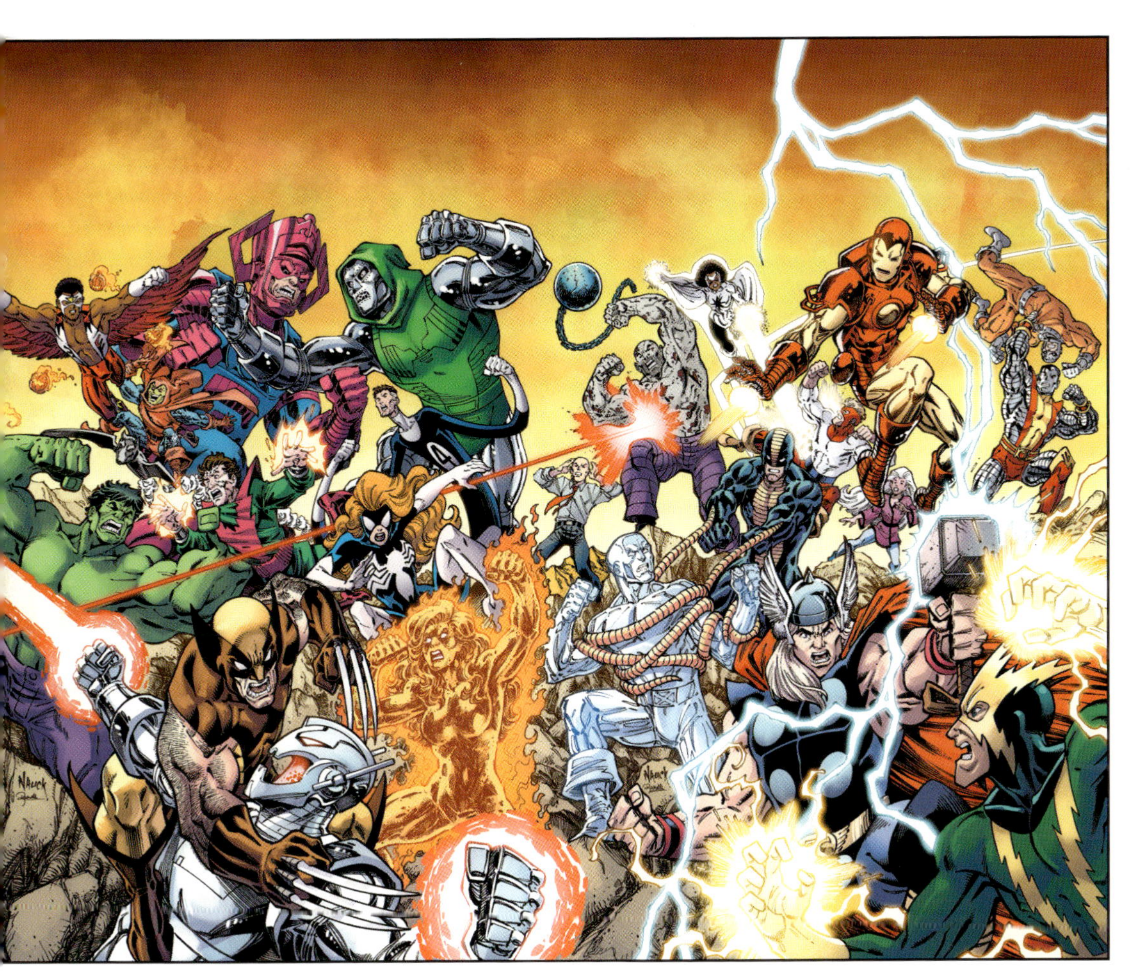

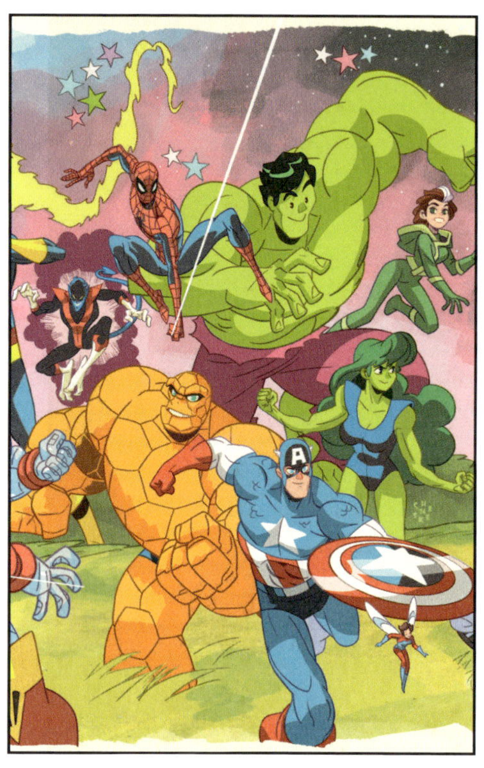

Marvel Super Heroes Secret Wars:
Battleworld (2024) 2
Variant-Cover von **SEAN GALLOWAY**

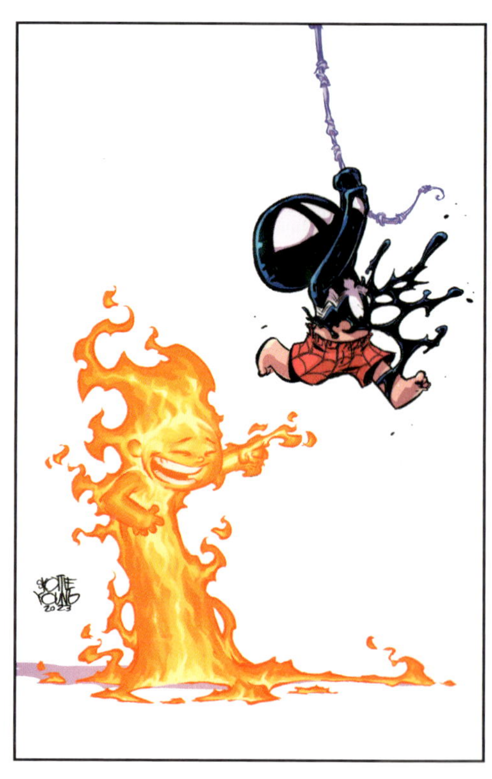

Marvel Super Heroes Secret Wars:
Battleworld (2024) 2
Variant-Cover von **SKOTTIE YOUNG**

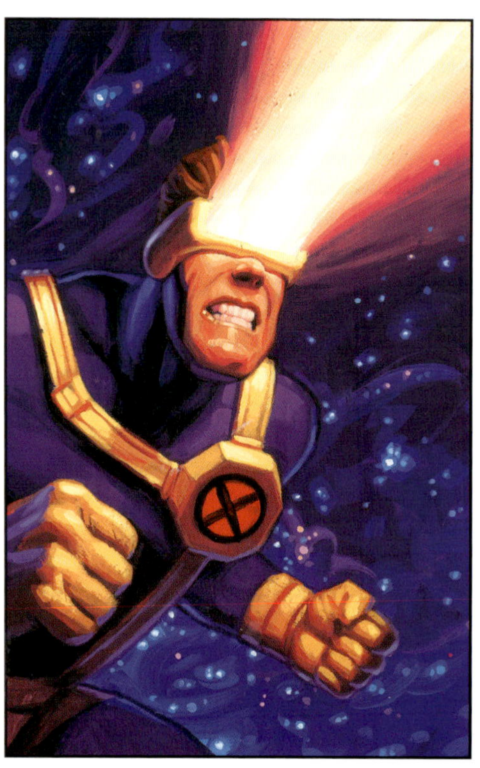

Marvel Super Heroes Secret Wars:
Battleworld (2024) 3
Variant-Cover von **GREG** & **TIM HILDEBRANDT**

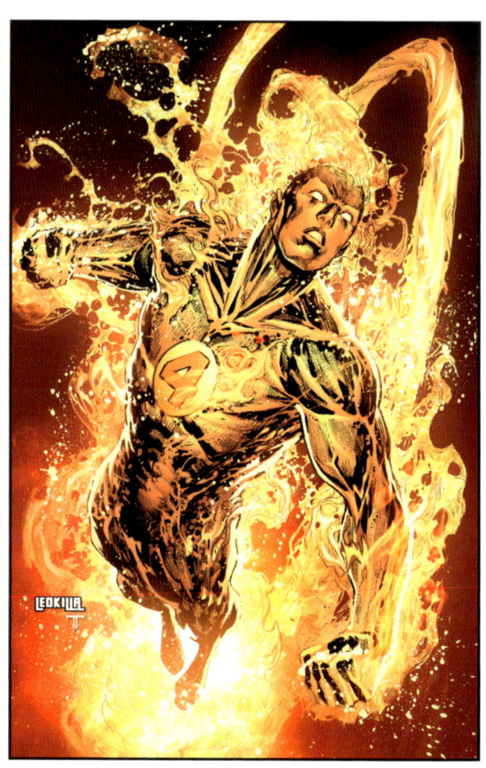

Marvel Super Heroes Secret Wars:
Battleworld (2024) 3
Variant-Cover von **KEN LASHLEY**

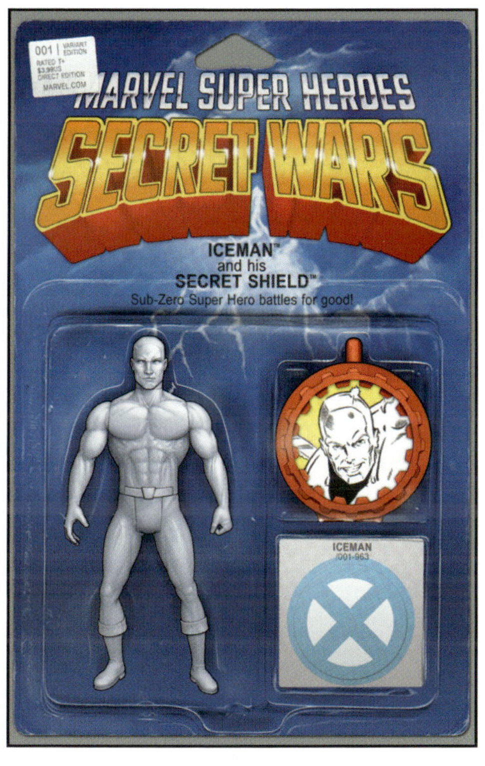

Marvel Super Heroes Secret Wars:
Battleworld (2024) 1
Variant-Cover von **JOHN TYLER CHRISTOPHER**

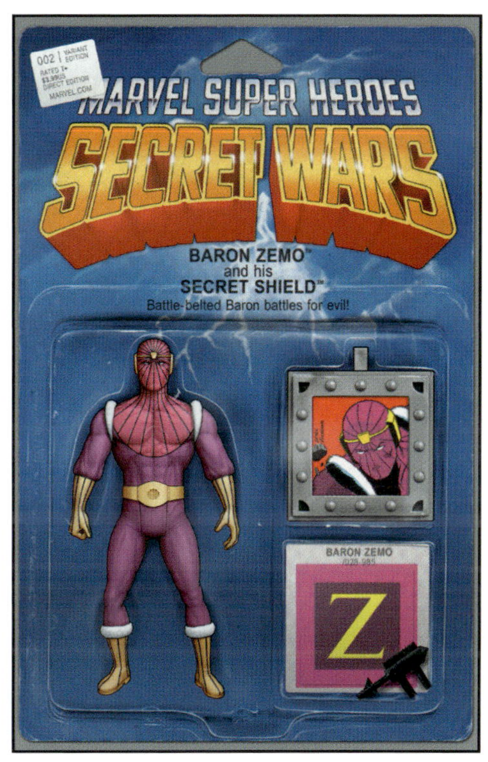

Marvel Super Heroes Secret Wars:
Battleworld (2024) 2
Variant-Cover von **JOHN TYLER CHRISTOPHER**

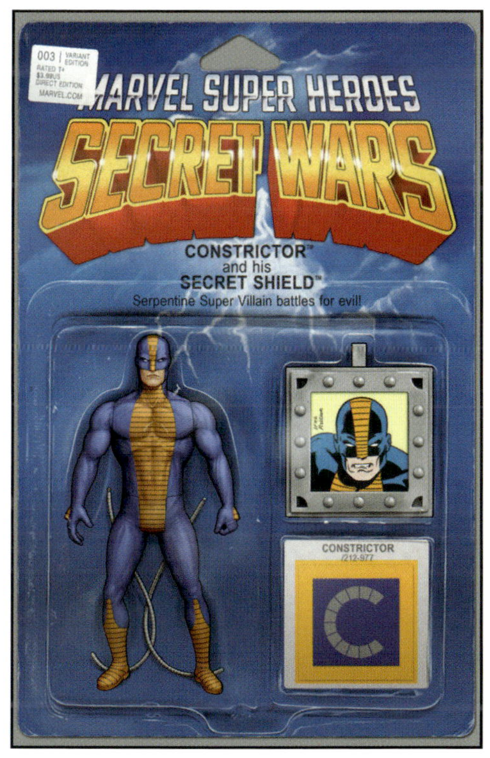

Marvel Super Heroes Secret Wars:
Battleworld (2024) 3
Variant-Cover von **JOHN TYLER CHRISTOPHER**

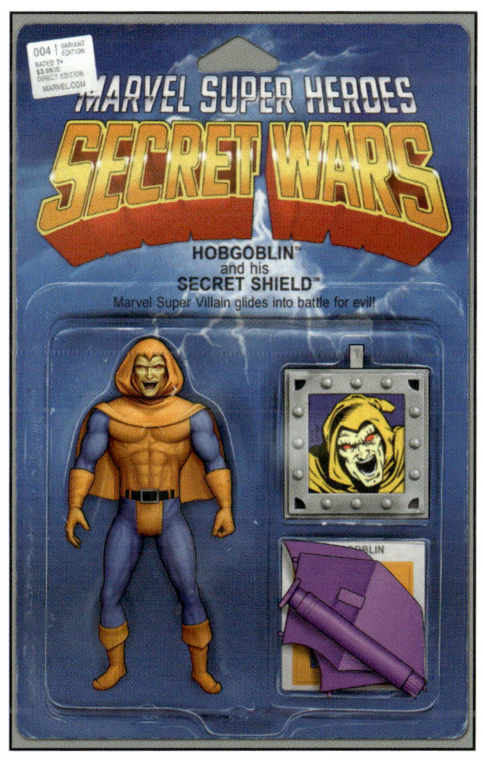

Marvel Super Heroes Secret Wars:
Battleworld (2024) 4
Variant-Cover von **JOHN TYLER CHRISTOPHER**

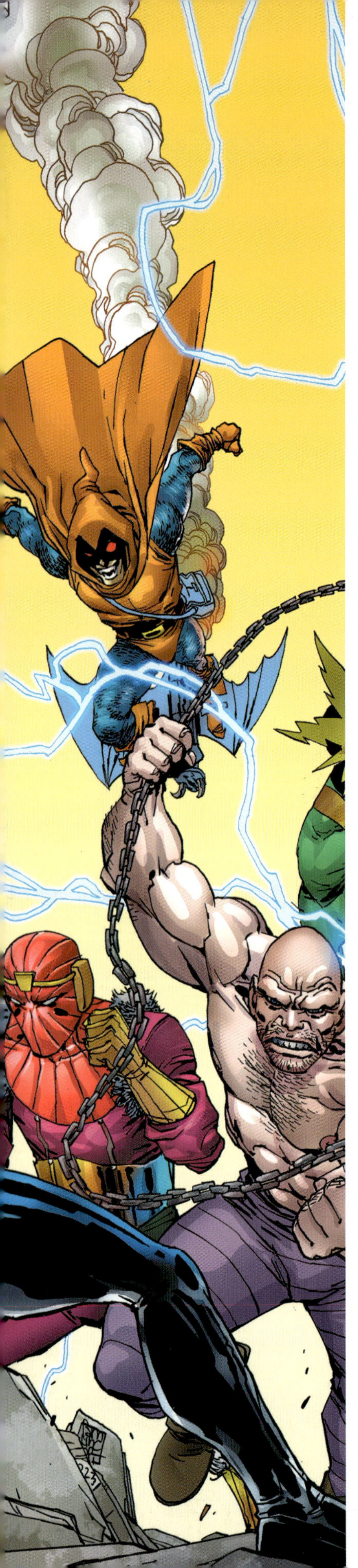

MARVEL-DEPESCHE

SPIDEY IN SCHICKEM SCHWARZ

In diesem Band tritt **Spider-Man** in seinem markanten Symbionten-Kostüm auf, und tatsächlich hat er es erst kurz zuvor erhalten: Nachdem Spideys rot-blaues Original-Kostüm im Crossover-Klassiker *Marvel Super Heroes Secret Wars* aus dem Jahr 1984 stark beschädigt worden war, wollte er es von einer Maschine, die er für einen Stoff-Replikator hielt, reparieren lassen – doch die Maschine brachte stattdessen eine schwarze schleimig-klebrige Masse hervor, die Peter vollständig einhüllte und ein neues Kostüm formte: Es war komplett schwarz, hatte ein weißes Spinnen-Symbol auf der Brust, etwas größere Augen und verstärkte Spider-Mans Kräfte und Fähigkeiten. Er brachte dieses Outfit mit zur Erde, wo er feststellte, dass das Kostüm jede nur denkbare Kleidung nachbilden konnte.

Nun hatten die Fans in den USA aber schon gegen Spider-Mans neues Kostüm protestiert, bevor er es überhaupt zum ersten Mal trug! Marvel erhörte sie, und die Autoren mussten sich einen Grund einfallen lassen, weshalb Peter das „kleine Schwarze" plötzlich wieder loswerden wollte. Die Idee: Das Kostüm entpuppte sich als außerirdische Lebensform, die sich dauerhaft mit Peter vereinen wollte! Erst **Mr. Fantastic** konnte die Verbindung zwischen Spidey und seinem lebenden Kostüm mithilfe hochfrequenter Schallwellen lösen, und der Symbiont wurde weggeschlossen.

Inzwischen hatten die Fans aber doch Gefallen an dem schwarzen Anzug gefunden, und so setzte Marvel dessen Geschichte fort: Der Symbiont entkam und versteckte sich in Peters Kleiderschrank, wo er sich als normales Spider-Man-Kostüm tarnte. So gelang es ihm, sich abermals mit Peter zu verbinden.

Wieder konnte Spider-Man sich von dem Symbionten befreien, diesmal mittels läutender Kirchenglocken. Enttäuscht zog der Symbiont von dannen und stieß auf den Reporter **Eddie Brock**, der seinem Leben gerade ein Ende setzen wollte. Der Symbiont erkannte sich in Eddies Schmerz wieder, verband sich mit Brock und erschuf auf diese Weise den Schurken **Venom**! Aber das ist eine andere Geschichte ...

Frieder Falk